Kohlhammer

Schule und Unterricht bei intellektueller Beeinträchtigung

Herausgegeben von Dr. Holger Schäfer und Dr. Lars Mohr
Band 1

Die Autorin

Prof. Dr. Isabelle Penning ist Juniorprofessorin für »Didaktik der ökonomisch-technischen Bildung im inklusiven Kontext, kognitive Entwicklung (Sek I)« an der Wirtschafts- und Sozialwissenschaftlichen Fakultät der Universität Potsdam.
Kontakt: isabelle.penning@uni-potsdam.de

Isabelle Penning

Wirtschaft-Arbeit-Technik

Sonderpädagogischer Schwerpunkt Geistige Entwicklung

Verlag W. Kohlhammer

Dieses Werk einschließlich aller seiner Teile ist urheberrechtlich geschützt. Jede Verwendung außerhalb der engen Grenzen des Urheberrechts ist ohne Zustimmung des Verlags unzulässig und strafbar. Das gilt insbesondere für Vervielfältigungen, Übersetzungen, Mikroverfilmungen und für die Einspeicherung und Verarbeitung in elektronischen Systemen.

Die Wiedergabe von Warenbezeichnungen, Handelsnamen und sonstigen Kennzeichen in diesem Buch berechtigt nicht zu der Annahme, dass diese von jedermann frei benutzt werden dürfen. Vielmehr kann es sich auch dann um eingetragene Warenzeichen oder sonstige geschützte Kennzeichen handeln, wenn sie nicht eigens als solche gekennzeichnet sind.

Es konnten nicht alle Rechtsinhaber von Abbildungen ermittelt werden. Sollte dem Verlag gegenüber der Nachweis der Rechtsinhaberschaft geführt werden, wird das branchenübliche Honorar nachträglich gezahlt.

Dieses Werk enthält Hinweise/Links zu externen Websites Dritter, auf deren Inhalt der Verlag keinen Einfluss hat und die der Haftung der jeweiligen Seitenanbieter oder -betreiber unterliegen. Zum Zeitpunkt der Verlinkung wurden die externen Websites auf mögliche Rechtsverstöße überprüft und dabei keine Rechtsverletzung festgestellt. Ohne konkrete Hinweise auf eine solche Rechtsverletzung ist eine permanente inhaltliche Kontrolle der verlinkten Seiten nicht zumutbar. Sollten jedoch Rechtsverletzungen bekannt werden, werden die betroffenen externen Links soweit möglich unverzüglich entfernt.

1. Auflage 2023

Alle Rechte vorbehalten
© W. Kohlhammer GmbH, Stuttgart
Gesamtherstellung: W. Kohlhammer GmbH, Stuttgart

Print:
ISBN 978-3-17-039858-0

E-Book-Formate:
pdf: ISBN 978-3-17-039859-7
epub: ISBN 978-3-17-039860-3

Vorwort der Reihenherausgeber

Dr. phil. Holger Schäfer (*1974) ist Förderschulrektor und Schulleiter (SGE) sowie Lehrbeauftragter am Institut für Sonderpädagogik der Pädagogischen Hochschule Heidelberg. Er ist Beiratsmitglied und Mitherausgeber der Fachzeitschrift LERNEN KONKRET.
Kontakt: holger.schaefer@ph-heidelberg.de

Dr. phil. Lars Mohr (*1976) ist Sonderpädagoge und Dozent am Institut für Behinderung und Partizipation der Interkantonalen Hochschule für Heilpädagogik Zürich (HfH) sowie Lehrbeauftragter am Departement für Sonderpädagogik der Universität Fribourg.
Kontakt: lars.mohr@hfh.ch

Zur Praxisreihe

Die Praxisreihe Schule und Unterricht bei intellektueller Beeinträchtigung beschäftigt sich

- mit zentralen didaktischen und methodischen Fragestellungen der Unterrichtsgestaltung,
- angemessenen Möglichkeiten eines pädagogischen, interdisziplinären Zugangs und konkreter Intervention
- sowie organisatorischen und strukturellen Aufgabenstellungen der Schulentwicklung im Kontext intellektueller Beeinträchtigung.

Die praxisnahen Anregungen berücksichtigen pädagogische und unterrichtliche Belange sowohl in Förderschulen als auch in einem inklusiven Setting unter den jeweiligen Bedingungen.

Die Autorinnen und Autoren sind tätig in der Aus- und Weiterbildung für Lehrpersonen bzw. für Sonderpädagoginnen und Sonderpädagogen und ausgewiesene Expertinnen und Experten in ihrem Fachbereich. Sie verfügen über Praxiserfahrungen und stellen das jeweilige Themenfeld in einem kompakten Bild ausbildungswirksam sowie mit konkreten unterrichtspraktischen Bezügen dar.

Die Ausführungen sind grundsätzlich bundeslandübergreifend, beziehen Erfahrungen aus dem deutschsprachigen Raum ein und orientieren sich an den aktuellen erziehungswissenschaftlichen Erkenntnissen. Nationaler wie auch internationaler Foschungsstand finden Berücksichtigung.

Als besondere Hinweise werden neben wichtigen Definitionen und Begrifflichkeiten auch Exkurse als in sich geschlossene Abschweifungen und Literaturempfehlungen sowie Hinweise und Beispiele aus der Praxis grafisch hervorgehoben:

 kennzeichnet Definitionen und Begriffserklärungen sowie Exkurse.

 deutet auf Praxisbezüge und weiterführende Ideen hin.

 verweist auf weiterführende Literatur.

 bietet Links zu Quellen im Internet (zuletzt geprüft am 09.01.2023).

Die Praxisreihe möchte eine Lücke schließen in der Grundlagenliteratur für die *Aus- und Weiterbildung im Studium und Referendariat* sowie für die *Kolleginnen und Kollegen in der Praxis*, denen nun in einer stringenten methodischen Aufarbeitung die zentralen Themenfelder für die Gestaltung von Unterricht und die Schulentwicklung im sonderpädagogischen Schwerpunkt Geistige Entwicklung (SGE) kompakt und aus einem Guss zur Verfügung stehen.

Dabei ist uns bewusst, dass in der Pädagogik für Schülerinnen und Schüler im SGE eine Vielfalt an Begriffen herrscht, die der Bezeichnung des Personenkreises dienen sollen. Man spricht und schreibt etwa von Lernenden mit kognitiver Beeinträchtigung, mit (zugeschriebener) geistiger Behinderung oder mit Lernschwierigkeiten (um nur wenige Beispiele zu nennen).

In unserer Buchreihe kommen zudem Autorinnen und Autoren aus verschiedenen Regionen und Ländern zu Wort, mit entsprechend unterschiedlichen Formulierungsneigungen.* Wir haben uns mit ihnen dankenswerterweise auf eine einheitliche Begriffsverwendung verständigen können: Im vorliegenden wie in den übrigen Bänden ist die Rede von Kindern und Jugendlichen im »sonderpädagogischen Schwerpunkt Geistige Entwicklung (SGE)« oder – angelehnt an den internationalen Sprachgebrauch – »mit intellektueller Beeinträchtigung«. Demgemäß haben wir auch der Buchreihe als Ganze den Titel »Schule und Unterricht bei intellektueller Beeinträchtigung« gegeben.

Folgende Bände sind im Erscheinen bzw. in Vorbereitung:

(1) Wirtschaft-Arbeit-Technik (Isabelle Penning)
(2) Konzepte, Verfahren, Methoden (Hans Jürgen Pitsch & Ingeborg Thümmel)
(3) Unterricht bei komplexer Behinderung (Lars Mohr & Thomas Loscher) (Hrsg.)
(4) Wahrnehmungsförderung (Erhard Fischer)
(5) Unterstützte Kommunikation (Melanie Willke & Karen Ling)
(6) Herausforderndes Verhalten (Lars Mohr & Alex Neuhauser)
(7) Planung und Gestaltung von Unterricht (Ariane Bühler & Albin Dietrich)
(8) Diagnostik (Frauke Janz & Stefanie Köb)
(9) Psychische Störungen (Pia Bienstein)
(10) Autismus (Remi Frei)
(11) Schulhund (Holger Schäfer, Karin Schönhofen & Andrea Beetz)
(12) Sport & Bewegung (Christiane Reuter) (Hrsg.)

Weitere Hinweise zur Praxisreihe unter www.Kohlhammer.de

Zu diesem Buch

In der täglichen Lebens- sowie auch späteren Arbeitswelt stehen Schülerinnen und Schüler mit intellektueller Beeinträchtigung in einem zunehmenden

---

* Wir sprechen in unserer Praxisreihe immer von Schülerinnen und Schülern sowie Lehrerinnen und Lehrern, weitere Geschlechter bitten wir mitzulesen und gedanklich einzubeziehen. Auch in diesem Kontext konnten wir uns dankenswerterweise mit dem Verlag sowie den Autorinnen und Autoren der Praxisreihe auf eine lesbare Form verständigen.

Vorwort der Reihenherausgeber

Maße vor ökonomischen und technischen Herausforderungen z. B. im Kontext Wohnen und Haushaltsführung bzw. im Zusammenhang berufsorientierender Maßnahmen oder Mobilität.

Schule und Unterricht im sonderpädagogischen Schwerpunkt Geistige Entwicklung müssen diese Herausforderungen als eine der zentralen disziplinären Querschnittsaufgaben verstehen und dahingehende Lernräume unter Einbezug des Faches *Wirtschaft-Arbeit-Technik* (WAT) inhaltlich, methodisch sowie sächlich ausgestalten. Auf diese Weise ermöglichen sie die Entwicklung von Handlungskompetenzen der Kinder und Jugendlichen mit dem Ziel einer möglichst mündigen und selbstbestimmten Teilhabe.

Die große Stärke des vorliegenden Bandes von Isabelle Penning besteht darin, die fachlichen Grundlagen für eine unterrichtswirksame Ausgestaltung des WAT-Unterrichts aufzubereiten und darzustellen unter Berücksichtigung der spezifischen Bedarfe der Schülerinnen und Schüler mit intellektueller Beeinträchtigung.

Hierbei berücksichtigt sie den aktuellen Forschungsstand des Faches und gibt mit übersichtlichen Abbildungen und zahlreichen Tabellen einen differenzierten Überblick (auch für Neulinge in diesem Feld). Hinweise zu weiterführender Literatur sowie Quellenverweise im Internet auch zu technischen und rechtlichen Gesichtspunkten komplettieren die Ausführungen.

Der Band bietet eine sehr konkrete, fachlich versierte Einführung in die Thematik im Sinne der Praxisreihe und beschreibt zugleich zentrale Aufgaben im Kontext Schulentwicklung wie bspw. die Ausgestaltung der Fachräume, das Erfordernis von Fortbildung und Qualifikation im Fach oder auch die Bedeutsamkeit gesamtschulischer Konzepte berufsorientierender Maßnahmen.

Wir wünschen dem Band viele Leserinnen und Leser, die diese fachlich anspruchsvollen und inhaltlich unglaublich spannenden Themenfelder mit dem Verständnis eines kompetenzorientierten Unterrichts in der Schulpraxis umsetzen. Dadurch wird es besser gelingen, die Lernenden im sonderpädagogischen Schwerpunkt Geistige Entwicklung in der Bewältigung der oben genannten ökonomischen und technischen Herausforderungen möglichst angemessen und nachhaltig zu unterstützen.

Bernkastel-Kues und Zürich im Winter 2022
Dr. Holger Schäfer & Dr. Lars Mohr

Vorwort

Selten habe ich ein Buch mit so viel Enthusiasmus geschrieben wie dieses, da es eine so hohe Relevanz hat. Es verdeutlicht das aktuell steigende Interesse an inklusivem Wirtschaft-Arbeit-Technik-Unterricht (WAT), ist dringend notwendig und überfällig. Denn bislang praktizieren Lehrpersonen WAT-Unterricht mit großem Engagement, jedoch viel zu oft, ohne dabei auf ein fachdidaktisch fundiertes theoretisch-konzeptionelles Fundament zurückgreifen zu können. Diese Lücke soll der vorliegende Band schließen.

Damit betrete ich in gewisser Weise Neuland. Den »Kompass«, der die Zielrichtung bestimmt, habe ich dabei folgendermaßen ausgerichtet: Es geht darum, Schülerinnen und Schüler im sonderpädagogischen Schwerpunkt Geistige Entwicklung (SGE) so zu fördern, dass sie selbstbestimmt und mündig wirtschaftliche und technische Lebenssituationen in Beruf und Alltag bewältigen und gestalten können, um so aktiv am gesellschaftlichen, beruflichen und sozialen Leben teilzuhaben.

Die »Landkarte« oder die »Navi-App«, die den Weg zu diesem Ziel beschreibt, habe ich versucht, über dieses Buch zu skizzieren. Ich danke allen Kolleginnen und Kollegen, die mir dabei durch ihre Unterstützung geholfen haben! Mein besonderer Dank gilt Prof. Dr. Ralf Kiran Schulz, der das Buch mit seiner Expertise zur Arbeitslehre bereichert hat. Auch Carolin Hammer und Marietta Campbell danke ich herzlich für das kritische Prüfen des Buches, das vor allem der Lesbarkeit zugute kam. Der konstruktive Austausch mit dem Herausgeber Herrn Dr. Holger Schäfer war eine weitere große Bereicherung: Für die Ergänzungen aus der Praxis, die Modifikationen der Abbildungen und den gut abgestimmten Austausch bin ich dankbar.

In das Buch sind sowohl empirische Erkenntnisse aus der Forschung als auch Erfahrungen aus der Praxis eingeflossen. Damit möchte ich alle Leserinnen und Leser motivieren, bewährte und neue Wege zu erkunden, um eine zeitgemäße WAT-Bildung zu realisieren. Erst durch die Erprobung wird sich herausstellen, wo Umwege sind, wo man auf Sackgassen trifft und an welchen Stellen es neuer Brücken bedarf, um den Weg fortzusetzen.

Ich würde mich daher freuen, wenn Sie mit mir ins Gespräch kommen, um die Landkarte genauer zu zeichnen und neue Gebiete zu erschließen (siehe Kontakt). Auch bei Apps treten technische Fehler auf und häufig sind es die Nutzerinnen und Nutzer, die diese rückmelden oder sich in Foren austauschen.

Vorwort

Zu einem solchen Austausch lade ich Sie herzlich ein! So können wir alle dazu beitragen, dass jede Person, die sich für eine inklusive WAT-Bildung interessiert, nicht nur den Kompass, sondern auch die Navigation erhält, mit dem er oder sie sich durch dieses spannende und höchst relevante Tätigkeitsfeld zielgerichtet bewegen kann.

Potsdam im Winter 2022
Prof. Dr. Isabelle Penning

Inhaltsverzeichnis

Vorwort der Reihenherausgeber   5

Zur Praxisreihe   5
Zu diesem Buch   7

Vorwort   9

1 Einleitung   15

2 Wirtschaft-Arbeit-Technik als Allgemeinbildung   18

2.1	Fachdidaktik Wirtschaft-Arbeit-Technik	20
2.1.1	Bildungspolitische Umsetzung	21
2.1.2	Fachdidaktische Ansätze der Arbeitslehre	22
2.2	Fachdidaktische Konzepte der ökonomischen und technischen Bildung	23
2.2.1	Ökonomische Bildung	24
2.2.2	Technische Bildung	32
2.2.3	Berufliche Orientierung	40

3 Unterricht im Fach Wirtschaft-Arbeit-Technik   55

3.1	Fachdidaktische Prinzipien	56
3.1.1	Handlungsorientierung	58
3.1.2	Handlungsorientierung im SGE	60
3.1.3	Theorie-Praxis-Verschränkung	62
3.1.4	Problemorientierung	64
3.1.5	Multiperspektivität	67
3.2	Leistungsbeurteilung und Förderdiagnostik	69
3.2.1	Leistungsbewertung im WAT-Unterricht	71

3.2.2	Kompetenzfeststellungsverfahren im Rahmen der Beruflichen Orientierung	74
3.2.3	Relevante Förderdiagnostische Fragestellungen für den WAT-Unterricht	79
3.3	Fachräume	83
3.3.1	Einrichtung von Fachräumen	84
3.3.2	Arbeit mit und an Maschinen	89
3.3.3	Sicherheit in technischen Fachräumen	94
3.4	Differenzierende Unterrichtsgestaltung im WAT-Unterricht	106
3.4.1	Unterstützungsformen bei handlungsbezogenen Tätigkeiten	107
3.4.2	Vorrichtungsbau	109
3.4.3	Visualisierungen	118
3.5	Praxiskontakte und außerschulische Lernorte	120
3.5.1	Praxiskontakte	121
3.5.2	Außerschulische Lernorte	124
3.6	Unterrichtsmedien	129
3.6.1	Klassifikation von Medien	130
3.6.2	Konstruktions- und Experimentierkästen	133

4 Methoden des WAT-Unterrichts 139

4.1	Schülerfirmen	142
4.1.1	Angestrebte Ziele und Kompetenzerwartungen	144
4.1.2	Ablauf einer Schülerfirmengründung	146
4.1.3	Differenzierte Gestaltung und Varianten von Schülerfirmen	148
4.2	Betriebspraktikum	151
4.2.1	Angestrebte Ziele und Kompetenzerwartungen	152
4.2.2	Ablauf von Betriebspraktika	153
4.2.3	Organisationsformen von Betriebspraktika	154
4.3	Persönliche Zukunftsplanung	156
4.3.1	Angestrebte Ziele der Zukunftsplanung	156
4.3.2	Ablauf der Zukunftsplanung	157
4.3.3	Gestaltungskriterien zur Umsetzung der Zukunftsplanung	159
4.3.4	Berufswegekonferenzen als spezifische Variante	160
4.4	Lehrgang	163

4.4.1	Angestrebte Ziele und Kompetenzerwartungen	166
4.4.2	Ablauf von Lehrgängen	167
4.4.3	Differenzierte Gestaltung und Varianten des Lehrgangs	169
4.5	Fertigungsaufgabe	171
4.5.1	Angestrebte Ziele und Kompetenzerwartungen	171
4.5.2	Ablauf von Fertigungsaufgaben	172
4.5.3	Differenzierte Gestaltung von Fertigungsaufgaben	173
4.6	Konstruktionsaufgabe	176
4.6.1	Angestrebte Ziele und Kompetenzerwartungen	178
4.6.2	Ablauf der Konstruktionsaufgabe	179
4.6.3	Differenzierte Gestaltung und Varianten von Konstruktionsaufgaben	182

5 Verzeichnisse 186

Abkürzungsverzeichnis	186
Literaturverzeichnis	187
Sachwortregister	202

1

Einleitung

Mit dem eigenen Einkommen haushalten können, die individuellen Potenziale mit den Möglichkeiten des Arbeitsmarktes in Beziehung setzen, das Interface eines technischen Gerätes bedienen oder einfache Reparaturen selbst durchführen – in unserer Lebens- und Arbeitswelt sind wir tagtäglich von ökonomisch und technisch geprägten Situationen umgeben. In dem Unterrichtsfach Wirtschaft-Arbeit-Technik (WAT) wird eine Vorbereitung auf die Arbeits- und Lebenswelt geleistet und Bildungsanliegen der technischen und der ökonomischen Bildung mit der Beruflichen Orientierung verbunden:

> »Das Fach Wirtschaft-Arbeit-Technik ermöglicht den Schülerinnen und Schülern, die eigenen Arbeits- und Lernprozesse selbst und mit anderen zu gestalten, einfache ökonomische Sachverhalte zu verstehen und anzuwenden, Technik in einigen grundlegenden Zügen zu begreifen und technisch handeln zu können sowie eigene berufliche Vorstellungen zu entwickeln« (SenBildWiss Berlin & MBJS 2013, 98).

Lernangebote im Fach WAT tragen dazu bei, die Persönlichkeit der Schülerinnen und Schüler zu stärken sowie Handlungskompetenzen zu erwerben mit dem Ziel, dass sie gegenwärtige und zukünftige Lebensaufgaben in der Erwerbsarbeit, in der Eigenarbeit sowie im Ehrenamt als mündige und selbstbestimmte

Bürgerinnen und Bürger aktiv bewältigen können. Gerade diese Zielstellungen sind komplex, vielschichtig und werden in der Praxis im Sonderpädagogischen Schwerpunkt Geistige Entwicklung (SGE) daher häufig eher als Leitziel, denn als nahbares Ziel erscheinen. So ist beispielsweise der Übergang von der Schule in den Beruf vielfach durch weitere Förder- und Integrationsmaßnahmen sowie umfängliche flankierende Maßnahmen geprägt und der (insbesondere dauerhafte) Zugang zum ersten Arbeitsmarkt gelingt nur wenigen.

Wirtschaft-Arbeit-Technik, Wirtschaft-Technik-Haushalt und Soziales, Arbeitslehre: Die Bezeichnungen und die curriculare Verankerung sind bundesweit verschieden, wie die Analyse zum WAT-Unterricht (Hoge 2016), zum Technikunterricht (Grötzschel 2020) und zur ökonomischen Bildung (Weber 2007) zeigen. Ebenso variieren die dahinterliegenden fachdidaktischen Konzeptionen, die bislang kaum auf den SGE oder die inklusive Bildung bezogen sind (vgl. Fischer & Pfriem 2011; Penning & Wachtel 2019; Knab & Wachtel 2015 sowie hinsichtlich diagnostischer Fragestellungen am Übergang Schule-Beruf Fischer & Kranert 2021).

Diese Lücke soll mit dem vorliegenden Band geschlossen werden, indem die bestehenden fachdidaktischen Ansätze dargestellt und aus dem Blickwinkel des SGE konkretisiert, ergänzt und bewertet werden. Wo immer es geht, wird versucht, die curriculare Vielfalt, die sich aus dem Bildungsföderalismus ergibt, darzustellen. Schwerpunktsetzungen auf Bundesländer mit Bildungsplänen, in denen WAT als eigenständiges Fach oder Lernbereich ausgewiesen wird, sind jedoch unvermeidbar.

Betrachtet man diesen Band kritisch, wird man feststellen, dass dieser ebenfalls einen Schwerpunkt Richtung technischer Bildung enthält. Dies ist dem Umstand geschuldet, dass dieser Bereich im Vergleich zur ökonomischen Bildung in der Sonder- und Heilpädagogik stärker etabliert ist und für spezifische Anwendungsfelder ökonomischer Bildung separate Bände in der vorliegenden Reihe geplant sind. Dies gilt sowohl für die Berufliche Orientierung (einschließlich des Übergangs Schule-Beruf) als auch für die Haushaltsökonomie und die Verbraucherbildung, die im SGE zentrale Anwendungsfelder ökonomischer Bildung darstellen (teilweise unterrichtspraktisch mit dem Begriff der Hauswirtschaft umschrieben).

Die Schwerpunktsetzung verdeutlicht zugleich eine systemimmanente Herausforderung, die mit Verbundfächern stets einhergehen: in ihnen entsteht ein Spannungsfeld zwischen einer fachlichen Breite, die sich in einer fachdisziplinenübergreifenden Bearbeitung exemplarischer Inhaltsfelder niederschlagen soll und einer fachlichen Tiefe, die notwendig ist, um die Fachdisziplinen und ihre Spezifik durchdringen zu können. Diese Herausforderung zeichnet sich nicht nur bei der Konzeption eines solchen Buches ab, sondern tritt insbesondere auch bei der Lehrkräfteprofessionalisierung und im Unterrichtsgeschehen zutage.

Mit dem vorliegenden Band wird das Anliegen verfolgt, fachdidaktische Grundlagen mit der sonderpädagogischen Förderung im Unterrichtsfach Wirtschaft-Arbeit-Technik zu verbinden und somit eine Grundlage für die Unterrichtspraxis sowie die fachdidaktische Diskussion zu leisten. Dabei werden sowohl inklusive Unterrichtssettings an Regelschulen als auch an Förderschulen mitgedacht. Als praxisorientiertes Grundlagenwerk richtet sich dieser Band an all diejenigen, die sich im WAT-Unterricht oder auch in Einzelbereichen dieses Unterrichtsfaches aktuell engagieren oder sich zukünftig hier einbringen wollen: an Studierende und Referendarinnen und Referendare, an praktizierende WAT-Lehrpersonen und fachfremde Kolleginnen und Kollegen.

Einführend werden in diesem Buch die fachdidaktischen Konzepte dargestellt (▶ Kap. 2). Dabei wird die Relevanz des Faches für die Allgemeinbildung erörtert und anschließend fachdidaktische Ansätze der technischen Bildung, der ökonomischen Bildung sowie der Beruflichen Orientierung dargestellt.

Von diesem theoretischen Referenzrahmen ausgehend werden in Kapitel 3 (▶ Kap. 3) grundlegende Aspekte des Fachunterrichts betrachtet. Hierbei wird neben der Darstellung zentraler fachdidaktischer Prinzipien insbesondere auch auf die Ausgestaltung von Fachräumen und die Arbeit in diesen eingegangen. Der praktischen Arbeit wird traditionell stets eine besondere Rolle im Fach zugeschrieben und sie erweist sich auch im Hinblick auf die Aneignungsebenen in der Unterrichtsgestaltung für Schülerinnen und Schüler mit intellektueller Beeinträchtigung als bedeutsam (vgl. Terfloth & Bauersfeld 2012; Pitsch & Thümmel 2015). Ferner wird das Theorie-Praxis-Verhältnis im Hinblick auf die Einbindung von Praxispartnern und außerschulischen Lernorten beleuchtet und die Berücksichtigung von Medien fachspezifisch aufbereitet.

Einleitend in das Kapitel 4 (▶ Kap. 4) wird eine Methodensystematik präsentiert, über die relevante Methoden im Unterrichtsfach Wirtschaft-Arbeit-Technik klassifiziert werden. Ausgewählte Methoden, die entweder in der Schulpraxis als etabliert gelten oder genau hierfür neue Impulse bieten können, werden anschließend detailliert dargestellt.

2

Wirtschaft-Arbeit-Technik als Allgemeinbildung

Im Unterrichtsfach Wirtschaft-Arbeit-Technik (WAT) sind drei Gegenstandsbereiche integriert, die mit relevanten Bildungsanliegen einhergehen. Während in einigen Bundesländern diesen Bildungsanliegen u. a. auch in Form von eigenständigen Fächern Rechnung getragen wird, werden diese im genannten Integrationsfach WAT verbunden. Als Weiterentwicklung des Unterrichtsfaches »Arbeitslehre« besteht eine zentrale Zielstellung des Faches WAT darin, die Jugendlichen auf die Bewältigung gegenwärtiger und zukünftiger Situationen im Berufs- und Arbeitsleben vorzubereiten. Die Auseinandersetzung mit Arbeit erscheint dabei zentral und steht in Wechselwirkung mit wirtschaftlichen, hauswirtschaftlichen und technischen Fragestellungen. Da sich neben der Arbeitslehre-Konzeption in der technischen und ökonomischen Bildung weitere fachdidaktische Ansätze herausgebildet haben und als Basis für Forschungstätigkeiten dienen, werden diese hier über Unterkapitel dargestellt.

Im Hinblick auf den Themenbereich der Inklusion bestehen in allen genannten fachdidaktischen Disziplinen noch Forschungsdesiderate. Zwar haben wenige Autoren sich bereits in den 1980er Jahren mit Arbeitslehre (vgl. Mertes 1984) oder Technikunterricht (vgl. Kuipers 1984) im seinerzeit so genannten Unterricht bei geistiger Behinderung bzw. der Lernbehindertenpädagogik befasst (Duismann 1981), jedoch wurden diese Bemühungen in den folgenden Jahren nicht weiter fortgeführt, sodass Fischer & Pfriem 2011 (vgl. 2011, 332) konstatieren, dass Arbeitslehre im SGE selten thematisiert und untersucht wurde.

Begründbar ist dies mit der bisherigen (und traditionell) geringen Vernetzung der Pädagogik bei intellektueller Beeinträchtigung mit den Fachdisziplinen (vgl. Musenberg 2019): während die Fachdidaktiken in der Didaktik des SGE eher eine randständige Rolle gespielt haben, wurden in den Fachdidaktiken wiederum lange Zeit die Situation von Lernenden mit sonderpädagogischen Förderbedarf wenig berücksichtigt (vgl. Ratz 2011, 9).

Der inklusive Unterricht rückt diese Problematik sowie damit verbundene Aufgabenstellungen für beide Seiten nun stärker in den Fokus. So wurden für die ökonomische Bildung (z. B. Bonfig & Penning 2020; Bonfig & Plietker 2020; Weitzig & Wiepcke 2017), die Berufliche Orientierung (z. B. Laur 2021; Laur & Wiepcke 2020; Schröder 2018) und die technische Bildung (Schaubrenner 2021; 2018a; 2018b) erste Publikationen im Feld der fachspezifischen inklusiven Bildung veröffentlicht. Jedoch liegen bisher weder theoretisch fundierte didaktische Modelle noch empirische Forschung für einen inklusiven WAT-Unterricht vor (vgl. Knab & Wachtel 2015, 449). Trotz positiver Tendenzen, bestehen nach wie vor Forschungsdesiderate. Es wäre wünschenswert, diesen zu begegnen, um die tagtäglich in der Praxis gesammelten Erfahrungen in den wissenschaftlichen Diskurs zu integrieren und wechselseitig voneinander zu profitieren.

Dieser Band greift bestehende fachdidaktische Erkenntnisse auf und bezieht diese auf den SGE. Dem verbindenden Element der »Arbeit« folgend, das mit dem Fach Wirtschaft-Arbeit-Technik intendiert ist, wird die Berufliche Orientierung als eigenständiges Unterkapitel dargestellt, obwohl diese auch als Anwendungsfeld ökonomischer Bildung verstanden werden kann. Zunächst werden die Grundzüge des Unterrichtsfaches Arbeitslehre bzw. Wirtschaft-Arbeit-Technik aufgezeigt und die curriculare Verankerung in der Bundesrepublik Deutschland betrachtet.

Anschließend werden zentrale fachdidaktische Ansätze der technischen und ökonomischen Bildung sowie der Beruflichen Orientierung dargestellt, die für den Unterricht sowie auch für die Schulentwicklung bei intellektueller Beeinträchtigung relevant sind. Diese fachdidaktischen Ansätze sind als Leitlinien zu verstehen, die das Buch prägen. Über sie wird expliziert, welches fachspezifische Bildungsverständnis zugrunde liegt. Und dieses hat wiederum Auswirkungen auf die mit dem Fach verknüpften Kompetenzerwartungen, didaktischen Prinzipien und schließlich der konkreten Methoden- und Medienwahl.

Die haushaltsbezogene Bildung, beziehungsweise die Ernährungs- und Verbraucherbildung, wird ebenfalls als Teilbereich des WAT-Unterrichts verstanden und in die Bildungspläne integriert. Dieses Fachgebiet soll in der vorliegenden Reihe »Schule & Unterricht bei intellektueller Beeinträchtigung« jedoch in einem separaten Band aufgegriffen werden. Dieses Vorgehen von Verlag und Herausgebern ist sehr zu begrüßen, um die notwendige fachliche Fundierung angemessen ausbreiten zu können.

2.1   Fachdidaktik Wirtschaft-Arbeit-Technik

Das Fach Wirtschaft-Arbeit-Technik ist historisch aus dem Unterrichtsfach »Arbeitslehre« erwachsen, welches wiederum seine Ursprünge in den Industrieschulen und bürgerlichen Arbeitsschulen fand (ausführlich vgl. hierzu Dedering 2000). Vergleichbare Inhalte wurden aber auch in der Deutschen Demokratischen Republik (DDR) im Rahmen der polytechnischen Bildung vermittelt. In der Bundesrepublik Deutschland empfahl der »Deutsche Ausschuß [sic!] für das Erziehungs- und Bildungswesen« 1964, im Zuge der Neugestaltung der Hauptschule, die Einrichtung der Arbeitslehre (vgl. Jenzen 1996, 217). Diese sollte als Bindeglied zwischen Schule und Beruf fungieren und basierte auf einer eng gefassten Begriffsdefinition von Arbeit, unter der vorrangig die Erwerbsarbeit verstanden wurde (vgl. ebd., 218). Die aktuell ebenfalls bedeutsamen Formen der Eigenarbeit und gesellschaftlichen Arbeit wurden ausgeblendet. Arbeitslehre wurde als »elementare praktische Arbeit« definiert, die mit dem reflektierten Denken verbunden wurde und über fachübergreifende Projekte umgesetzt werden sollte (vgl. ebd., 219). Damit wurde die *Handlungsorientierung* stark hervorgehoben, die zu einem bis heute wesentlichen Kennzeichen der Arbeitslehre wurde (vgl. Jenzen 1996, 219).

Durch diesen Entstehungskontext wird Arbeitslehre auch als »Blaujackenfach« diskreditiert (Dedering 2000, 9), womit die zunächst vorliegende starke Betonung praktischer Tätigkeiten und die damit verbundene Berufliche Orientierung mit Blick auf handwerkliche Berufe überspitzt hervorgehoben wird. Die Tradition des Faches mit seiner starken Fokussierung auf Arbeit als zentrale Bezugsgröße führt dazu, dass die Diskussion um den Bildungswert des Faches für die Allgemeinbildung immer noch geführt wird. Die Bezeichnung »Arbeitslehre« wurde in einigen Bundesländern aufgelöst und durch Wortkombinationen ersetzt, wie beispielsweise Wirtschaft-Arbeit-Technik. Inwiefern damit auch eine inhaltliche Neuerung im Sinne einer fachdidaktischen Weiterentwicklung verbunden ist, ist nicht dokumentiert und zu hinterfragen. Die Begrifflichkeiten werden meist nebeneinander verwendet, so wie auch in diesem Buch. Nur so lassen sich die meist älteren Publikationen ohne Sinnentstellungen einbeziehen.

2.1.1 Bildungspolitische Umsetzung

Die unterschiedliche curriculare Verankerung und Fächerbezeichnung in den einzelnen Bundesländern (Analysen finden sich z. B. bei Hoge 2016; Weber 2007; Grötzschel 2020) spiegelt die kontrovers geführte Diskussion um den Bildungswert des Faches Arbeitslehre wider. Die Bezeichnungen reichen neben dem hier verwendeten Titel Wirtschaft-Arbeit-Technik,

- von Wirtschaft-Technik-Haushalt (z. B. in Sachsen),
- über Arbeit-Wirtschaft-Technik (z. B. Bayern),
- Arbeit/Wirtschaft, Hauswirtschaft (Niedersachsen)
- bis hin zur klassischen Bezeichnung Arbeitslehre (z. B. Hamburg und Hessen).

Einige Bundesländer vermitteln ähnliche Kompetenzen und Inhaltsfelder, jenseits klarer Fachstrukturen. Im bayrischen Lehrplan für den Förderschwerpunkt geistige Entwicklung (ISB 2019) wird bspw. das Fachprofil »Werken und Gestalten« ausgewiesen. Damit erfolgt eine Anlehnung an die fachdidaktische Konzeption des Werkunterrichts, die sich von der Arbeitslehre unterscheidet. Demgegenüber weist der der neue baden-württembergische Bildungsplan für den sonderpädagogischen Schwerpunkt Geistige Entwicklung (2022) Technik ausdrücklich als Fach aus und stellt damit eine fachliche und zugleich anschlussfähige Annäherung (vgl. hierzu online das Kapitel Technik im Portal des Bildungsplans unter https://www.bildungsplaene-bw.de/,Lde/LS/BP2022BW/SOP/GENT/TEIL-C/T

Bundesländübergreifend verbindend ist jedoch die Tendenz zur Verankerung des Faches insbesondere an Förder-, Haupt- und Realschulen, Gesamtschulen und Integrierten Sekundarschulen, wobei sich die Klassifikation als Pflicht- oder Wahlpflichtfach je nach Bundesland und Schulform wiederum unterscheidet. In Hessen wurde 1993 Arbeitslehre für alle Schulformen und damit auch für das Gymnasium als Pflichtfach für die Jahrgangsstufen 7–10 eingeführt, jedoch im Jahr 1999 für die Gymnasien wieder abgeschafft. Dies deckt sich mit dem aktuellen bundesweiten Status des Faches (beziehungsweise die mit WAT anvisierte Kompetenzförderung) an Gymnasien: es ist nur vereinzelt integriert und meist in Form von Wahlangeboten, wie der 2011 in Berlin eingeführte Kurs »Studium und Beruf« (SenBJF 2011). Im Hinblick auf die schulische und dann unterrichtspraktische Umsetzung ist nun zu hinterfragen, inwiefern alle Bildungsanliegen des Faches mit den sehr unterschiedlich vorhandenen sachlichen und personellen Ressourcen umgesetzt werden können. Arbeitslehre ist gekennzeichnet durch »mangelnde theoretische und empirische Grundlagen« (Duismann et al. 2005, 62) und wurde in zahlreichen Bundesländern auch aufgrund von »konzeptionellen Problemen« von anderen Fächern ersetzt (vgl. Schröder 2021, 72 f.).

Im SGE ist das Unterrichtsfach Wirtschaft-Arbeit-Technik beziehungsweise seine Bildungsanliegen ebenfalls curricular verankert. Die Bildung an Schulen mit dem SGE bzw. an Schulen mit entsprechenden Bildungsgängen gliedert sich derzeit in den meisten Bundesländern in vier Stufen:

- die Vor- bzw. Unter- oder Grundstufe,
- die Mittelstufe,
- die Ober- bzw. Hauptstufe und
- die Werk- bzw. Abschlussstufe (auch Berufsschulstufe).

Anknüpfend an den Kompetenzerwerb im Sachunterricht wird das Fach »Werken und Gestalten« für die Jahrgangsstufen 4 bis 9 angeboten (ISB 2019, 40). Die Bedeutung des Faches WAT und ähnlicher Fachkonzepte nimmt in der Oberstufe zu, da Arbeit hier als »wichtiges Element des Unterrichts« (Fornefeld 2004, 107) verstanden wird. Die Abschlussstufe fokussiert die Berufliche Orientierung und Vorbereitung auf die nachschulische Lebensphase (vgl. Stöppler & Schuck 2011, 2) und hat damit ebenfalls enge Bezüge zum Fach WAT.

2.1.2 Fachdidaktische Ansätze der Arbeitslehre

Obwohl Arbeitslehre variantenreich inhaltlich ausgestaltet, methodisch umgesetzt und institutionell verankert ist, lässt sich die allgemeine Zielsetzung übergreifend als »Vermittlung einer technischen und sozio-ökonomischen Grundbildung mit einer Hinführung auf die Arbeits- und Wirtschaftswelt und einer Berufsorientierung im Sinne der Anbahnung einer Berufswahlreife« (Dedering 2000, 58) zusammenfassen. Gefördert werden sollen grundlegende »Entscheidungs- und Handlungskompetenzen für typische Situationen der Arbeits- und Wirtschaftswelt und Einsichten in ihre technischen, wirtschaftlichen und sozialen Zusammenhänge« (ebd.). Zur Realisierung dieser Ziele wird die Verbindung aus fachtheoretischen Kenntnissen mit allgemeinen praktischen Fertigkeiten und Erfahrungen in Arbeitsprozessen für notwendig erachtet.

Dedering (2000, 22 ff.) stellt in diesem Zusammenhang verschiedene Theorieansätze vor, die erkennen lassen, dass mit dem Lernfeld »Arbeitslehre« sehr variantenreiche Intentionen und Positionen verknüpft sind. Im Hinblick auf integrative Ansätze, wie sie mit der Arbeitslehre verfolgt werden, ist die konzeptionelle Weiterentwicklung jedoch ins Stocken geraten und es liegt ein »Innovationsstau« vor (vgl. Dedering 2004, 9). So wurde beispielsweise die angestoßene Diskussion über »arbeitsrelevante Basiskompetenzen« (Duismann 2002) und ihrer empirischen Erfassung (im Rahmen der von Lehmann und Hoffmann (2009) publizierten BELLA-Studie »Berliner Erhebung arbeitsrelevanter Basiskompetenzen von Schülerinnen und Schülern mit dem Förderbedarf Lernen«) nicht weiter fortgeführt. Vor dem Hintergrund des gesellschaftlichen Wandels sind neue organisatorische und curriculare Konzepte sowie Professionsansätze auszuarbeiten und zu implementieren (vgl. Friese, Benner & Galyschew 2013, 1), und Dedering (vgl. 2000, 147) fordert ein höheres Qualitätsniveau und mehr Einheitlichkeit.

2.2 Fachdidaktische Konzepte der ökonomischen und technischen Bildung

Im Folgenden werden theoretische Konzepte der Fachdisziplinen *ökonomische Bildung* (▶ Kap. 2.2.1), *technische Bildung* (▶ Kap. 2.2.2) sowie der *Beruflichen Orientierung* (▶ Kap. 2.2.3) als Anwendungsfeld ökonomischer Bildung dargestellt. Dieses Vorgehen wurde aufgrund der bestehenden Forschungsdesiderate gewählt. Für Lehrkräfte, die in inklusiven Unterrichtssettings tätig sind, ist dieses theoretische Fundament besonders wichtig, damit die Vernetzung fachdidaktischer Perspektiven mit der sonderpädagogischen Förderung gelingen kann (vgl. hierzu die o. g. Hinweise).

Insgesamt gilt es mit Blick auf den inklusiven WAT-Unterricht, das Verhältnis zwischen den benannten Bestandteilen Wirtschaft, Arbeit und Technik sowie ihrer Verschränkungen weiterhin zu diskutieren. Die Kritik gegen das Integrationsfach ist vielfältig: So stellt sich die Frage, wie die Systematik der Einzeldisziplinen über ein so breit angelegtes Fach adäquat abgebildet werden kann. Dies betrifft sowohl den schulischen Unterricht als auch die Lehrkräfteaus- und weiterbildung, die mit der Herausforderung verbunden ist, Lehrkräfte bei einem begrenzten Zeitkontingent in allen Bereichen angemessen zu qualifizieren. Ungeklärt ist ebenso, ob alle Bestandteile des Unterrichtsfaches WAT in gleichen Teilen an Schulen praktiziert werden. Bieten solche Verbundfächer doch die Möglichkeit, Schwerpunkte zu setzen, sodass gar nicht sichergestellt ist, ob Schülerinnen und Schüler im SGE überhaupt die Chance haben, Kompetenzen in allen Bereichen auszubilden.

Gleichzeitig erscheinen einige Ansätze der Arbeitslehre-Konzeption, wie beispielsweise die starke Orientierung am projektorientierten Arbeiten, gerade für den SGE passend. Daher ist es dringend notwendig, die inklusive WAT-Didaktik weiter zu erforschen, um zügig zu einer fachlich fundierten Diskussion zu kommen, aus der wiederum Implikationen für unterrichtspraktische sowie schulkonzeptionelle Entwicklungen abgeleitet werden können.

2.2.1 Ökonomische Bildung

Unsere Lebenswelt ist von ökonomisch geprägten Lebenssituationen und Entscheidungen gekennzeichnet. So agieren wir in wirtschaftlichen Kontexten beispielsweise als Verbraucherinnen und Verbraucher, als (Wirtschafts-)Bürgerinnen, als Berufswähler oder als Erwerbstätige. Während einige dieser Rollen erst nach der Schulzeit übernommen werden, sind andere bereits in der Gegenwart relevant: So verfügen bereits Kinder und Jugendliche über ein nicht zu unterschätzendes finanzielles Kapital, das sie über Taschengeld, Geldgeschenke oder auch Schülerjobs generieren und über das sie nach dem Taschengeldparagraf (§ 110 des deutschen Bürgerlichen Gesetzbuchs) weitestgehend eigenständig verfügen dürfen. Ökonomische Bildung, verstanden als wichtiger Bestandteil der Allgemeinbildung, soll dazu beitragen Schülerinnen und Schüler zu einem mündigen Urteil, zur Selbstbestimmung und zur verantwortlichen Mitgestaltung ökonomisch geprägter Lebenssituationen und Entscheidungen zu befähigen.

Ökonomische Lebenssituationen von Menschen mit intellektueller Beeinträchtigung

Für Menschen mit intellektueller Beeinträchtigung bestehen zum Teil Einschränkungen in Bezug auf die Geschäftsfähigkeit. Diese Einschränkungen ermöglichen die Rückabwicklung von bestimmten Geschäften und verringern das damit verbundene Risiko (vgl. Remmele 2016, 18). Somit ermöglichen sie einen risikominimierten Handlungsraum für finanzielle Selbstbestimmung.

Gleichzeitig schränken sie diesen jedoch ein, da die Betroffenen bei größeren Geschäften abhängig von Betreuenden sind und lediglich kleinere Ausgaben des alltäglichen Lebens tätigen können (vgl. ebd.).

Remmele (vgl. 2016, 17) spricht in diesem Zusammenhang von institutionellen Stützstrukturen, welche die objektiven Handlungsmöglichkeiten der Individuen strukturieren sollen und die dazu führen, dass Schülerinnen und Schüler im SGE unterschiedliche Kompetenzanforderungen bewältigen müssen. Auch wenn diese Stützstrukturen im SGE vermutlich Bestand haben werden, wird Teilhabe und Selbstbestimmung jedoch zunehmend gefördert und damit werden auch ökonomische Kompetenzen wichtiger.

Beispielhaft sei dafür die Einführung des persönlichen Budgets genannt, das es der empfangsberechtigen Person ermöglicht, eine Geldleistung, statt der zuvor üblichen Sach- und Dienstleistung, zur Teilhabe bzw. Eingliederungshilfe zu erhalten. Somit kann sie selbst entscheiden, wann, wo, in welchem Umfang und durch welche Institution/Dienstleister oder Person sie Unterstützung in Anspruch nehmen möchte.

In ähnlicher Weise verändert sich sukzessive die Arbeitsmarktlage für Menschen mit Behinderung (▶ Kap. 2.2.3) als auch die Wohnsituation. Die noch stark verbreitete Vollversorgung in stationären Einrichtungen von Menschen mit intellektueller Beeinträchtigung wird um ambulante Wohnformen ergänzt (vgl. Weitzig & Wiepcke 2017, 220). Diese stellen neue, erweiterte Kompetenzanforderungen an diesen Personenkreis: »Sie werden im ambulanten Wohnen mit alltäglichen ökonomischen Routineaufgaben wie materielles Wohlbefinden, persönlicher Besitz, Einkommensverwendung, finanzielle Lage, Verfügung über Güter und Dienstleistungen konfrontiert« (Wiepcke 2018a, 14). Dazu gehört beispielsweise in Hinblick auf die Mobilität das Finanzieren des Öffentlichen Personennahverkehrs oder eigener Fahroptionen oder die finanzielle Ausgestaltung von Freizeitaktivitäten. Um diese und weitere ökonomisch geprägte Lebenssituationen bestmöglich bewältigen zu können, ist es für alle Menschen wichtig, eine stärker allgemeinbildende ökonomische Bildung als eine singuläre Verbraucherbildung zu erhalten. Diese soll darauf abzielen, die Selbstbestimmung, Mündigkeit und verantwortliche Mitgestaltung aller Menschen in den verschiedensten Lebensbereichen zu ermöglichen, die durch wirtschaftliche Strukturen und Handlungsweisen geprägt sind.

Konzepte ökonomischer Bildung

Es existieren eine Vielzahl fachdidaktischer Konzepte, mit denen die Ausgestaltung ökonomischer Bildung konkretisiert wird. Sie dienen als Leitbilder und variieren im Hinblick auf ihre Ziele, den Inhalten und angestrebten Kompetenzen. Zu diesen Konzepten zählen u. a.

- die kategoriale Ökonomische Bildung (z. B. Kruber, 1997),
- der Lebenssituationen-Qualifikationen-Ansatz (Steinmann 1997)
- der kompetenzorientierte Ansatz (Retzmann, Seeber, Remmele & Jongebloed 2010).
- der Ansatz der Alltags- und Lebensökonomie (Piorkowsky 2011)
- sowie Ansätze der sozio-ökonomischen Bildung (Kahsnitz 2008; Fischer & Zurstrassen 2014).

Für die soziale Arbeit mit Menschen mit intellektuellen Beeinträchtigungen (Weitzig 2018; Weitzig & Wiepcke 2017) sowie für eine inklusive *ökonomische Bildung* (Wiepcke 2018a) werden vor allem der Lebenssituationen-Qualifikationen-Ansatz sowie der Alltags- und Lebensökonomische Ansatz als bedeutsam betrachtet und daher vertiefend dargestellt.

Die Zielstellung des *Lebenssituationen-Qualifikationen-Ansatzes* nach Steinmann (1997) besteht darin, Lernende auf eine »qualifizierte sach- und zielbezogene Bewältigung vorgefundener Lebenssituationen« vorzubereiten (Steinmann 2008, 74 f.). Als Lebenssituationen werden wiederholende, interpersonale Beziehungen verstanden, die geprägt sind durch gesellschaftliche Normen, Traditionen und Verhaltensregeln, aber auch von Entscheidungssystemen und Organisationsformen, wie beispielsweise dem Staat, Unternehmen, Haushalten oder Interessengruppen (vgl. Steinmann 1997, 2). Das Konzept beinhaltet drei aufeinanderfolgende Arbeitsschritte:

1. Zunächst werden Lebenssituationen analysiert und ausgewählt, die künftig zu erwarten sind.
2. Ausgehend von diesen Situationen werden Qualifikationen abgeleitet, die notwendig sind, um diese Situationen adäquat bewältigen, aber auch gestalten zu können.
3. Im letzten Schritt werden schließlich die Lehrplaninhalte ausgewählt, die notwendig sind, um die Qualifikationen zu fördern und somit die Lebenssituationen mündig gestalten zu können (vgl. Steinmann 2008, 209 ff.). Bei der Auswahl unterscheidet Steinmann (1997, 7) die beiden folgenden Bereiche:
    a) *Einkommensentstehung durch Produktion/Arbeit*: z. B. Berufswahl, -ausbildung, -fortbildung, -wechsel; Stellung im Unternehmen und am Arbeitsplatz, Arbeitseinkommen, Sozialeinkommen

b) *Einkommensverwendung durch Inanspruchnahme erstellter Güter*: z. B. durch die Situationen Kauf, Freizeit, Sparen, Versichern, Vorsorge, Vermögensbildung, Steuerzahlungen, Inanspruchnahme öffentlicher Güter

Im *Konzept der Alltags- und Lebensökonomie* stellt Piorkowsky (2009, 61) den Haushalt als Ausgangssituation von alltags- und lebensökonomischen Handlungen dar. Dieses Konzept zielt darauf ab, den Menschen zu einem persönlich erfolgreichen und gesellschaftlich verantwortlichen Konsum zu verhelfen (Piorkowsky 2011, 23 und 55). Der Haushalt wird dabei auf der Mikroebene über die Perspektive des Individuums betrachtet. Darüber hinaus wird der Haushalt jedoch auch als Basis für gesellschafts- und volkswirtschaftliche Betrachtungen genutzt und somit die Meso- und Makroebene integriert. Die Rolle des Individuums reicht somit von einem Konsumierenden und Erwerbstätigen bis hin zum Gründer oder Gründerin eines eigenen Haushalts und ist somit komplex. Erforderlich sind u. a. »Selbstorganisation und Kooperation mit Haushaltsmitgliedern, Bedürfnisfeststellung und deren Reflexion, Allokation von Ressourcen, Gründung eines eigenen Haushalts, Aufbau und Pflege von erwerbswirtschaftlichen Arbeitsbeziehungen sowie Gestaltung von Freundschaft und Freizeit« (Wiepcke 2018a, 11).

Die beiden vorgestellten Ansätze weisen Limitationen auf, da sie bislang nicht auf alle Zielgruppen einer inklusiven Bildung ausgerichtet sind und somit die Lebens- und Alltagssituationen der zu inkludierenden Zielgruppen nicht in Gänze abbilden (vgl. Weitzig & Wiepcke 2017, 226; Wiepcke 2018a, 12). Als Erweiterung der Konzepte beziehen Weitzig und Wiepcke (2017) das Lebensqualitätskonzept ein, um einen mehrdimensionalen Betrachtungsrahmen zu schaffen und eine Analyse differenzierter Lebenslagen von Menschen mit Teilhabeerschwernissen zu realisieren.

Dennoch stellen der Lebenssituationen-Qualifikationen-Ansatz sowie das Konzept der Alltags- und Lebensökonomie fachlich relevante Konzepte dar, die als Ausgangspunkt für eine fachspezifische Förderung auch im SGE dienen können. Inwiefern diese Konzepte an sonderpädagogische Konzepte anschlussfähig sind und aktuell curricular umgesetzt werden, ist jedoch über weitere empirische Forschungen zu klären. Eine konzeptionelle Analyse im Hinblick auf die Förderschwerpunkte Lernen und sozial-emotionale Entwicklung, die erste Anhaltspunkte bieten kann, liefert Bonfig (2019). Sie vergleicht den Lebenssituationen-Qualifikationen-Ansatz systematisch mit der Lebensweltorientierten Didaktik (Bröcher 1997) und erläutert anhand eines exemplarischen Unterrichtsthemas die Potenziale der Verbindung dieser Ansätze, die dazu führen würde, dass sowohl individuelle Verhaltensalternativen und Bewältigungsstrategien (die über die lebensweltorientierte Didaktik gefördert werden) als auch gesellschaftliche Handlungs- und Gestaltungsmöglichkeiten (über den Lebenssituationen-Qualifikationen-Ansatz) in den Blick geraten (vgl. Bonfig 2019).

Auch ist zu überprüfen, welche Potenziale das »Handlungsorientierte ökonomische Lernen« aus der Grundschuldidaktik liefert (Hauenschild & Wulfmeyer 2006; Wulfmeyer 2005). Wulfmeyer führt dazu aus:

> »Das organisatorische Prinzip dieses Lernarrangements ist es, das (sic!) die im Unterricht erworbenen Kenntnisse in einer Simulation, z. B. einem Planspiel, in (einer; IP) Handlungssituation oder (aber das trifft wohl eher auf höhere Klassen zu) in einem Betrieb erprobt, reflektiert und zurück in die Unterrichtssituation gebracht werden« (Wulfmeyer 2005, 6).

Betrachtet man diese Aussage vor dem Hintergrund der starken Verbreitung von Schülerfirmen insbesondere in Schulen mit dem SGE (▶ Kap. 4.1) scheint eine Überschneidung naheliegend. Ebenso ist zu prüfen, inwiefern der Vorwurf einer Trivialisierung ökonomischer Bildung, der für den Primarbereich attestiert wurde (vgl. Wulfmeyer 2005, 6), auf den SGE zutrifft. Die Gefahr besteht nach Wulfmeyer (2005, 6) in einer »Aufweichung wirtschaftswissenschaftlicher Kategorien im Fächerübergriff«, die durch eine falsch verstandene Kinderorientierung entstehen kann und dazu führt, dass der ökonomische Denkansatz nicht Gegenstand des ökonomischen Lernens ist.

Kompetenzen ökonomischer Bildung

Ökonomische Bildung als Teil von Allgemeinbildung
Das Ziel ökonomischer Bildung besteht in der Befähigung von Menschen zu einem mündigen Urteil, zur Selbstbestimmung und zur verantwortlichen Mitgestaltung (vgl. DeGÖB 2004, 4). Ökonomische Bildung leistet einen Beitrag zur Allgemeinbildung, »in dem sie Individuen befähigt zur bewussten Orientierung in Wirtschaft, Staat und Gesellschaft mithilfe ökonomischer Denkmuster, zum ethisch reflektierten Urteil über ökonomische Sachverhalte, Zusammenhänge, Probleme und Lösungen« sowie »zu selbst bestimmten und verantwortlichen Entscheidungen und Handlungen« in u. a. ökonomisch geprägten Lebenssituationen (ebd., 5).

Die Deutsche Gesellschaft für Ökonomische Bildung (DeGÖB) hat Kompetenzmodelle für den Grundschulabschluss (DeGÖB 2006), für den mittleren Schulabschluss (DeGÖB 2004) und den Abschluss der gymnasialen Oberstufe (DeGÖB 2009) formuliert. Sie hat damit maßgeblich den Beginn der Kompetenzdiskussion initiiert und obwohl die empirische Überprüfung dieser Kompetenzmodelle noch aussteht, wird insbesondere das für den mittleren Schulabschluss nach wie vor rezipiert und als Ausgangspunkt für die (Weiter) Entwicklung von Kompetenzmodellen genutzt. Im Modell werden die folgenden Kompetenzbereiche unterschieden:

- Handlungssituationen ökonomisch analysieren,
- ökonomische Systemzusammenhänge erklären,
- Entscheidungen ökonomisch begründen,
- Rahmenbedingungen der Wirtschaft verstehen und mitgestalten,
- Konflikte perspektivisch und ethisch beurteilen (Deutsche Gesellschaft für Ökonomische Bildung 2004, 1).

Eine kritische Würdigung erfuhr das Konzept durch Seeber et al. (2012). Positiv hervorgehoben wurden dabei die Fachlichkeit, Fokussierung und Kumulativität, wohingegen die Zuordnung von Bildungsstandards zu Kompetenzen als inkonsistent und die fachliche Schwerpunktsetzung als problematisch eingeschätzt wurden (vgl. Seeber et al. 2012, 36 ff.). Darüber hinaus wurden die Kompetenzbeschreibungen als unvollständig und unklar und das Erreichen der Bildungsstandards, trotz einer fehlenden empirischen Fundierung, als unrealistisch bewertet (vgl. Seeber et al. 2012, 36 ff.). Das Autorenteam nutzt das Modell jedoch zur Entwicklung eigener Bildungsstandards, welche die drei großen in Wechselwirkung zueinander stehenden Kompetenzbereiche umfassen (Abb. 2.1): Beziehung und Interaktion (mit anderen), Ordnung und System (des Ganzen), Entscheidung und Rationalität (des Einzelnen).

Diese Kompetenzbereiche werden auf die ökonomisch geprägten Lebenssituationen Verbraucher, Arbeitnehmer, Erwerbstätige und Selbstständige/ Unternehmer sowie Wirtschaftsbürger bezogen und über Teilkompetenzen ausformuliert, die über Beispielaufgaben konkretisiert werden (vgl. Seeber et al. 2012, 89 ff.).

Eine Spezifikation der vorgestellten Modelle für Schülerinnen und Schüler mit intellektueller Beeinträchtigung liegt nicht vor. Über die Rahmenlehrpläne der einzelnen Bundesländer werden jedoch auf administrativer Ebene die Kompetenzerwartungen für diese Zielgruppe festgehalten.

2 Wirtschaft-Arbeit-Technik als Allgemeinbildung

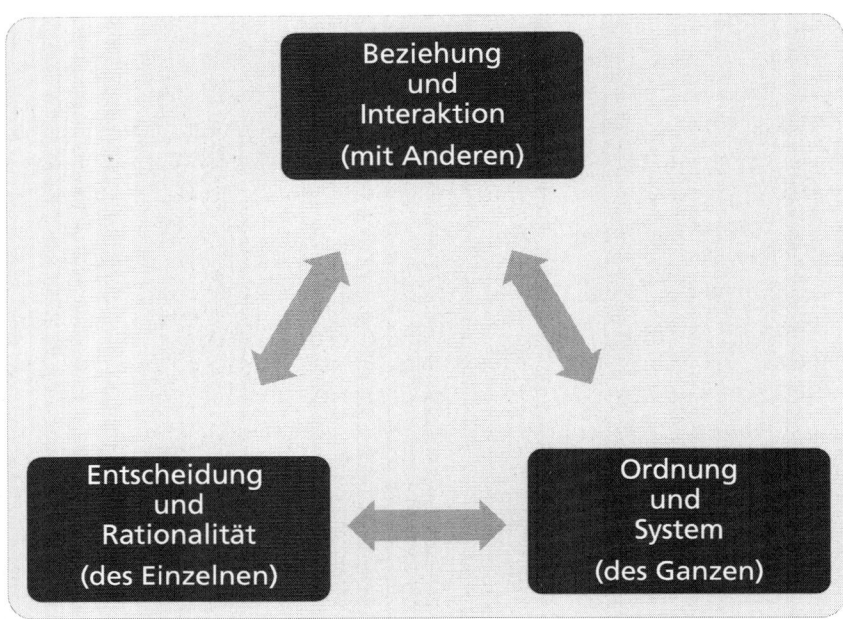

Abb. 2.1: Kompetenzbereiche ökonomischer Bildung (vgl. Seeber et al 2012, 88) (eigene Darstellung)

> **Exkurs**
> **Ökonomische Bildung im Rahmenlehrplan Berlin-Brandenburg**
> Im Rahmenlehrplan Berlin und Brandenburg wird der private Haushalt als Erfahrungsgrundlage der Lernenden definiert und als zentraler Bezugspunkt für die ökonomische Bildung im SGE definiert. Dazu heißt es: »Schülerinnen und Schüler begreifen das Wirtschaften im privaten Haushalt als Spannungsfeld zwischen begrenztem Einkommen, fixen Kosten und unterschiedlichen Bedürfnissen« (SenBildWiss Berlin & LISUM 2011, 98). Dieses deckt sich mit der Ausrichtung der Alltags- und Lebensökonomischen Bildung, die Weitzig (2018, 125) folgendermaßen zusammenfasst: »Im Sinne der Alltags- und Lebensökonomischen Bildung beginnt Wirtschaften in dem primären Kontext aus Haushalt und Familie und wird als lebenslanges Alltagshandeln verstanden.« Die Leitkompetenz »Die Schülerinnen und Schüler wenden einfache ökonomische Sachverhalte an« wird auf Kompetenzen im Bereich »Herkunft und Verwendung von familiären Einkommen« und »Kalkulation« beschränkt, was ebenfalls für technische Bildungsbereiche bedeutsam ist (vgl. SenBildWiss Berlin & LISUM 2011, 98 ff.).

Diese Kompetenzen lassen sich der ökonomisch geprägten Lebenssituation Verbraucher zuordnen. Vergleichend zum Kompetenzmodell der ökonomischen Bildung von Seeber et al. (2012) wird deutlich, dass hierbei nur vereinzelte Aspekte im integrativen WAT-Unterricht abgebildet werden. Die Aspekte Geldanleger, Kreditnehmer oder Versicherungsnehmer sind zulasten einer starken Orientierung am »Konsumenten« ausgeblendet. Während weitere Lebenssituationen wie Arbeitnehmerin oder Arbeitnehmer und Erwerbstätige im Rahmen des WAT-Unterrichts im Feld der Beruflichen Orientierung angerissen werden (wobei der Aspekt der Selbstständigkeit bzw. des Unternehmertums im SGE zumeist – und auch nachvollziehbar – ausgespart wird), wird die Rolle als Wirtschaftsbürgerin oder -bürger ausschließlich über den Aspekt Leistungs-Transferempfänger und mit der Teilkompetenz »haben Kenntnisse über das zukünftige persönliche Budget« (SenBildWiss Berlin & MBJS 2013, 101) konkretisiert. Inwiefern diese starke Fokussierung auch auf andere Bundesländer zutrifft, gilt es zu analysieren.

Darüber hinaus ist es dringend notwendig, das Bildungsverständnis ökonomischer Bildung im SGE mit Bezug auf bestehende Konzepte weiter auszudifferenzieren, praktisch zu erproben und zu evaluieren. Bonfig & Plietker 2020 zeigen beispielsweise auf, dass das Bildungsziel der gesellschaftlichen Teilhabe, Partizipation und Mündigkeit als Bindeglied zwischen sozialwissenschaftlicher und inklusiver Bildung fungiert: »Gesellschaftliche Teilhabe wird im sozialwissenschaftlichen Lernen in doppelter Form aufgegriffen, da diese sowohl übergeordnetes Bildungsziel als auch einen fachwissenschaftlichen sozialwissenschaftlichen Gegenstand darstellt« (ebd. 2020, 103).

Diese Forschungsansätze können Ansatzpunkte für weitere empirische Studien liefern. Die spezifischen Anwendungsfelder der ökonomischen Bildung, die sich fachwissenschaftlich und fachdidaktisch mit dem jeweiligen Gegenstand befassen, sind dabei zu berücksichtigen. Dazu zählen u. a. die Verbraucherbildung, die Berufliche Orientierung, die Bildung für nachhaltige Entwicklung sowie die Entrepreneurship Education.

Weiterführende Literatur

Arndt, Holger (2020): Ökonomische Bildung. Erlangen.
Kaminski, Hans (2017): Fachdidaktik der ökonomischen Bildung. Paderborn.
Wirtschaft + Politik: https://www.friedrich-verlag.de/sekundarstufe/gesellschaft/wirtschaft-politik/unterricht-wirtschaft-politik/

> Zeitschrift für ökonomische Bildung (ZföB): https://www.zfoeb.de/ oder der Zeitschrift für Didaktik der Gesellschaftswissenschaften (zdg): http://zdg.wochenschauverlag.de/

2.2.2 Technische Bildung

Unsere Lebenswelt ist nicht nur geprägt von ökonomischen Lebensbereichen, sondern ebenfalls durch Technik. Sie umgibt uns von klein an und prägt sowohl den privaten als auch den beruflichen Alltag. Auf der individuellen Ebene sind wir nicht nur Betroffene von der allseits vorhandenen Technik, sondern wir gestalten diese auch aktiv als Produzierende mit, bewerten und wählen technische Artefakte mehr oder weniger bewusst aus, nutzen und entsorgen diese. Auch auf der gesellschaftlichen und der wirtschaftlichen Ebene spielt Technik eine bedeutsame Rolle und trägt zu Innovationen bei.

Technische Bildung sollte somit ein fester Bestandteil der Allgemeinbildung sein: »Die gesellschaftliche Bedeutung der Technik, ihre Allgegenwärtigkeit wie auch ihr Entwicklungsstand und ihr Komplexitätsgrad schließen ein bloßes Hineinwachsen in diese Welt der scheinbar unbegrenzten technischen Möglichkeiten aus« (Stuber 2019, 22). Um Emanzipation und technische Mündigkeit bei Schülerinnen und Schülern zu fördern, bedarf es einer modernen Konzeption technischer Bildung.

Technisch geprägte Lebenssituationen im SGE

Für die Beschäftigung mit technischer Bildung ist es unerlässlich, zunächst den zugrundeliegenden Gegenstand, also die Technik, zu definieren. Je nachdem, aus welcher fachlichen Disziplin heraus man Technik definiert, variieren die Begriffsbestimmungen (vgl. Hüttner 2009, 32). Sie lassen sich nach ihrer Reichweite unterteilen. Eine weite Begriffsdefinition beispielsweise begreift den Begriff der Technik auch als Methode, um etwas auszuführen, wie z. B. die Technik des Klavierspieles oder das Brustschwimmen als Schwimmtechnik. Eine solche Begriffsbestimmung wäre für den Einsatz in der Fachdidaktik ebenso ungeeignet wie eine sehr enge Definition, bei der man Technik ausschließlich als Technologie versteht, mit der primär Werkstoffkunde und Verfahren ihrer Be- und Verarbeitung bezeichnet werden (vgl. Stuber 2019, 22). Daher hat sich im fachdidaktischen Diskurs ein Technikbegriff mittlerer Reichweite basierend auf Ropohl (2009) durchgesetzt.

2.2 Fachdidaktische Konzepte der ökonomischen und technischen Bildung

> **Technik**
> »Technik umfasst (a) die Menge der nutzenorientierten, künstlichen, gegenständlichen Gebilde (Artefakte oder Sachsysteme), (b) die Menge menschlicher Handlungen und Einrichtungen, in denen Sachsysteme entstehen, und (c) die Menge menschlicher Handlungen, in denen Sachsysteme verwendet werden« (Ropohl 2009, 31).

Mit dieser Definition wird eine Abgrenzung zur Naturwissenschaft, zur Kunst, zur Sprache sowie zum Virtuellen gezogen (vgl. Stuber 2019, 23). Sie ist für technische Bildungsanliegen darüber hinaus geeignet, da sie einerseits die Ergebnisse technischer Entwicklungen einbezieht, nämlich Sachsysteme und Artefakte (verstanden als »künstlich gemachte Gebilde« und »gegenständliche Manifestation der Technik« [Ropohl 2009, 30; 47]) darstellen. Und andererseits umfasst die Definition ebenfalls die Verfahren ihrer Entwicklung und die individuelle und gesellschaftliche Nutzung. Demzufolge ist Technik durch Vielschichtigkeit geprägt, was aus der folgenden Abbildung 2.2 deutlich wird, in der Aspekte der Technik zusammen getragen sind.

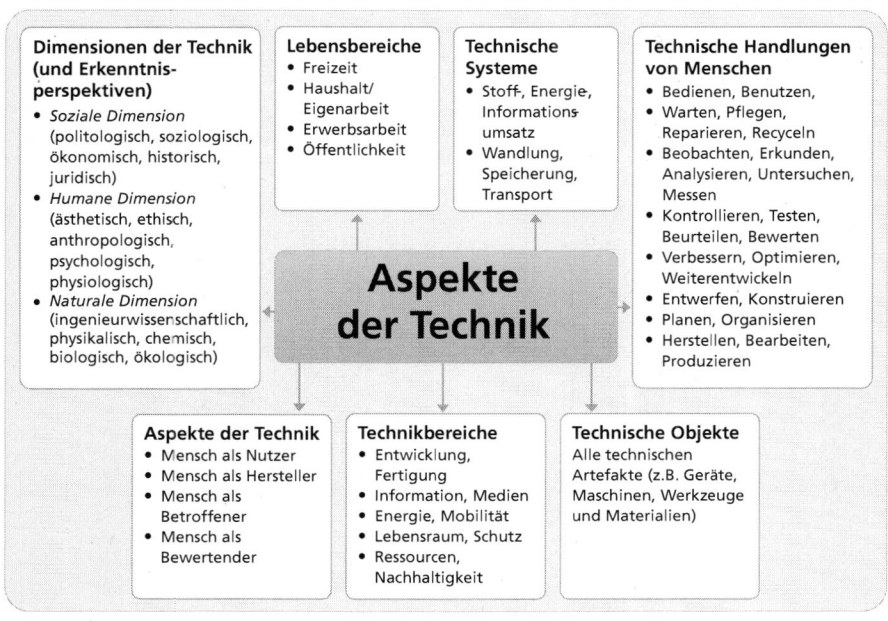

Abb. 2.2: Aspekte der Technik (eigene Darstellung in Anlehnung an MBWK 2018, 11)

Die Beziehung zwischen Mensch und Technik umfasst allein mehrere Facetten: Der Mensch nutzt Technik, stellt sie her, ist von Technik und ihren Auswirkungen betroffen und bewertet Technik. Inwiefern diese Facetten in ihrer Gänze von Schülerinnen und Schülern mit intellektueller Beeinträchtigung reklamiert werden bzw. ob hier möglicherweise eine Gewichtung auszumachen ist, gilt es weiter zu analysieren.

Bedenkt man die vielfältigen Formen der Unterstützten Kommunikation (UK) und den Einsatz assistiver Technologien, die im SGE zum Einsatz kommen, ist davon auszugehen, dass einige Personen hier in besonderem Maße Nutzerinnen und Nutzer moderner Technologien sind. Und mit ihnen auch das pädagogische und pflegerische Personal sowie die Bezugspersonen der Person.

Als Herstellende von Technik können sich Menschen teilweise in der Werkstatt für behinderte Menschen (WfbM) erleben, die neben moderner Materialverarbeitung häufig auch klassische Handwerkskunst wie Töpfern oder Holzverarbeitung anbieten. Doch inwiefern schlüpfen die Mitarbeitenden hier in die Rolle als Bewertende von Technik und sind von ihr betroffen? Technik ist in verschiedenen Facetten im Leben aller Menschen prägend. Wünschenswert wäre es jedoch, zukünftig die technisch geprägten Lebenssituationen von Menschen im SGE genauer zu beleuchten, um aus diesen Erkenntnissen Implikationen für fachspezifische Bildungsanforderungen ableiten zu können.

Konzepte technischer Bildung

Als Vorläufer heutiger Konzepte technischer Bildung gilt der Werkunterricht (vgl. Schmayl 2019, 119). Während im traditionellen Unterrichtsfach Werken die Herstellung, ggf. die Entwicklung und Gestaltung von technischen Artefakten Gegenstand war (vgl. Stuber 2019, 22), wird technische Bildung mittlerweile umfassender im Sinne einer technischen Grundbildung konzeptionalisiert, um den Kulturbereich Technik in seiner Breite zu erschließen. Zu den bekanntesten Ansätzen (vgl. hierzu die Ausführungen im Infokasten sowie Schmayl 2019, 118–139), die sich herausbildeten, gehören

- der allgemein technologische Ansatz,
- der arbeitsorientierte Ansatz
- und der mehrperspektivische Ansatz

Technikdidaktische Ansätze

Allgemein technologischer Ansatz: Das Leitziel dieses Ansatzes besteht darin, dass die Lernenden sich in einer zunehmend technisierten Welt orientieren können (vgl. Geißel 2018, 218). Die fachwissenschaftlichen Bezugsdisziplinen der Technikwissenschaften sind dabei Ausgangspunkt der didaktischen Überlegungen. Als typische Lerninhalte werden u. a. »Wissen und Fertigkeiten zur Konstruktion und Fertigung technischer Systeme und deren Wirkungsprinzipien oder zur Dimensionierung von Bauteilen« herausgestellt (Zinn 2018, 65 f.) Technische Artefakte, aber auch technische Prozesse (wie Konstruieren und Fertigen) stehen im Mittelpunkt, da sowohl die Unterrichtsgegenstände und ihre Ordnung als auch das methodische Vorgehen am realen technikwissenschaftlichen Vorgehen angelehnt sind.

Arbeitsorientierter Ansatz: Bei diesem Ansatz steht die gesellschaftliche Dimension des Unterrichts und der Technik im Fokus (vgl. Schmayl 2019, 123). Technik wird mit ihren sozialen Auswirkungen und in ihrem gesellschaftlichen Kontext kritisch bewertet. Im Fokus steht die Technikemanzipation, über die Lernende die künftigen technisch-ökologischen Entwicklungen im Hinblick auf ihre vielfältigen Wirkungen hinterfragen und an ihnen teilnehmen können. »Beim arbeitsorientierten Ansatz stehen weniger die technologischen Bezugspunkte (z. B. Konstruktionsprinzip), sondern die Verwendbarkeit im Kontext der Arbeit im Vordergrund« (Zinn 2018, 66). Arbeitsplatzanalysen, Produktanalysen und Projekte sind zentrale Unterrichtsmethoden und ein fächerübergreifender Unterricht wird favorisiert (vgl. Geißel 2018, 219).

Mehrperspektivischer Ansatz: Dieser Ansatz führt die beiden vorherigen Ansätze zusammen und ist als eigenständiger, weiterentwickelter Ansatz zu verstehen. Als Kern wird die Förderung einer Technikmündigkeit angestrebt, die zu einer sachangemessenen, verantwortungsvollen Handlungsfähigkeit und kritischer Urteilsfähigkeit beitragen soll (Zinn 2018, 66). Dabei werden sowohl fachwissenschaftliche als auch emanzipative Bildungsziele als bedeutsam herausgestellt. Technik wird hier unter Rückgriff auf Ropohls Systemtheorie und seiner Technikdefinition verstanden und mehrperspektivisch betrachtet (s. o.). Das Methodenrepertoire ist breit gefächert und vielfältig und umfasst sowohl fachspezifische als auch fachunspezifische Methoden.

2 Wirtschaft-Arbeit-Technik als Allgemeinbildung

Im Folgenden soll der mehrperspektivische Ansatz genauer erläutert werden. Dieser greift die Positionen der beiden anderen Ansätze auf und entwickelt diese vor dem Hintergrund des Entwicklungsstandes der Technik weiter (vgl. Hüttner 2009, 42). Die Veränderungen der technisch geprägten Lebenswelt gehen mit sich wandelnden Anforderungen an die Jugendlichen einher. Mit dem mehrperspektivischen Technikansatz wird das »Verstehen der Technik in ihren vielschichtigen Verknüpfungen und Wechselbeziehungen« (Hüttner 2009, 49) intendiert. Bei diesem Ansatz ist die Mehrdimensionalität von Technik zentral, die Ropohl (2009, 32 ff.) umfangreich darstellt.

Er charakterisiert Technik über ein dreidimensionales Modell, bei der jeder Technik eine *materielle*, eine *humane* sowie eine *soziale Dimension* zugeschrieben wird (vgl. Ropohl 2009, 32 ff.). Ausgehend von diesen Perspektiven formuliert Schmayl (vgl. Schmayl 2019, 183 ff.) drei Erschließungsperspektiven allgemeinbildenden Technikunterrichts:

- Die *Sachperspektive* bezieht sich auf die Dinglichkeit/Stofflichkeit von technischen Artefakten und Systemen. Diese Perspektive umfasst »praktisches, erfahrungsgeleitetes Tun und führt zu handwerklichem und technikwissenschaftlichem Erkenntnisgewinn«.
- Die *human-soziale Perspektive* betrachtet technische Artefakte als etwas von Menschen Geschaffenes, von Menschen genutztes und entsorgtes. Dabei wird der Zusammenhang zwischen der Technik mit dem Menschen und der Gesellschaft betrachtet und ihr wechselseitiges Verhältnis, da sie nicht nur von Menschen geschaffen wird, sondern gleichzeitig auch die Menschheit prägt.
- Die *Sinn- und Wertperspektive* trägt als über die beiden vorherigen übergeordnete Perspektive dazu bei, Einstellungen und Haltungen zu technischem Handeln bewusst zu machen, Normen zu hinterfragen sowie Werte und Maßstäbe als Grundlage des eigenen Handelns zu entwickeln (vgl. Stuber 2019, 23).

Jeder fachdidaktische Ansatz geht mit spezifischen Implikationen für die Bestimmung von Bildungsinhalten (▶ Abb. 2.2: Aspekte der Technik in Anlehnung an MBWK 2018, 11), Kompetenzerwartungen und spezifischen Methodenbeschreibungen einher. Während ältere fachdidaktische Ansätze stärker auf die Herstellung von Produkten beschränkt waren, wird beim mehrperspektivischen Technikunterricht ein Methodenrepertoire entwickelt, das alle drei aufgezeigten Perspektiven integriert und damit zwar nach wie vor praktisches und erfahrungsgeleitetes Handeln beinhaltet, aber eine starke Verzahnung zwischen Theorie und Praxis vorsieht. Neben der Herstellung technischer Artefakte ist die Bewertung und Entsorgung von Technik relevant. Entsprechend ist die hier aufgezeigte Konzeption maßgeblich für die folgenden Ausführungen.

> **Exkurs**
> **Technische Bildung in Bildungsplänen für den SGE**
> Betrachtet man die curricularen Vorgaben für den SGE bleibt eine explizite Nennung des zugrundeliegenden fachdidaktischen Konzepts technischer Bildung meist aus. Der Vergleich der Bildungsinhalte mit dem hier zugrundegelegten Fachverständnis einer mehrperspektivischen technischen Bildung deutet auf eine geringfügige Übereinstimmung hin.
>
> - *Hamburg* integriert beispielsweise die technische Bildung im SGE im Fach Sachunterricht, der u. a. über den Lernbereich Naturwissenschaften und Technik/Gesellschaftswissenschaften weiter konkretisiert wird (vgl. Freie und Hansestadt Hamburg & BSB 2017). Die technische Perspektive wird lediglich über die Leitkompetenzen »Technik nutzen« und »Medien nutzen« abgebildet. Mit den ausdifferenzierten Kompetenzen, z. B. »beherrschen die Handhabung ausgewählter technischer Geräte, behandeln technische Geräte mit angemessener Sorgfalt, nutzen technische Verfahren und Geräte sach- und situationsgerecht« wird der Fokus stark auf eine sachangemessene »Beherrschung« von Technik gelegt. Diese Kompetenzerwartungen erscheinen daher eindimensional auf die Nutzerperspektive beschränkt und sind nicht mit dem auf technische Mündigkeit hin ausgerichteten mehrperspektivischen Technikansatz vergleichbar.
> - Kontrastierend hierzu lässt sich im Rahmenlehrplan von *Berlin* und *Brandenburg* eine stärkere Nähe zum Werkunterricht erkennen, bei dem die handwerkliche Tätigkeit im Vordergrund steht. In diesen Bundesländern werden die Fachvorgaben für den WAT-Unterricht in einem spezifischen Rahmenlehrplan für den SGE festgelegt. Für den Bereich der technischen Bildung wird die Leitkompetenz »Die Schülerinnen und Schüler planen und fertigen Produkte« festgelegt und mit den folgenden Themenfeldern ergänzt: »Werkstoffe und Materialien; Werkzeuge und technische Geräte, Produkterstellung, Hygienemaßnahmen und Sicherheitsvorschriften« (SenBildWiss Berlin & LISUM 2011, 100). Weiter heißt es, dass die Leitthemen u. a. am »Werken mit ausgewählten Materialien, im Arbeitsfeld Hauswirtschaft oder im Bereich des textilen Gestaltens« konkretisiert werden (ebd., 98). Die Lernenden werden als technisch

> handelnde Individuen begriffen, die sich über die Produktion von Artefakten Technik »in einigen grundlegenden Zügen« erschließen. Auffällig ist dabei, dass auch hier eine starke Verkürzung der mit technischer Bildung anvisierten Kompetenzen vorgenommen wird (vgl. nachfolgendes Kapitel).
>
> - Einen vollständig anderen Weg verfolgt *Schleswig-Holstein*: Dort werden Fachanforderungen für alle allgemein bildenden Schulen herausgegeben und die darin enthaltenen Anforderung werden über individuelle Förderpläne für Schülerinnen und Schüler im SGE angepasst (MBWK 2018). Das im Rahmenlehrplan für das Unterrichtsfach Technik zugrunde gelegte mehrperspektivische Fachverständnis hat somit auch für Schülerinnen und Schüler im SGE Geltung, was sehr zu begrüßen ist. Forschungen, die Erkenntnisse über die praktische Umsetzung liefern, wären wünschenswert, um festzustellen, ob sich spezifische Schwerpunktsetzungen abzeichnen.

Kompetenzen technischer Bildung

Die Zielstellung technischer Allgemeinbildung liegt darin, Schülerinnen und Schüler zu einem verantwortungsvollen und mündigen Umgang mit Technik, ihrer Gestaltung und Bewertung zu befähigen. Mündigkeit heißt »in einer von Technik geprägten Welt eines Tages Verantwortung mit übernehmen und sachangemessen, human und solidarisch handeln zu können« (Bienhaus 2008, 6).

Um den Kulturbereich der Technik mit seinen vielfältigen Facetten durchdringen zu können, wird technische Literalität angestrebt (vgl. Stuber 2019, 22). Dieser Begriff wird folgendermaßen definiert: »Technological literacy is the ability to use, manage, assess and understand technology« (ITEA 2003, 2). Beschrieben wird somit die Fähigkeit, Technologie zu nutzen, zu steuern bzw. zu bedienen, zu bewerten und zu verstehen.

Auf nationaler Ebene hat der Verein Deutscher Ingenieure (VDI) Bildungsstandards für den Technikunterricht formuliert, die auf den mittleren Schulabschluss bezogen sind. Diese umfassen die Bereiche »Technik verstehen, Technik konstruieren und herstellen, Technik nutzen, Technik bewerten und Technik kommunizieren« (VDI 2004). In ähnlicher Weise bilden diese Bereiche auch die Basis für den »Gemeinsamen Referenzrahmen Technik (GeRRT)« (VDI März 2021), der über ein vierstufiges Modell die Einschätzung individueller Technikkompetenzen eines Menschen ermöglicht.

Eine besondere Bedeutung für die technische Bildung wird dem Problemlösen zugeschrieben, das als Kern der technischen Bildung betrachtet wird (MBWK

2.2 Fachdidaktische Konzepte der ökonomischen und technischen Bildung

2018, 15; Stuber 2019, 36; DGTB 2018, 10). Über das Problemlösen werden verschiedene Kompetenzbereiche gefördert. Während die Deutsche Gesellschaft für Technische Bildung diese als Dimensionen technischer Fähigkeiten und Fertigkeiten bezeichnet, die beim Problemlösen gefördert werden (vgl. DGTB 2018, 10 ff.), werden in den Rahmenlehrplänen stets Kompetenzen ausgewiesen, die in Schleswig-Holstein basierend auf dem Problemlösen in fünf Kompetenzbereiche untergliedert werden: »I Nutzen, II Verstehen, III Kommunizieren, IV Konstruieren und Fertigen, V Bewerten« (MBWK 2018, 15).

Eine Herausforderung bei der praktischen Umsetzung dieser Kompetenzerwartungen ist sicherlich die Übertragbarkeit auf Schülerinnen und Schüler mit intellektueller Beeinträchtigung. Jedoch können möglicherweise die fachlich gut fundierten Konzepte, die für die technische Bildung im Primarbereich entwickelt wurden, interessante Anregungen für den Unterricht im SGE bieten, wie beispielsweise die technische Perspektive aus dem Perspektivrahmen Sachunterricht (Gesellschaft für Didaktik des Sachunterrichts 2013) oder die Forschungsarbeit der Stiftung Haus der kleinen Forscher (Graube et al. 2015). Die dargestellten Zieldimensionen (▶ Abb. 2.3) verdeutlichen intendierte Lernprozesse (Graube et al. 2015, 98 ff.). Inwiefern diese geeignet sind, um eine fachspezifische Förderung im SGE zu realisieren, gilt es theoretisch und praktisch zu erproben und zu erforschen.

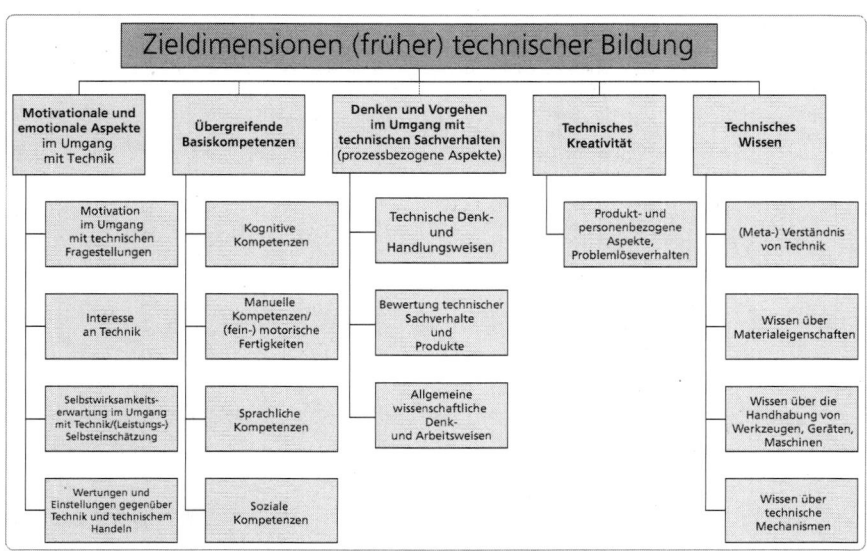

Abb. 2.3: Zieldimensionen früher technischer Bildung (Darstellung angelehnt an Geyssel & Ploog 2017, 28)

> **Weiterführende Literatur**
>
> Hüttner, A. (2009): Technik unterrichten. Methoden und Unterrichtsverfahren im Technikunterricht. Haan-Gruiten: Verl. Europa-Lehrmittel Nourney Vollmer.
> Schmayl, W. (2019): Didaktik allgemeinbildenden Technikunterrichts. Herausgegeben von der Abteilung für technische Bildung an der Pädagogischen Hochschule Karlsruhe. Baltmannsweiler: Schneider-Verlag Hohengehren.
> Stuber, Th. (2019): Technik und Design. Handbuch für Lehrpersonen: Spiel, Mechanik, Energie: 2. und 3. Zyklus. Bern: hep Verlag.
>
> Für an der technischen Bildung Interessierte aus Wissenschaft und Praxis sind die folgenden Zeitschriften zu empfehlen:
>
> tu – Technik im Unterricht https://neckar-verlag.de/schule/tu-technik-im-unterricht/?p=1;
> technik-education (tedu) - Fachzeitschrift für Unterrichtspraxis und Unterrichtsforschung im allgemeinbildenden Technikunterricht https://tec-edu.net/teduJournal of Technical Education (JOTED) http://www.journal-of-technical-education.de

2.2.3 Berufliche Orientierung

Die Berufliche Orientierung ist eine zentrale Aufgabe schulischer und ein Anwendungsfeld ökonomischer Bildung. Der Bildungs- und Erziehungsauftrag der Schule besteht darin, die Schülerinnen und Schüler auf ein »Leben in der Gesellschaft vorzubereiten und sie zu einer aktiven und verantwortlichen Teilhabe am kulturellen, gesellschaftlichen, politischen, beruflichen und wirtschaftlichen Leben zu befähigen« (KMK 2017, 2).

Die Berufliche Orientierung trägt dazu bei, diese Teilhabe zu ermöglichen und ist am Individuum orientiert. Die individuellen Interessen, Kompetenzen und Potenziale der Jugendlichen sind zentraler Ausgangspunkt der Beruflichen Orientierung. Diese werden mit den Anforderungen der einzelnen beruflichen Wege in Beziehung gesetzt mit dem Ziel, dass die Schülerinnen und Schüler Kompetenzen erwerben, um eine reflektierte und selbstverantwortliche Entscheidung für einen weiteren Bildungs- und Berufsweg zu treffen. Während die KMK (2017) die Berufliche Orientierung mit Blick auf die schulische Bildung als »längerfristigen Prozess« betrachtet, der »in der Schule beginnt und bis zum Einmünden in Ausbildung, Studium und Beruf verläuft« (KMK 2017, 2), wird dieser insgesamt jedoch als lebenslanger Prozess betrachtet, der neben der individuellen Ausgangslage auch durch gesellschaftliche Werte und

Normen sowie technologische und soziale Entwicklungen im Gesellschafts- und Beschäftigungssystem geprägt wird (vgl. Butz 2008, 50).

Nicht nur aus der fachwissenschaftlichen Perspektive der sich wandelnden Wirtschafts- und Arbeitswelt ist die Berufliche Orientierung vor neue Herausforderungen gestellt. Während hier vor allem die Aspekte Demografischer Wandel, Kultureller Wandel, Digitalisierung, Globalisierung und Nachhaltigkeit »maßgebliche Treiber« sind (Schröder 2021, 80), sind darüber hinaus auch empirische Erkenntnisse, bildungspolitische Entscheidungen und fachdidaktische Perspektiven Anlass für konzeptionelle Weiterentwicklungen (vgl. Schröder 2019a, 29).

Bezogen auf die Schülerinnen und Schüler im SGE stellt sich dabei unter anderem die Frage, inwiefern Transformationsprozesse auf dem Arbeitsmarkt ihre Teilhabemöglichkeiten beeinflussen. Eine verstärkte Integration sonderpädagogischer Expertise ist erforderlich, um differenzierte Aussagen für Menschen mit Benachteiligungen, Beeinträchtigungen und Behinderungen diesbezüglich treffen zu können (vgl. Basendowski & Leibeck 2019). Mit Blick auf die schulische Bildung im SGE werden jedoch bereits Herausforderungen durch strukturelle Veränderungen konstatiert: dazu zählt die Klärung des »Bildungsverständnisses in der Berufsschulstufe, die Rolle von Empowerment-Prozessen sowie die Vernetzung schulischer Bemühungen im Kontext der beruflichen Orientierung« (Molnár, Kießling & Fischer 2019, 183). Gestärkt von der bildungspolitischen Verankerung der Inklusion besteht darüber hinaus die Aufgabe, Konzepte für eine inklusive Berufliche Orientierung (weiter) zu entwickeln, empirisch zu erforschen und praktisch umzusetzen.

Teilhabe an Arbeit für Menschen mit intellektueller Beeinträchtigung

Erwerbsarbeit dient nicht nur der Ausübung praktischer Tätigkeiten und der materiellen Existenzsicherung, sondern ihr wird ebenfalls ein hohes Maß an Sinnerfüllung zugesprochen (vgl. Fischer, Kießling & Molnár-Gebert 2016, 314). Arbeit bringt Menschen in Beziehung zur Gesellschaft und im Kern »geht es um die Möglichkeit, soziale Kontakte einzugehen und zu pflegen, aber auch um das Gefühl, etwas zu leisten und zum Wohlergehen eines Betriebes ›beitragen‹ zu können. Die Personen sind stolz auf den eigenen Arbeitsplatz und darauf, dass sie wie ihre Mitmenschen ›ganz normal‹ zur Arbeit gehen können« (ebd.). Diese hohe Bedeutung von Arbeit auf der individuellen Ebene spiegelt sich auch in den politischen und theoretischen Rahmen der Inklusionsdiskussion wider (vgl. Ebert & Eck 2017, 263).

Recht auf Bildung und Arbeit
Ausgehend von dem 2006 verabschiedeten Übereinkommen der Vereinten Nationen über die Rechte von Menschen mit Behinderungen wird Inklusion als gesamtgesellschaftliche Aufgabe begriffen. Menschen mit Behinderung haben das gleiche Recht auf Bildung und auf Arbeit (vgl. Beauftragte der Bundesregierung für die Belange von Menschen mit Behinderungen 2017). Diese Rechte gilt es zu sichern und zu fördern sowie dahingehende fachliche Grundlagen in Bildungsprozessen zu etablieren.

Die schulischen Anschlussmöglichkeiten sowie die Arbeits- und Beschäftigungsmöglichkeiten für Schülerinnen und Schüler im SGE unterliegen Veränderungsprozessen, die bei der Konzeption der Beruflichen Orientierung einzubeziehen sind. Insgesamt zeichnet sich hier ein Modernisierungsprozess ab, der durch zunehmende Möglichkeiten gekennzeichnet ist und kontrovers diskutiert wird.

Positiv hervorgehoben werden dabei die zunehmenden Teilhabemöglichkeiten an Arbeits- und Beschäftigungsmöglichkeiten, kritisch herausgestellt die geringen Fallzahlen, die von diesen Maßnahmen profitieren, sowie die nach wie vor mangelnde Inklusion von Menschen mit schweren geistigen Beeinträchtigungen. Diese werden im Arbeitsleben zum »unsichtbaren Bürger« (Doose 2016, 451), da sie aktuell eine doppelte Exklusion von der Teilhabe an Arbeit erfahren: »Sie haben in der Regel weder Zugang zum ersten Arbeitsmarkt noch zum Arbeits- und Berufsbildungsbereich der Werkstatt für behinderte Menschen« (Marzini & Sansour 2019, 166). Die Ursachen dafür sind vielfältig und reichen von etablierten, kostengünstigen Strukturen, über die fehlende, systematische Suche nach geeigneten Tätigkeitsfeldern hin zu mentalen Barrieren, die Betriebe gegenüber Menschen mit intellektueller Beeinträchtigung aufweisen (vgl. Schröder & Lübke-Detring 2020, 183). Dennoch wurden zunehmend Unterstützungsleistungen geschaffen, die nachweislich zu einer höheren beruflichen Teilhabe im Arbeitsleben führen (vgl. Doose 2016, 451). Der Paradigmenwechsel hin zu einer personenzentrierten Sichtweise, schlägt sich durch Beschäftigungsangebote nieder, die individuell angepasst und teilweise inklusiv gestaltet sind (vgl. Molnár, Kießling & Fischer 2019, 175). Die dadurch entstehende Diversifizierung beginnt bereits bei den nachschulischen Anschlussmöglichkeiten (▶ Abb. 2.4).

Die Arbeits- und Beschäftigungsangebote sind ebenfalls vielfältig (▶ Abb. 2.5). Die Werkstatt für behinderte Menschen kann nun folglich nicht mehr als einzige Anschlussmöglichkeit beschrieben werden, gleichwohl stellt sie einen zentralen

Beschäftigungsort dar. Dieser hat ebenso wie die weiteren Beschäftigungsmöglichkeiten seine Berechtigung, ist ebenfalls von Veränderungsprozessen geprägt und durch ein Spannungsverhältnis zwischen sinnvoller, adressatengerechter, beruflicher Tätigkeit und Weiterbildungsmöglichkeit auf der einen und der Schaffung einer Sonderstruktur auf der anderen Seite gekennzeichnet (vgl. dazu ausführlich Fischer & Molnár-Gebert 2017, 300).

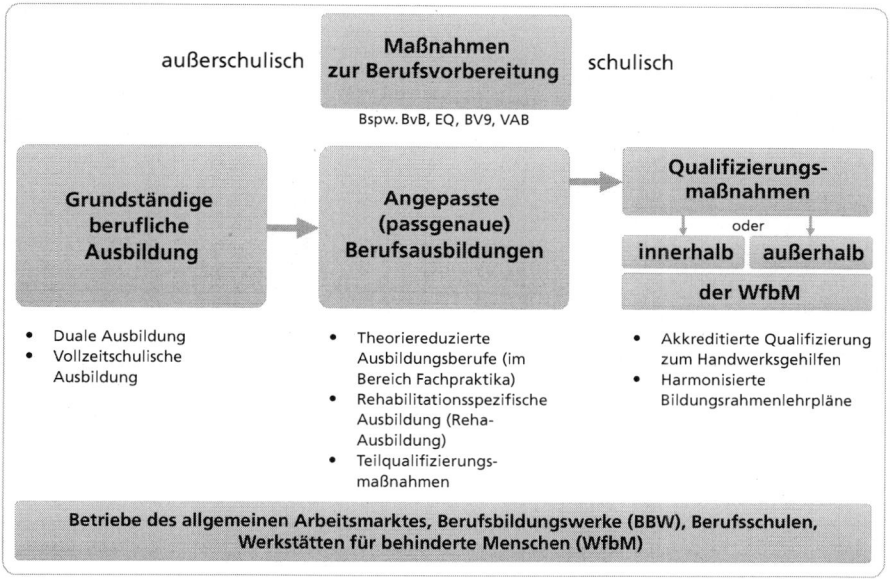

Abb. 2.4: Ausbildungs- und Qualifizierungsmöglichkeiten von Menschen mit Beeinträchtigungen (in Anlehnung an Fischer & Molnár-Gebert 2017, 299) (eigene Darstellung)

Dabei gilt es jedoch die Inklusion und Teilhabe mit weiteren Leitbildern, wie der Selbstbestimmung und Lebensqualität, zusammen zu denken: Möchten sich Schülerinnen und Schüler mit intellektueller Beeinträchtigung freiwillig und selbstbestimmt auf dem ersten Arbeitsmarkt erproben, ist hierbei stets zu reflektieren, wie zufrieden sie dort sind, wie ihre innerbetriebliche Anbindung (Inklusion) an die Kolleginnen und Kollegen ausgestaltet und begleitet werden kann und somit ihre Lebensqualität in den Blick zu nehmen (vgl. Fischer, Kießling & Molnár-Gebert 2016, 329).

Die möglichen Arbeitsorte und -plätze können eindrücklich verdeutlichen, dass Inklusion ein gesamtgesellschaftliches Bestreben ist und Bildungsprozesse von diesen beeinflusst sind.

2 Wirtschaft-Arbeit-Technik als Allgemeinbildung

»Die Gestaltung einer inklusiven Beruflichen Orientierung in der Schule gerät schnell an ihre Grenzen, wenn diese Zielgruppe (der Menschen im SGE; I.P.) kaum die Möglichkeiten zur beruflichen Teilhabe auf dem ersten Arbeitsmarkt hat. Um schulische Bildung inklusiv zu gestalten, müssen dementsprechend auch gesellschaftliche Veränderungsprozesse angestoßen werden« (Bonfig & Penning 2020, 309).

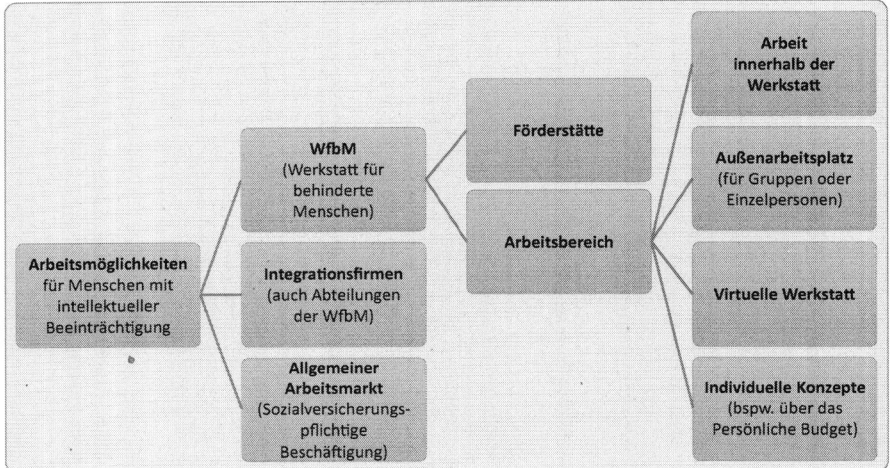

Abb. 2.5: Arbeits- und Beschäftigungsangebote für Menschen mit geistiger Behinderung (eigene Darstellung in Anlehnung an Fischer & Molnár-Gebert 2017, 299)

Exkurs
WfbM, Förderstätten, Integrationsfirmen

- Hauptaufgabe der *Werkstätten für behinderte Menschen* (WfbM) ist die Berufliche Bildung und Beschäftigung sowie Überführung der Beschäftigten in den allgemeinen Arbeitsmarkt, sofern diese in der WfbM nicht weiter gefördert werden können (vgl. Lahoda 2018, 110). Die Anforderungen an die Arbeitenden in der WfbM bestehen in der Erstellung von Waren oder Erbringung von Dienstleistungen, wobei die Tätigkeiten im Vergleich zu herkömmlichen Werkstätten reduziert sind (vgl. Lahoda 2018, 88 f.). Reguläre Betriebe können Tätigkeiten an WfbM auslagern, wodurch Kontakte zum ersten Arbeitsmarkt geknüpft werden können. Zudem bieten sich Übergangsmöglichkeiten in betriebliche Beschäftigungsverhältnisse. Da jedoch für viele Menschen mit Behinderung die Perspektive eines Übergangs in den allgemeinen Arbeitsmarkt ausbleibt, werden die

Werkstätten auch als alternativlose »Sonderwelt« kritisch betrachtet (vgl. Greving & Scheibner 2021, 20). Die Beschäftigten einer WfbM haben einen arbeitnehmerähnlichen Status mit Vorsorgeansprüchen, wobei kein Arbeitsvertrag, sondern ein Werkstattvertrag abgeschlossen wird. In diesem sind verschiedene Möglichkeiten der Entlohnung vorzufinden: so ist von Taschengeldzahlungen und zusätzlichen Leistungsprämien die Rede, wobei nicht Leistung gegen Geld getauscht wird, sondern in der WfbM der Fokus generell auf individueller Förderung liegt (vgl. Lahoda 2018, 339). Laut BAG WfbM (2018) betrug das durchschnittliche monatliche Arbeitsentgelt 2019 ca. 207€.

- Sollten die Mindestvoraussetzungen, um in einer WfbM zu arbeiten, nicht ausreichen (z. B. wegen erhöhten Pflegebedarfes), können Menschen mit intellektueller Beeinträchtigung in *(Tages)Förderstätten*, welche auch in die Werkstätten integriert sein können, betreut werden (dies ist über die Bundesländer hinweg unterschiedlich und durch in der Regel private, kirchliche Trägerschaften ausgestaltet). Dort können sie auf die Arbeit in den Werkstätten vorbereitet werden, ohne dass eine Leistungserwartung an sie gestellt wird. Stattdessen wird eine Tagesstruktur vermittelt sowie Betreuung und Pflege angeboten (vgl. Pitsch & Thümmel 2017, 136; Lahoda 2018, 107).
- *Integrationsfirmen* (Inklusionsunternehmen) entsprechen am ehesten den Anforderungen der Integration in den allgemeinen Arbeitsmarkt und haben eine Brückenfunktion zu diesem (vgl. Fischer & Pfriem 2011, 335). Hierbei arbeiten die Beschäftigten in rechtlich und wirtschaftlich selbstständigen Unternehmen des allgemeinen Arbeitsmarktes und unterliegen den Bestimmungen des Arbeits- und Tarifrechts (vgl. bag if 2018). Inklusionsunternehmen zeichnen sich dadurch aus, dass Beschäftigte mit Behinderung auch auf qualifizierten Arbeitsplätzen in allen Unternehmensbereichen tätig sind und insgesamt zwischen 30 bis 50 Prozent aller Beschäftigten den Status »schwerbehindert« aufweisen (vgl. bag if 2018). Unterstützt werden die Menschen mit intellektueller Beeinträchtigung hierbei insbesondere durch Integrationsfachdienste und Integrationsämter (vgl. Fischer & Pfriem 2011, 336).

Konzepte Beruflicher Orientierung

Berufe haben verschiedene Funktionen für das Individuum und für die Gesellschaft. Es existieren vielfältige Berufswahltheorien (vgl. hierzu z. B. Euler 2015), in denen berufsbezogene Entwicklungs- und Entscheidungsprozesse über die gesamte Lebensspanne erörtert werden sowie die Determinanten, die dabei eine Rolle spielen. In diesen Theorien werden teilweise ebenfalls Aussagen zum berufsbezogenen Erleben (wie z. B. die Zufriedenheit im Beruf) und Verhalten (wie z. B. die Verweildauer im Beruf) getroffen. Aus diesen Berufswahltheorien lassen sich didaktische Implikationen ableiten, daher sind sie Ausgangspunkt für die Entwicklung didaktischer Modelle. So erläutern Fischer & Pfriem (2011, 339 ff.) einige Berufswahltheorien und bewerten ihre Relevanz für den Unterricht im SGE.

Berufliche Orientierung kann in die Zuständigkeit eines Faches oder als Querschnittsaufgabe allen Fächern zugewiesen werden, wobei beide Varianten mit spezifischen Vor- und Nachteilen einhergehen (vgl. Schröder & Fletemeyer 2019, 20). Aufgrund des Umfangs der Beruflichen Orientierung spricht sich Schröder für die letzte Variante in Kombination mit der Ausweisung eines wirtschaftsaffinen Faches als Ankerfach aus (vgl. Schröder 2021, 84).

> **Berufliche Orientierung**
> Berufliche Orientierung »ist ein lebenslanger Prozess der Annäherung und Abstimmung zwischen Interessen, Wünschen, Wissen und Können des Individuums auf der einen und Möglichkeiten, Bedarf und Anforderungen der Arbeits- und Berufswelt auf der anderen Seite« (Butz 2008, 50).

Berufliche Orientierung ist für alle Schülerinnen und Schüler, unabhängig von Schulform, Kompetenzen und Beeinträchtigung, bedeutsam. Daher fasst dieser Begriff alle Anschlussalternativen, die nach der Schulzeit potenziell relevant sein können, und integriert alle Synonyme der Studien- und Berufsorientierung (vgl. KMK 2017, 2).

Im Hinblick auf Schülerinnen und Schüler mit intellektueller Beeinträchtigung wird die Begrifflichkeit »*Berufs*orientierung« beibehalten, auch wenn hier je nach den individuellen Voraussetzungen kein anerkannter Beruf erlangt wird und Mitarbeitende in WfbM keinen regulären Arbeitnehmerstatus haben (vgl. Pitsch & Thümmel 2017, 147). Bei Tätigkeiten in tagesstrukturierenden Einrichtungen (sogenannten Tagesförderstätten), in denen jene Personen tätig werden, die weder auf dem ersten Arbeitsmarkt noch in den WfbM integriert werden, wird die Begrifflichkeit »arbeitsweltorientierte Tätigkeiten« begründet vorgeschlagen (Marzini & Sansour 2019).

In Abhängigkeit vom Bildungsverständnis variiert die Tradition der Beruflichen Orientierung der einzelnen Schulformen (vgl. Schröder 2021, 72 f.; Schröder & Fletemeyer 2019): während die Diskussion und Konzeption der beruflichen Orientierung an Gymnasien erst in jüngerer Zeit entfacht ist, wurde diese Aufgabe an den Haupt- und Gesamtschulen seit der Einführung der Arbeitslehre, angestoßen durch die Empfehlungen des Deutsches Ausschusses für das Erziehungs- und Bildungswesen (1964), verfolgt. Die Berufliche Orientierung bildet nach Beinke neben den fachdidaktischen Teilgebieten »eine verbindende Funktion und damit einen wesentlichen Kernbereich einer Arbeitslehredidaktik« (Beinke 2005, 34) und wird auch im aus der Arbeitslehre erwachsenen Verbundfach Wirtschaft-Arbeit-Technik über die Kategorie »Arbeit« besonders hervorgehoben. Neben dem Unterrichtsfach Wirtschaft-Arbeit-Technik, das somit als Ankerfach für die Berufliche Orientierung in einigen Bundesländern gilt, wird Berufliche Orientierung vor allem von Vertreterinnen und Vertretern der Ökonomischen Bildung als wesentliches Teilziel erklärt (vgl. z. B. Schröder 2021).

Der Begriff *Berufliche Orientierung* kann in einem engen oder weiteren Sinne konzeptualisiert werden:

»Während die Berufliche Orientierung i. e. S. die Schüler bei der unmittelbaren Wahl einer individuell geeigneten Anschlussperspektive unterstützen soll, spannt die Berufliche Orientierung i. w. S. durch eine allgemeine Auseinandersetzung mit der Wirtschafts- und Arbeitswelt den notwendigen Orientierungsrahmen auf« (Schröder 2021, 74).

Schwerpunktmäßig wird die Berufliche Orientierung in der Sekundarstufe I (und II) verortet, wobei die beginnende Auseinandersetzung bereits in der Grundschule als notwendig erachtet (vgl. Baumgardt 2012) und über die sozialwissenschaftliche Perspektive im Sachunterricht, konkretisiert im Themenfeld Arbeit, verankert wird (vgl. Gesellschaft für Didaktik des Sachunterrichts 2013, 30 ff.).

Im SGE wird die Berufliche Orientierung vorwiegend in einem engen Sinne genutzt. Mühl (vgl. 2004a) spricht beispielsweise von arbeitspädagogischen Lehrzielen, die in der Mittelstufe über das Kennenlernen von Berufen und unterschiedlichen Arbeiten und in der Hauptstufe über das »werkgerichtete Arbeiten« realisiert werden. Die Berufliche Orientierung wird hauptsächlich im Kontext einer Berufsvorbereitung thematisiert, die in der Abschlussstufe curricular verankert ist. Dabei geht es gleichermaßen um eine Berufliche Orientierung, aber auch um eine allgemeine berufliche Grundbildung (vgl. Pitsch & Thümmel 2017, 147), bei der nicht die Vorbereitung auf einen spezifischen Beruf, sondern die Vermittlung von Schlüsselkompetenzen im Fokus steht (vgl. Mühl 2004a).

Gleichwohl findet meist neben der horizontalen, berufsfeldübergreifenden Bildung eine vertikale Berufliche Orientierung statt, die auf spezifische Berufsfelder hin ausgerichtet ist. So werden beispielsweise im Rahmenlehrplan für Berlin und Brandenburg, der gleichermaßen für die Abschlussstufe als auch den berufsqualifizierenden Lehrgang verbindend ist, zwölf Berufsfelder ausgewiesen (vgl. SenBildWiss Berlin & MBJS 2013, 55 f.).

Führt man sich das Spannungsfeld der Beruflichen Orientierung zwischen den individuellen Interessen und Potenzialen und den Anforderungen der Arbeitswelt sowie des Arbeitsmarktes vor Augen, verwundert es nicht, dass die Berufliche Orientierung im SGE stärker auf die Entwicklung einer individuellen Anschlussperspektive und die Berufsvorbereitung (auch im Sinne einer Platzierung) ausgerichtet ist. Auch wenn es auf methodischer Ebene bereits Überschneidungen gibt, ist es für die Realisierung des Ziels einer inklusiven Bildung dringend notwendig, die Konzepte zur Beruflichen Orientierung weiter zu entwickeln (vgl. Schröder 2018). Auch die Ansätze einer gendersensiblen Beruflichen Orientierung, die bislang im sonderpädagogischen Diskurs kaum Berücksichtigung finden, sollten dabei mit einbezogen werden. In diesem Zusammenhang sei auch auf die Bedeutsamkeit der Übergangsbegleitung durch die Integrationsfachdienste (IFD) hingewiesen.

Kompetenzen für eine Berufliche Orientierung

Die Kultusministerkonferenz formuliert als landesübergreifendes Ziel der Beruflichen Orientierung den Erwerb einer umfassenden Berufswahlkompetenz aller Jugendlichen (vgl. KMK 2017, 3). Nicht nur aufgrund fragmentierter Berufsbiografien, sondern auch aufgrund der sich wandelnden Arbeitsmarktanforderungen und einer zunehmenden Komplexität beruflicher Entscheidungssituationen wird dieser Kompetenz sowohl in den bildungspolitischen Rahmensetzungen als auch in aktuellen Forschungsaktivitäten eine verstärkte Aufmerksamkeit gewidmet (vgl. Schröder 2019b, 32) und aus der Perspektive des Wirtschaftsunterrichts dargestellt (vgl. z. B. Jung 2019). Die Intention ist es, dass die Jugendlichen befähigt werden, ihre Berufliche Orientierung möglichst selbstständig zu gestalten. Die Berufliche Orientierung wird dabei als Prozess verstanden, der komplex ist und meist durch Umorientierungen und Korrekturen anstelle eines geradlinigen Durchlaufens gekennzeichnet ist (vgl. Jung 2020, 461 ff.). Jung beschreibt diesen Prozess über sechs (vgl. Jung 2020, 461 ff.) Phasen, die verdichtet auf vier Phasen in sein Kompetenzmodell zur Berufswahl einfließen (▸ Tab. 2.1). In diesem Modell werden den Phasen jeweils dazugehörige Dimensionen im kognitiv-handelnden Bereich zugewiesen und auch affektiv-volitionale (also willentliche) Aspekte integriert, die sich phasenübergreifend über den gesamten Orientierungsprozess entwickeln.

2.2 Fachdidaktische Konzepte der ökonomischen und technischen Bildung

Berufswahlkompetenz
Kompetenzerwerb in der Domäne Berufsorientierung

Phasen des Kompetenzerwerbs	Kognitiv-handelnder Bereich	Affektiv-volitionaler Bereich
❹ Berufsorientierungsprozesse gestalten/ reflektieren	Berufs- und Lebensbiographie planen • Zielerreichung und eingeschlagene Wege kritisch reflektieren • ggf. Alternativen generieren • Ursachen für Absagen reflektieren • Übergangsdefizite überwinden • …	Arbeits- und berufsbezogene Lebensperspektive entwickeln Die Merkmale (ungeordnet) gelten für alle Phasen (1 bis 4) Prozesse und Ziele reflektieren
❸ Entscheidungen treffen/ zielgerichtetes Handeln	Sich im Übergangsprozess bewähren • Bewerbungs- und Auswahlverfahren bestehen (Eignungstests, Assessment Center, Vorstellungsgespräche usf.) • aussagekräftige Bewerbungen erstellen • freie Ausbildungsplätze finden • zwischen Ausbildungswegen entscheiden (vollzeitschulisch, dual, tertiär) • eine Berufsentscheidung treffen und realisieren/ggf. umorientieren • …	Gestalten wollen Abläufe optimieren Rückschläge verarbeiten couragiert agieren Selbstbewusstsein und Gelassenheit entwickeln
❷ Bewerten/ Abwägen/Urteilen	Berufliche Neigungen, Eignungen und Interessen mit den Anforderungen des Wunschberufs abstimmen • Neigungen und Eignungen ermitteln • Berufe ermitteln, die zu eigenen Stärken und persönlichen Interessen passen • Urteile bilden • Informationen zielgerichtet auswählen • …	Einstellungen und Engagement entfalten Bereitschaft und Akzeptanz entwickeln Herausforderungen annehmen
❶ Wahrnehmen/ Wissen erwerben/ Verstehen	Eigene Neigungen und Eignungen/die Anforderungen von Ausbildungsberufen kennen • Tätigkeitsprofil/Beanspruchung • Arbeitsumgebung • Arbeitsgegenstände/Arbeitsmittel • Zugangsvoraussetzungen • Verdienst/Beschäftigungsmöglichkeiten • Perspektiven • Informationen beschaffen • Zusammenhänge verstehen • …	konzertiert arbeiten initiativ werden Aufmerksamkeit aufbringen Bereitschaft entwickeln

Abb. 2.6: Berufswahlkompetenz (nach Jung 2019, 63; vgl. Jung 2010, 85, eigene modifzierte Darstellung)

Für den SGE haben Sansour und Terfloth (2015) ein Kompetenzraster entwickelt, das die Aneignungsmöglichkeiten der Lernenden – auch unter Berücksichtigung komplexer Beeinträchtigungen – mit einbezieht. Diese reichen von einer basalperzeptiven, konkret-gegenständlichen, anschaulichen hin zur abstrakt begrifflichen Ebene und bestimmen die auf der horizontalen Achse aufgetragenen Lernfortschrittsstufen A bis C. Auf der vertikalen Achse werden Themenfelder ergänzt (vgl. Sansour & Terfloth 2015, 26). Die folgenden Themenfelder werden dabei angesprochen:

- *Ich als Arbeitnehmer bzw. -nehmerin*: Die Lernenden sollen ihre persönlichen Neigungen und Interessen erkunden und zu einer realistischen Selbsteinschätzung gelangen. Neben der Entwicklung einer Arbeitshaltung steht hier auch die individuelle Bedeutung von Tätigkeiten, Leistung und Arbeit im Vordergrund.
- *Ich als Mitarbeiter bzw. Mitarbeiterin*: Hierbei wird das soziale Miteinander thematisiert. Die Lernenden reflektieren ihre Rolle im Team, ihr Verhalten gegenüber Vorgesetzen und ihren Umgang mit Assistenz und setzen sich mit der Rolle des Arbeitsnehmers bzw. der Arbeitnehmerin und den damit verbundenen Rechten und Pflichten auseinander.
- *Tätigkeits-, Arbeits- und Berufsfelder*: Die hier enthaltenen Tätigkeiten reichen von allgemeinen arbeitsweltbezogenen bis hin zu qualifizierten berufsspezifischen Tätigkeiten. Dazu zählt u. a. die Auseinandersetzung mit Arbeitsverfahren, -materialien und mit Arbeitssicherheit. Handlungsabläufe werden dabei ggf. mit Unterstützung praktisch durchgeführt.
- *Qualifizierungswege*: Die Lernenden sollen arbeitsweltbezogene Zukunftswünsche entwickeln und Wege zu ihrer Realisierung kennenlernen. Dazu zählt neben dem Wahrnehmen von Unterstützungs- und Beratungsangeboten auch der Bildungsinhalt »Stellenangebote und Bewerbungen für Praktika und den allg. Arbeitsmarkt« (Sansour & Terfloth 2015, 30).
- *Arbeitsplätze und gesellschaftliche Anerkennung*: In diesem Themenfeld vergleichen die Lernenden Orte zum Arbeiten und ihre jeweiligen Rahmenbedingungen. Über das Unterscheidungskriterium der Verdienstmöglichkeiten, die Arbeitslosigkeit und den Aspekt der staatlichen Hilfen reflektieren sie die gesellschaftliche Bedeutung von Erwerbsarbeit.

Dieses Kompetenzraster entspricht dem im SGE gängigem Vorgehen, bei dem die Kompetenzförderung in der Regel als Kombination der Berufsvorbereitung sowie der Beruflichen Orientierung angelegt ist. Dies verdeutlicht bereits der Titel »Kompetenzraster zur Arbeitswelt- und Berufsorientierung« (Sansour & Terfloth 2015). Durch die Verankerung der Konzepte in der Berufsschulstufe ist diese Verbindung nachvollziehbar.

Ein explizit auf Berufsfelder ausgerichtetes Kompetenzraster für den SGE ist beispielsweise im Rahmenlehrplan Berlin & Brandenburg enthalten (vgl. SenBildWiss Berlin & MBJS 2013, 57 ff.) und wird von Pitsch & Thümmel (vgl. 2017, 156) im Kontext der Vorbereitung auf Arbeit und Beruf aufgegriffen.

Darüber hinaus wurde in Baden-Württemberg das »Kompetenzinventar im Prozess der Berufswegeplanung (KI)« entwickelt, das zur Dokumentation und Beurteilung von schulischen und beruflichen Kenntnissen, Fähigkeiten und Potenzialen von Menschen mit einer funktionalen Einschränkung dienen soll (Pollmann 2002; KVJS 01.06.2020). Dieses Instrument, das im SGE in Kooperation mit Integrationsfachdiensten erfolgreich angewendet wurde, umfasst allgemeine Erhebungsbögen, aber auch spezifische Module für die Bereiche Autismus, Epilepsie, Emotion/Kognition, Hören, Motorik, Lernen, Sehen und Sprache. Die Aussagen zu den vorhandenen Kompetenzen, der Leistungsfähigkeit und Belastbarkeit sind die Grundlage für die (bspw. in Baden-Württemberg und Rheinland-Pfalz verpflichtenden) Berufswegekonferenzen. Somit ist das beschriebene Kompetenzinventar für die fortlauflaufende Berufliche Orientierung vorgesehen (vgl. KVJS 01.06.2020).

Im Rahmen der Beruflichen Orientierung spielen Kompetenzfeststellungsverfahren wie Potenzialanalysen eine bedeutsame Rolle. Auf diese wird im Kapitel 3.2.2. (▶ Kap. 3.2.2) gesondert eingegangen.

> **Exkurs**
> **Qualitätskriterien (inklusiver) Beruflicher Orientierung**
> Mit dem Blick auf die anvisierte Kompetenzförderung, werden Gestaltungskriterien formuliert, die für eine gelingende Berufliche Orientierung als notwendig erachtet werden. So formulieren z. B. Butz (2008) und Schröder (2019a, 30 f.) Qualitätskriterien beziehungsweise Thesen zu einem ganzheitlichen Verständnis von Beruflicher Orientierung. Neben den fachlichen Aspekten der Berufswahlkompetenz kann eine systematische Förderung nur dann gelingen, wenn ein gesamtschulisches Konzept implementiert wird, das die Beteiligung einer breiten Mehrheit der Schulgemeinde voraussetzt und damit große Anforderungen an alle Beteiligen stellt (vgl. Jung 2020, 464).
>
> Die fachlichen Dimensionen werden über den Fachbezug gefördert und stellen den Kernbereich dar: Dieser beinhaltet »die wesentlichen berufsorientierenden, ausbildungs- und studienweltlichen sowie übergangsrelevanten Basiskompetenzen« (Jung 2020, 464). Diese fachliche Dimension wird über zwei »Schalen« mit überfachlichen Dimensionen zusammen geführt.

- Durch die *innerschulische Vernetzung* (erste Schale) wird der Kompetenzerwerb durch alle innerhalb der Schule am Übergangsprozess beteiligten Disziplinen und Akteure addiert. Dazu gehören in der inklusiven Beruflichen Orientierung Lehrpersonen mit verschiedenen Fakultas (sowohl in Bezug auf die Unterrichtsfächer als auch mit unterschiedlichen Bildungsschwerpunkten und sonderpädagogischen Fachrichtungen) sowie sozial- und sonderpädagogische Fachkräfte, wie z. B. Sozialarbeitende, Lotsen, Paten, Schulbegleiterinnen und -begleiter und Therapeuten.
- Die *überschulische Vernetzung* stellt die zweite Schale dar (vgl. Jung 2020, 464 f.): Hier werden Kompetenzen durch die Einbindung außerschulischer Akteure und Institutionen gefördert, wie z. B. Arbeitsagenturen allgemein und durch die Expertise ihrer Reha-Beratenden, Integrationsfachdienste, Betriebe, Kammern usf.

Obwohl empirische Erkenntnisse zur Wirksamkeit inklusiver Maßnahmen der schulischen Orientierung noch größtenteils ausstehen, hat auf theoretisch-konzeptioneller Ebene eine Auseinandersetzung mit diesem Thema begonnen. Dabei werden fachdidaktische Ansätze mit sonderpädagogischen bzw. inklusiven Ansätzen verbunden (vgl. Koch 2015; Laur & Wiepcke 2020). So spiegeln sich auch die oben aufgeführten Gelingensbedingungen explizit oder implizit in vielfältigen Konzeptionen wider. Koch (2015) stellt Qualitätskriterien für eine inklusive Berufliche Orientierung dar, dazu gehören zum Beispiel »individualisierte berufsorientierende Curricula«, aber auch »Fortbildungen und Einarbeitung neuer Kolleginnen und Kollegen als Prozess« (Koch 2017, 124 f.). Die von ihr benannten Kriterien »Kooperation nach Innen und nach Außen«, aber auch die »Verzahnung der Lernorte Betrieb und Schule« (Koch 2017, 124) können als »Schalen« der Beruflichen Orientierung definiert werden. Die letztgenannten Kriterien decken sich mit dem Begriff der Praxiskontakte, die nach Schröder zum »methodischen Standardrepertoire« der ökonomischen Bildung gehören (Schröder 2021, 81).

Auch Laur & Wiepcke (vgl. 2020, 191 f.; ausführlich in Laur 2021) identifizieren auf Basis von Fachliteratur der ökonomischen Bildung den frühzeitigen Beginn der Beruflichen Orientierung, den Einbezug von außerschulischen Partnerinnen (wie Betriebe und Eltern), professionalisierte Lehrkräfte sowie gebildete weitere mitwirkende Personen wie z. B. Berufscoaches als gängige Gelingensbedingungen (vgl. Laur & Wiepcke 2020, 191 f.). Sie zeigen auf, dass für eine inklusive Berufliche Orientierung weitere Kriterien zu berücksichtigen sind: Diese lassen sich klassifizieren in *gesellschaftspolitische Bedingungen* (wie z. B. die Bereitstellung von Ressourcen), in *individuelle Lernvoraussetzungen* (die es gilt diagnostisch mit adäquaten Verfahren und Methoden zu erfassen), *Kooperationen im Netzwerk* (womit die innere und äußere Schale der Beruflichen Orientierung angesprochen wird) sowie ein *Schulsetting mit professionellen Lehrkräften* (siehe Abbildung 2.7).

Auf Basis ihrer Forschungsdaten leiten Laur & Wiepcke (vgl. 2020, 201) Handlungsempfehlungen ab, welche die Bereitstellung von Ressourcen, die frühzeitige Netzwerkbildung zu außerschulischen Experten, sowie die Aus- und Fortbildungen von Lehrkräften umschließen. Die zentrale Bedeutung der Professionalisierung von Lehrpersonen ist insgesamt konsensfähig (vgl. Laur & Wiepcke 2020, 201 f.; Schröder 2018, 11 ff.; Koch 2015, 14) und sollte auf alle am Prozess der Beruflichen Orientierung beteiligten Akteure ausgeweitet werden (vgl. Bonfig & Penning 2020, 307). Das Aufzeigen aller (regional spezifischer) Anschlussmöglichkeiten, sollte dabei im Fokus stehen (vgl. Koch 2015, 14; Laur & Wiepcke 2020, 201).

Sponholz stellt zudem die »Habitussensibilität« von Lehrkräften als Qualitätskriterium heraus und fordert: »Akteure der inklusiven Berufsorientierung müssen die fehlende kulturelle Passung bei einem Teil der Schülerschaft reflektieren und die Verschiedenheit der Existenzbedingungen reflektieren« (Sponholz 2019, 247).

Für die Förderung der notwendigen Kompetenzen ist daher eine Lehrkräfteprofessionalisierung in allen drei Phasen erforderlich und anzustreben.

Gelingensbedingungen inklusiver Beruflicher Orientierung

Individuum
(Jugendliche mit Beeinträchtigung)

- Ausbildungsreife
- Selbstwirksamkeit
- Intrinsische Motivation
- Kennt die eigenen Stärken und Schwächen

Schulsetting
mit professionellen Lehrkräften

- Diagnostik
- Individuellen Förderung und Forderung
- Frühzeitiger Beginn der Beruflichen Orientierung
- Lehrkräfte mit Reflexionsfähigkeit und positiver Einstellung zur Inklusion
- Anschlussmöglichkeiten aufzeigen
- Schulpraktika den individuellen Bedürfnissen anpassen

(Interdisziplinäre) Kooperationen
im Netzwerk

- Einbezug von Eltern, Unternehmen und außerschulischen Expertinnen und Experten
- Vernetzungstreffen (bspw. Berufswegekonferenzen)

Gesellschaftliche Rahmenbedingungen
(bspw. Fördermittel für Unternehmen, Lehrkräfteressourcen für Individualisierung)

Abb. 2.7: Gelingensbedingungen inklusiver Beruflicher Orientierung (nach Laur & Wiepcke 2020, 194) (eigene Darstellung)

Weiterführende Literatur

Brüggemann, T. & Rahn, S. (2020): Berufsorientierung. Münster, New York: Waxmann.

Lindmeier, C., Fasching, H., Lindmeier, B. & Sponholz, D. (2019): Inklusive Berufsorientierung und berufliche Bildung – aktuelle Entwicklungen im deutschsprachigen Raum. Weinheim: Beltz Juventa.

Pitsch, H.-J. & Thümmel, I. (2017): Methodenkompendium für den Förderschwerpunkt geistige Entwicklung. Band 3: Lernen in der Sekundarstufe II. Oberhausen: Athena. (Hier die Kapitel zur Vorbereitung auf Arbeit und Beruf: Kapitel 6 zu den Grundlagen, S. 127–153, und Kapitel 7 zur Praxis, S. 155–180).

3

Unterricht im Fach Wirtschaft-Arbeit-Technik

Nachdem im vorangegangenen Kapitel die fachdidaktischen Grundlagen erörtert wurden, widmet sich dieses Kapitel ausgewählten Aspekten der unterrichtlichen Gestaltung. Da didaktische Prinzipien als Leitorientierung zur Gestaltung und Bewertung von Unterricht gelten, werden diese im ersten Unterkapitel 3.1 (▶ Kap. 3.1) erläutert. Daran anschließend wird auf Leistungsbeurteilung und Förderdiagnostik als zentrale Elemente pädagogischen Handelns eingegangen (▶ Kap. 3.2). Insbesondere für technische Bildungsanliegen spielen Fachräume eine bedeutsame Rolle, die in Kapitel 3.3 (▶ Kap. 3.3) betrachtet werden. Hierbei werden unter anderem rechtliche Grundlagen und Sicherheitsmaßnahmen erläutert, die notwendig sind, um ein möglichst risikominimiertes Arbeiten zu ermöglichen. Dabei gilt es insbesondere, die besonderen Bedürfnisse der Schülerschaft im SGE zu berücksichtigen. Dies ist wiederum nur über die Umsetzung geeigneter und angemessener Differenzierung möglich, die in Kapitel 3.4. (▶ Kap. 3.4) mit Bezug auf die technische Bildung konkretisiert wird. Das Kapitel wird abgerundet mit zentralen Hinweisen zu Praxiskontakten und außerschulischen Lernorten (▶ Kap. 3.5) sowie der Thematisierung von Unterrichtsmedien (▶ Kap. 3.6).

3.1 Fachdidaktische Prinzipien

Didaktische Prinzipien beinhalten eine normative Komponente (vgl. Arndt 2020, 340) und stellen wichtige Kriterien zur Planung, Evaluation und Bewertung von Unterricht dar. Als Orientierung helfen sie, eine begründete Auswahl von Unterrichtsinhalten zu treffen und dienen als Maßstab zur Bewertung von Unterrichtsqualität (vgl. Weber 2008, 363). Obwohl sie nicht immer wissenschaftlich fundiert sind (vgl. Arndt 2020, 340), haben sie eine große Relevanz für die Arbeit von Lehrkräften.

> **Didaktische Prinzipien**
> »Didaktische Prinzipien stellen grundlegende Regeln, Grundsätze bzw. Orientierungen für die Unterrichtsplanung, -durchführung und -evaluation dar« (Weber 2008, 263).

Je nach pädagogischer Disziplin und ihren individuellen Vertreterinnen und Vertretern werden unterschiedliche didaktische Prinzipien als bedeutsam angesehen. Dabei umfassen die Nennungen meist fachübergreifende sowie fachspezifische Kriterien. Bonfig & Plietker (2020) setzen die sozialwissenschaftliche Bildung mit inklusiver Bildung in Beziehung und stellen dabei u. a. fest, dass die Diskurse auf verschiedenen Ebenen geführt werden, sodass es kaum möglich ist, Analysen auf der Ebene der Prinzipien und Methoden zur Unterrichtsgestaltung durchzuführen. Eine Ausnahme stellt die Handlungsorientierung dar, die von Kersten Reich als geeignetes Prinzip einer inklusiven Bildung herausgestellt wird, sowie das Prinzip der Schülerorientierung, das sowohl in Ansätzen inklusiver als auch sozialwissenschaftlicher Didaktik auffindbar ist (vgl. Bonfig & Plietker 2020, 103).

In der sozialwissenschaftlichen Bildung werden (fach)didaktische Prinzipien in allen Grundlagenwerken der Lehramtsausbildung aufgeführt. In der technischen Bildung hingegen taucht das Schlagwort »(fach)didaktische Prinzipien« nicht im gleichen Maße in fachdidaktischen Publikationen auf und zudem unter Verwendung verschiedenster Termini. Henseler & Höpken (vgl. 1996, 14-19) weisen sie als »didaktische Prinzipien des Technikunterricht« aus, während Meier (vgl. 2013, 135–145) sie als »Unterrichtskonzepte« bezeichnet und Wensierski & Sigeneger (vgl. 2015, 92) von »programmatischen Leitlinien« sprechen. Die Feststellung Arndts, dass die Begriffe »didaktische Modelle« und »didaktische Prinzipien« in ihrer theoretischen Konzeption und Definition nicht trennscharf sind (Arndt 2013, 35 f.), manifestiert sich hier eindrücklich. Auch wenn eine explizite Auflistung (fach)didaktischer Prinzipien in einigen Werken ausbleibt, so sind fachdidaktische Orientierungen in den Konzeptionen enthalten, die sich als solche definieren lassen. Implizit werden Richtlinien für pädagogisch-didaktische Entscheidungen formuliert, die fachspezifisch begründet werden. Diese »Fundstellen« fachdidaktischer Prinzipien der technischen Bildung wurden mit den von Bonfig & Plietker (2020, 100) benannten Prinzipien sozialwissenschaftlicher Bildung verglichen. Angelehnt an das Vorgehen der beiden Autorinnen, jene didaktischen Prinzipien zu benennen, die in mehr als zwei Publikationen auftauchen, wurden die relevanten Prinzipien für die technische Bildung identifiziert. Didaktische Prinzipien, die ausschließlich in der ökonomischen Bildung genannt wurden, wie Konfliktorientierung und Kontroversität (vgl. Bonfig & Plietker 2020, 100), werden in der nachfolgenden Auflistung nicht berücksichtigt. Ebenso wenig wird die »Arbeits- und Berufsorientierung« gelistet, die zwar als spezifisches didaktisches Prinzip der Arbeitslehre beschrieben wird (vgl. IQ & HKM 2011, 15), doch weder in der technischen noch in der ökonomischen Bildung aufgeführt wird. Stattdessen wird in der ökonomischen Bildung die Berufliche Orientierung als Anwendungsfeld definiert.

- Problem-/Situationsorientierung: Problemorientierte Bildung, (Lebens-)Situationsorientierung, Lebensweltbezug, Lebensnähe
- Handlungsorientierung: Theorie-Praxis-Verhältnis (als spezifische Variante der technischen und arbeitsorientierten Bildung)
- Wissenschaftsorientierung: Wissenschaftspropädeutik
- Exemplarität: Exemplarisches Lernen
- Subjekt-/Schülerorientierung: Adressatenorientierung, Betroffenheit, Bedeutsamkeit
- Interdisziplinarität/Multiperspektivität: Sozialwissenschaftlichkeit, Pluralität, Ganzheitlichkeit, Offenheit
- Weitere: Aktualität; Anschaulichkeit

Weber (vgl. 2008, 265) klassifiziert didaktische Prinzipien in fundamentale didaktische Prinzipien und zentrale Prinzipien. Die ersteren übernehmen noch keine Orientierungsfunktion bei der Auswahl von Unterrichtsgegenständen oder der Gestaltung von Lernprozessen, sind aber dennoch unverzichtbar. Als fundamentale Prinzipien können die folgenden beiden gelten:

- »Kompetenzorientierung bezieht sich auf die mündige und verantwortliche Orientierungs-, Urteils-, Entscheidungs- und Handlungskompetenz in Ge-

genwart und Zukunft. Ohne die Entwicklung von Kompetenzen kann kaum von nachhaltigem Lernen gesprochen werden« (Weber 2008, 264).
• »Wissenschaftsorientierung trägt zur Aufklärung als Beschreibung, Erklärung und verantwortliche [sic!] Mitgestaltung der Wirklichkeit bei und gibt Aufschluss über die Art und Weise der Erkenntnisgewinnung. Nach dem Wahrheitskriterium darf nicht gelehrt werden, was wissenschaftlich nicht haltbar ist. Da eine Wissenschaft nicht alle Fragen klären kann, zudem ein sozialer Prozess mit widersprüchlichen Ergebnissen ist, sind Kontroversität, Pluralität und Multiperspektivität als modifizierende Prinzipien immer zu prüfen« (Weber 2008, 264 f.).

Als zentrale Prinzipien für die technisch-ökonomische Bildung wurden die Handlungsorientierung, Theorie-Praxis-Verschränkung, Problemorientierung und Multiperspektivität identifiziert, da sie in besonders vielen Publikationen beschrieben werden.

3.1.1 Handlungsorientierung

Handlungsorientierung (oder auch Handlungsorientierter Unterricht) ist ein didaktisches Prinzip, das eine starke Verbreitung sowohl in allgemeindidaktischen als auch in fachdidaktischen und sonderpädagogischen Publikationen erfährt und folgendermaßen definiert wird:

> **Handlungsorientierter Unterricht**
> »Handlungsorientierter Unterricht ist ein ganzheitlicher und schüleraktiver Unterricht, in dem die zwischen dem Lehrer und den Schülern vereinbarten Handlungsprodukte die Gestaltung des Unterrichtsprozesses leiten, sodass Kopf- und Handarbeit der Schüler in ein ausgewogenes Verhältnis zueinander gebracht werden« (Jank & Meyer 2014, 315).

Handeln wird als zielgerichtete, absichtsvolle Tätigkeit beschrieben, die eine Verbindung von Denken und Handeln umfasst. Als Merkmale des handlungsorientierten Unterrichts gelten die folgenden (vgl. Jank & Meyer 2014, 316 ff.):

• Die subjektiven Interessen der Schülerinnen und Schüler werden zum Ausgangspunkt der Unterrichtsarbeit.

3.1 Fachdidaktische Prinzipien

- Es findet eine Ermunterung der Lernenden zum selbsttätigen Handeln statt, das zum Aufbau von Handlungskompetenzen beitragen soll und dadurch von einer Dialektik aus Führung und Selbsttätigkeit geprägt ist.
- Kopf- und Handarbeit, verstanden als geistige Denkhandlung und die materielle, mit Hilfe des Körpers umgesetzte Handlung, sollen in ein ausgewogenes Verhältnis gebracht werden.
- Es soll eine Einübung solidarischen Handelns ermöglicht werden und damit, neben der sprachlichen Verständigung und der zielgerichteten Arbeit, ein Handeln realisiert werden, das am gemeinsamen Nutzen hin orientiert ist.
- Handlungsorientierter Unterricht beinhaltet eine Produktorientierung, welche sich dadurch auszeichnet, dass veröffentlichungsfähige Ergebnisse der unterrichtlichen Arbeit vorliegen. Diese können materiell, szenisch und/oder sprachlich gestaltet sein.

Handlungsorientierung, Handlungsorientiertes Lehren und Lernen, handlungsbezogener Unterricht: Nicht nur die Begriffe variieren, sondern auch die damit verbundenen vielfältigen methodischen Praktiken, deren Gemeinsamkeit in einer eigentätigen, umfassenden Auseinandersetzung mit einem Lerngegenstand besteht (vgl. hierzu z. B. Gudjons 1997, 6 ff.).

Die theoretische Fundierung tritt teilweise hinter die praxisnahen Ausrichtungen zurück. In der Sonderpädagogik wurde das Konzept bereits seit den 1980er Jahren auf den SGE bezogen. Vor allem Mühl (u. a. 1981; 1993; 2004b) hat diesen Ansatz bekannt gemacht und Feuser (1989; 2005) sowie Pitsch (vgl. u. a. 2003a; 2003b; Pitsch & Thümmel 2015b, 103–125) zur weiteren theoretischen Fundierung und Ausdifferenzierung beigetragen (vgl. Fischer 2008, 119).

> **Exkurs**
> **Begründungen Handlungsorientierten Unterrichts**
> Die theoretischen Begründungen sind vielfältig und lassen sich in entwicklungstheoretische, lerntheoretische, sozialisationstheoretische und bildungstheoretische Überlegungen untergliedern (vgl. Jank & Meyer 2011, 321 f.):
>
> *Entwicklungstheoretisch*: Mit Hilfe von Piagets Entwicklungstheorie lässt sich herleiten, dass zur Entwicklung der Fähigkeit kognitiver Operationen Handlungen notwendig sind. Kognitive Operationen sind die Grundlage zur Entwicklung des Denkens und der Intelligenz und sind innerlich vorgestellte Handlungen. Parallel zur Handlung findet die geistige Operation statt, die sich nach und nach verinnerlicht und so auch ohne konkrete äußere Handlung abrufbar ist (vgl. ebd.).

> *Lerntheoretisch*: Kognitive Lerntheorien gehen davon aus, dass sich das Individuum seine Welt durch den aktiven Umgang mit dieser aneignet. Die Handlungen sind daher für die Ausformung mentaler Repräsentationen notwendig (vgl. ebd., 322).
>
> *Sozialisationstheoretisch*: Die Sozialisation von Kindern und Jugendlichen hat sich im Laufe der Zeit so verändert, dass unmittelbare Erfahrungs- und Handlungsspielräume nicht mehr für alle Kinder im umfassenden Maße zur Verfügung stehen. Dementsprechend kommt der Schule und dem Unterricht hier eine kompensatorische Rolle zu, wenn sie »Erfahrungs- und Handlungsspielräume für ein ganzheitliches Lernen zur Verfügung stellen, das die Entfaltung von Sinn und Bedeutungen im gemeinsam verantworteten Handeln fördert und fordert« (Jank & Meyer 2014, 324).
>
> *Bildungstheoretisch*: Das pädagogische Leitziel der Selbstbestimmung setzt eine handelnde Auseinandersetzung mit der Welt voraus. Nur wenn ich handelnd tätig werde und dabei Stück für Stück die Verantwortung für mein Handeln übernehme, erlange ich die Befähigung zur verantwortungsvollen Selbstbestimmung in der Gesellschaft. Das Bereitstellen entsprechender Erfahrungs- und Handlungsfelder wird als Aufgabe des handlungsorientierten Unterrichts verstanden (vgl. ebd., 326).

3.1.2 Handlungsorientierung im SGE

Aus Sicht der Sonderpädagogik ist die Forderung nach mehr Selbstbestimmung (vgl. z. B. Klauß 2019) ein weiterer wichtiger Grund für eine starke Handlungsausrichtung von Unterricht (vgl. Fischer 2008, 117). Bei der Handlungsorientierung geht es darum, Arbeitsaufträge so zu gestalten, dass sie die individuellen Handlungskompetenzen der Schülerinnen und Schüler fördern. Handeln setzt sensomotorische, emotionale, soziale, kognitive und kommunikative Fähigkeiten voraus (vgl. Fischer 2008, 121). Dies wird deutlich, wenn man die verschiedenen Komponenten betrachtet, die eine Handlung ausmachen (vgl. Schulte-Peschel & Tödter 1999, 22 ff.) (siehe Abb. 3.1).

Handlungen umfassen neben dem sichtbaren Element der Handlungsausführung innerpsychische Prozesse. So ist die Handlungsorientierung, also der Beschluss einer Person, aktiv zu werden (oder inaktiv zu bleiben), genauso wenig von außen sichtbar wie die Ausrichtung der Handlungsziele und die Ausdifferenzierung von Teilschritten, welche in der Handlungsplanung getroffen werden. Auch die Kontrolle, welche die Handlung abschließt, stellt einen innerpsychischen Prozess dar. Entsprechend handelt es sich bei einer Handlung »nicht nur um ein von außen zu beobachtendes Verhalten einer Person, sondern gleichermaßen, wenn nicht sogar hauptsächlich, um innere Denkprozesse« (vgl. Terfloth & Bauersfeld 2015 sowie Pitsch & Thümmel 2015).

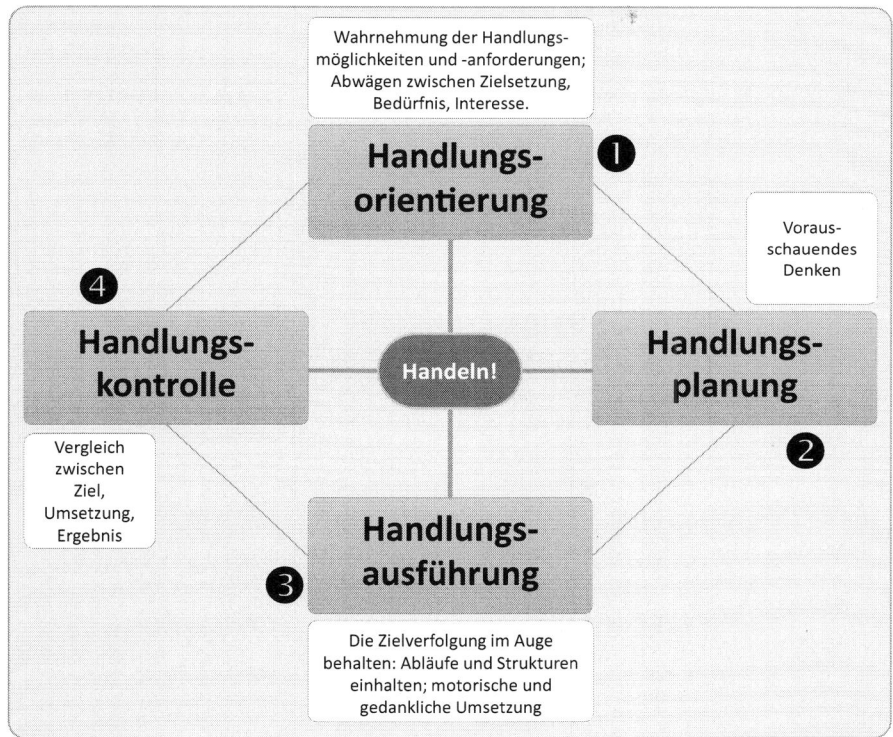

Abb. 3.1: Bestandteile des Handelns (eigene Darstellung in Anlehnung an Terfloth & Bauersfeld 2015 sowie Pitsch & Thümmel 2015, 16)

Alle Handlungen verfügen unabhängig von ihrem Umfang über die gleichen Strukturmerkmale (vgl. Fischer 2008, 120), seien es Globalhandlungen, die sich wiederum in Einzelhandlungen operationalisieren lassen, wie der Bau eines Vogelhauses oder eine Einzelhandlung wie die Handlung »Schutzbrille aufsetzen«. Trotz der oft umfänglichen intellektuellen Beeinträchtigungen und/oder motorischen Einschränkungen sind alle Schülerinnen und Schüler im SGE in die Phasen einer Handlung einzubeziehen, um ihre individuelle Handlungskompetenz zu fördern.

Grundsätzlich gelten alle Schülerinnen und Schüler als handlungskompetent auf jeweils unterschiedlichen Niveaustufen (vgl. Pitsch 2003a, 14 f.). Entsprechend gilt es, den Handlungsbezug auch als Ansatz für die Förderung der Handlungsfähigkeit bei Schülerinnen und Schülern mit umfänglichen und schweren Beeinträchtigungen umzusetzen (vgl. Mühl 1993, 418 f.). Da individuelle Befindlichkeiten und Erfahrungen die Basis der Handlungsorientierung prägen, sind bei dieser Zielgruppe insbesondere die Wachheit und Aktivität, die Wahrnehmungsfähigkeit sowie die basale Kommunikation und Interaktion zu berücksichtigen (vgl. Terfloth & Bauersfeld 2015; Pitsch & Thümmel 2015, 212). Ausgehend von den individuell verschiedenen Handlungsmöglichkeiten spielen die Assistenz und Unterstützung durch die Lehrperson eine besondere Rolle (▶ Kap. 3.4.1).

Als ideale methodische Umsetzung des Prinzips des handlungsorientierten Lehrens und Lernens wird der Projektunterricht gesehen. Methoden wie die Schülerfirmenarbeit als besonders ausgerichtete Projekte basieren ebenfalls auf diesem Prinzip (▶ Kap. 4.1). Weitere Möglichkeiten und Bereiche der Umsetzung werden z. B. bei Fischer (2008, 132 ff.) sowie in den Themenheften der Zeitschrift Lernen konkret dargestellt.

Weiterführende Literatur

Fischer, E. (2008): Bildung im Förderschwerpunkt geistige Entwicklung. Entwurf einer subjekt- und bedarfsorientierten Didaktik. Bad Heilbrunn: Klinkhardt. (hier: 113–150)

Pitsch, H.-J. & Thümmel, I. (2015b): Methodenkompendium für den Förderschwerpunkt geistige Entwicklung. Band 2: Lernen in der Schule. Oberhausen: Athena. (hier: 103–125)

3.1.3 Theorie-Praxis-Verschränkung

Beim Arbeiten in Fachräumen handeln Schülerinnen und Schüler konkret mit realer Technik: Sie benutzen Werkzeuge und Maschinen, fertigen technische Artefakte an, führen Reparaturen durch oder Experimentieren. Dieser eng gefasste Praxisbegriff, verstanden als »operative Praxis« (Schmayl 2019, 103) oder als »instrumentelles Handeln (im Sinne von etwas herstellen, untersuchen, anbieten)« (IQ & HKM 2011, 17) wird in der technischen Bildung und der Arbeitslehre mit der Theorie verschränkt und als fachdidaktisches Prinzip »Theorie- und Praxis-Verschränkung« betitelt.

> **Theorie-Praxis-Verschränkung**
> Während Theorie als Wissen über die Wirklichkeit etwas Geistiges ist, besteht Praxis im Handeln und umfasst in der technischen Bildung konkretes, absichtsvolles Tun, wie beispielsweise die handwerkliche oder experimentelle Arbeit von Schülerinnen und Schülern (vgl. Schmayl 2019, 101).
>
> Bei der Theorie-Praxis-Verschränkung wird praktisches Handeln der Schülerinnen und Schüler mit dem theoretischen Gehalt der Lerngegenstände verbunden. Der Umgang mit Gegenständen wird dabei mit der Reflexion über die durchgeführten Tätigkeiten, die Abstraktion und die Theoriebildung ergänzt (vgl. Henseler & Höpken 1996, 17).

Komplexe Anforderungssituationen, die nach diesem fachdidaktischen Prinzip gestaltet werden, ermöglichen es Schülerinnen und Schülern, ihre Selbstwirksamkeit zu erfahren und »schulisch arrangiertes Handeln an der Realität zu überprüfen und zu reflektieren« (IQ & HKM 2011, 15). Dieses praktische Handeln wird auch als »Schülerarbeit« (vgl. Dedering 2000, 177 ff,) oder als »schulisch arrangierte Arbeit« (vgl. IQ & HKM 2011, 17) bezeichnet. Diese ist bereits in der Tradition der Arbeitsschule zu finden (vgl. Schmayl 2019, 103). Insbesondere für die Arbeitslehre, welche als praxisnahe Erneuerung im Rahmen einer Bildungsreform initiiert wurde, sollte über die manuelle Betätigung der Lernenden die Einseitigkeit des reflexionsbezogenen Lernens überwunden werden (vgl. Dedering 2000, 177).

Das Verhältnis zwischen Schülerarbeit und Erwerbsarbeit wird in der Literatur kontrovers diskutiert, wobei die Schülerarbeit nicht generell als Modell für Erwerbsarbeit (sowie für Eigen- und Sozialarbeit) betrachtet wird (vgl. Dedering 2000, 248). Stattdessen wird Schülerarbeit als eigenständiges »modellorientiertes Handeln« betrachtet (vgl. ebd.), das dazu dienen soll, Handlungsmuster zu entwickeln, die idealerweise auf Arbeits- und Lebenssituationen übertragen beziehungsweise angewendet werden können (vgl. IQ & HKM 2011, 17). Das praktische Arbeiten im schulischen Unterricht wird somit als Erfahrungsgrundlage genutzt, auf deren Basis Arbeitsprozesse und -ergebnisse geplant, verglichen, beurteilt und reflektiert werden können (vgl. ebd.).

Neben diesem arbeits- und berufsorientierenden Gehalt wird auch grundlegendes technisches Wissen erworben, »das von operativem Wissen über Basiswissen aus wichtigen Technikbereichen bis zum Sinn- und Bedeutungswissen reicht« (Schmayl 2019, 103). Das praktische Lernen, verstanden als besonders ausgerichtete Form des handlungsbezogenen Lernens, ist ebenso wie dieses mit reflexionsbezogenem Lernen zu verschränken. In den fachspezifischen Methoden, wie der Fertigungsaufgabe, ist daher stets eine Reflexionsphase integriert, die unter anderem dazu dient, einen »Transfer – im Sinne des Vergleichs mit der Arbeitswelt und als Lernortwechsel – als Korrektiv und Erweiterung« (Dedering 2004, 89 ff.) zu ermöglichen. Gerade für Schülerinnen und Schüler mit intellektueller Beeinträchtigung sind hier wiederum auf Methoden wie bspw. der Visualisierung zu achten, um Zusammenhänge angemessen verdeutlichen zu können.

Neben dem fachdidaktischen Prinzip des »Theorie-Praxis-Verhältnisses« als unterrichtsleitgebende Orientierung ist ein Zusammenspiel aus Theorie- und Praxis ebenfalls auf der Ebene der Lehrpersonen und der Lehr- und Forschungspraxis der Fachdidaktikerinnen und -didaktiker erkennbar, welches Schmayl (vgl. Schmayl 2019, 100 ff.) ausführlich analysiert. Daraus ergeben sich u. a. Konsequenzen für die Lehrkräfteaus- und -fortbildung, bei der eine entsprechende Fachkompetenz in Theorie und Praxis erworben werden muss (vgl. Bienhaus & Radermacher 2009, 112).

Weiterführende Literatur

Dedering, H. (2000): Einführung in das Lernfeld Arbeitslehre. München, Wien: Oldenbourg Wissenschaftsverlag (hier: 157–163 und 199–266)
Schmayl, W. (2019): Didaktik allgemeinbildenden Technikunterrichts. Baltmannsweiler: Schneider-Verlag Hohengehren (hier: 100–117)

3.1.4 Problemorientierung

Technische Produkte sind Ergebnisse problemlösenden Denkens und Handelns (DGTB 2018, 3). Aufgrund des finalen Charakters von Technik, also die stetige Ausrichtung auf die Lösung technischer Probleme, erscheint es naheliegend, dieses Prinzip als leitgebende Orientierung auf den Unterricht zu übertragen.

Doch nicht nur in der Technikdidaktik, sondern auch in der ökonomischen Bildung erfährt dieses Prinzip große Bedeutung und ist »zentral für viele Lehr-Lerneinheiten des Wirtschaftsunterricht« (Arndt 2013, 53). Als Problem wird ein unerwünschter Ausgangszustand verstanden, dessen Überwindung zur Erlangung des erwünschten Ziel- oder Endzustands mit Schwierigkeiten und Widerständen verbunden ist. Ein Problem kann daher als Herausforderung verstanden werden, die zum Denken anregt und sich von anderen Aufgabenstellungen dahingehend unterscheidet, dass der Lösungsweg noch nicht bekannt ist (ebd.).

> **Problemlösendes Lernen**
> »Mit problemlösendem Lernen bezeichnet man ein Lernen, bei dem Problemerkennen und Problemlösen die tragenden Momente sind. Bezogen auf den Unterricht liegt für den Lernenden dann ein Problem vor, wenn sie mit einer neuartigen, nicht überschaubaren Situation konfrontiert werden und ihnen die Mittel und Wege zur Beherrschung dieser Situation unbekannt sind« (Meier 2013, 145).

Bei dem Unterrichtsprinzip Problemorientierung steht ein echtes und teilweise komplexes Problem am Anfang der unterrichtlichen Auseinandersetzung, das Fragen bei den Lernenden aufwirft. Anschließend wird der Prozess des Problemlösens durchlaufen, der sich grundlegend in die folgenden drei Phasen untergliedern lässt:

(1) »Bewusstwerden der Problemsituation: ein kognitiver Zustand, ein unbefriedigender Ist-Zustand wird als subjektiv bedeutsam erkannt.
(2) Suche nach Lösungsmöglichkeiten in Form von Hilfsmitteln, Informationen, Lösungsansätzen.
(3) Durchführung und Überprüfen der Lösungsideen: Soll-Zustand wird erreicht« (Meier 2013, 143).

Probleme lassen sich für den technischen Bereich klassifizieren und als Facetten der technischen Problemlösekompetenz erfassen (vgl. Stemmann & Lang 2014). Meschenmoser (vgl. 2006, 55) unterscheidet zwischen »gut« und »schlecht« definierten Problemen (▸ Tab. 3.1) und leitet auf dieser Basis unterrichtspraktische Implikationen ab: Während bei »gut« definierten Problemen die »Bedingungen der Problemlösung und das Ziel vollständig bekannt« sind, ist dies bei »schlecht« definierten Problemen nicht der Fall. Im Sinne einer sukzessiven Kompetenzförderung sollte daher bei ungeübten Schülerinnen und Schülern mit umfassend definierten Problemen begonnen werden.

Die Problemorientierung im Allgemeinen baut auf realen Fragestellungen des Alltags auf und ruft somit authentische Bedürfnisse der Schülerinnen und Schüler hervor (vgl. Goreth 2020, 160). Ein Zusammenhang zwischen einer erhöhten Anstrengungsbereitschaft und der Problemorientierung wird in der Literatur beschrieben, konnte in ersten explorativen Ergebnissen für die technische Bildung bislang jedoch nicht nachgewiesen werden. Diese gilt es ebenso wie die unterrichtliche Umsetzung weiter zu erforschen, da auch hier erste Erkenntnisse darauf hindeuten, dass die unterrichtliche Umsetzung von den fachdidaktischen Konzeptionen abweichen (vgl. ebd., 160).

Tab. 3.1: Konkretisierungen von Problemen (in Anlehnung an Meschenmoser 2006, 55)

Art des Problems	Beschreibung	Beispiel
Partiell (auch schlecht) definiertes Problem	Bedingungen der Problemlösung und des Ziels nicht oder kaum bekannt, möglicherweise nur eine einzige korrekte Lösung	»*Entwerfe einen Fahrradunterstand.*«: • Hier muss u. a. zunächst eine Definition des Problems erfolgen, • der Ausgangszustand und angestrebter Zielzustand definiert werden • sowie Mittel zur Erlangung gefunden werden.
Umfassend (auch gut) definiertes Problem	Bedingungen der Problemlösung und Ziel vollständig bekannt	»*Repariere die Lichtanlage des Fahrrads,* indem du den Scheinwerfer austauschst und anschließend eine Funktionsprüfung durchführst.«: • Hier ist das Ziel bekannt (die Reparatur der Lichtanlage) • und die Bedingungen der Problemlösungen sind gegeben (Scheinwerfer austauschen und eine Funktionsprüfung durchführen).

Modelle des Problemlöseprozesses sind ebenfalls stark in der Medienbildung und der informatischen Bildung verbreitet, da diese hier u. a. beim Programmieren zur Anwendung kommen. Die Problemlösekompetenz wird ebenfalls als relevanter Kompetenzbereich in der Strategie »Bildung in der digitalen Welt« (vgl. KMK 2016, 18) herausgestellt.

Das Modell des Problemlöseprozesses ist analog im Designprozess wiederzufinden, der durch die folgenden Teilschritte gekennzeichnet ist: Analysieren und Recherchieren, Konzipieren und Ideenfindung, Entwerfen und Entscheiden, Bewerten und Optimieren (vgl. Stuber 2019, 36). Problemlösungs- und Designprozesse laufen meist nicht linear ab, sondern iterativ. Die Integration von Entwicklungsschleifen und Feedbackphasen, die im handlungsorientierten Unterricht im SGE von besonderer Bedeutung sind, lässt sich beispielsweise bei der fachspezifischen Methode Konstruktionsaufgabe erkennen. Diese stellt eine mögliche methodische Umsetzungsform des problemorientierten Lernens dar (▶ Kap. 4.6). Das Prinzip der Problemorientierung hat darüber hinaus als methodischer Zugang eine Relevanz beim forschenden Lernen. Das forschende Lernen ist zu verstehen als spezifische Haltung beziehungsweise Herangehensweise an die Auseinandersetzung mit Fachinhalten als auch als methodischer Zugang, der sich u. a. durch die Ermöglichung von Selbständigkeit, Problemorientierung und eine projektorientierte Arbeitsweise mit reflexiven Anteilen auszeichnet (vgl. Kirchner & Penning 2020, 45).

3.1.5 Multiperspektivität

Multiperspektivität (auch als Mehrperspektivität bezeichnet) ist sowohl ein didaktisches Prinzip als auch ein bildungspolitisches Argument, über das die Bedeutung von Integrationsfächern begründet wird. Der bildungspolitische Diskurs für Sozialwissenschaftliche Fächerverbünde kann u. a. bei Loerwald (vgl. 2008, 237 f.) nachvollzogen werden. Auch die Konzeptionierung technischer Bildung als eigenständiges Fach oder in Fächerverbünden wird ebenso kontrovers diskutiert (► Kap. 2.1) wie ihr Verhältnis zu anderen Disziplinen.

Angelehnt an internationale Diskussionen setzt sich nun in Deutschland mehr und mehr die Tendenz durch, mathematisch-technische Disziplinen in einem gemeinsamen Kontext zu betrachten und sie über die Bezeichnung MINT (Mathematik, Informatik, Naturwissenschaft, Technik) kenntlich zu machen (vgl. Wensierski & Sigeneger 2015, 107). Diese Entwicklung hin zu einer Kontextbezogenheit technischer Bildung scheint insbesondere in Förderrichtlinien und außerschulischen Lernorten hervorgehoben zu werden, wird aber auch mit Blick auf das allgemeinbildende Schulwesen diskutiert (vgl. u. a. Koch, Kruse & Labudde 2019). Als fachdidaktisches Prinzip wird sowohl die Interdisziplinarität als auch die Multiperspektivität in verschiedenen Fachdidaktiken diskutiert.

> **Multiperspektivität**
> Unter Multiperspektivität wird die Betrachtung eines bestimmten Lerngegenstandes aus verschiedenen Perspektiven verstanden. Der Begriff der Perspektive ist nicht eindeutig definiert und kann beispielsweise als Blickwinkel verschiedener Kulturen, verschiedener sozialer Rollen oder verschiedener wissenschaftlicher Positionen und Paradigmen interpretiert werden (vgl. Loerwald 2008, 234).

Für Lehr-Lern-Prozesse in den Sozialwissenschaften stellt Loerwald (2008, 234 ff.) drei Ausprägungen als besonders relevant heraus:

(1) »Die Analyse eines sozialen Problems aus der Sicht verschiedener wissenschaftlicher Positionen« (ebd., 234). Dabei können diese innerhalb eines

Faches (intradisziplinär) oder im fachübergreifenden und Fächer verbindenden Unterricht (interdisziplinär) realisiert werden (ebd., 235).

(2) »Die Berücksichtigung verschiedener individueller Meinungen und akteursspezifischer Restriktionen zu einem sozialen Problem« (Loerwald 2008, 234). Multiperspektivität wird hier gemäß des Beutelsbacher Konsens umgesetzt und soll die Vielfalt politischer Positionen widerspiegeln. Darüber hinaus gilt es, die Perspektiven vielfältiger Akteure, wie beispielsweise von Konsumenten, Unternehmen und Politikern, einzubeziehen (ebd., 236).

(3) »Die Zusammenführung von individuellen und gesamtgesellschaftlichen Perspektiven auf ein soziales Problem« (ebd., 234). Hierbei geht es darum, den Perspektivwechsel von der Mikro- zur Makroperspektive zu forcieren, damit die Lernenden ihre über Einzelfälle gewonnenen Erfahrungen auf wesentliche Einsichten und grundlegende Strukturen übertragen können, ohne dass dabei unzulässige Verallgemeinerungen gefördert werden (ebd., 236 f.).

Die Multiperspektivität spielt im mehrperspektivischen Ansatz technischer Bildung eine besondere Rolle. Als grundlegende theoretische Fundierung dienen hierbei die soziale, humane und naturale Dimension der Technik von Ropohl (2009, 32 ff.) (▶ Kap. 2.2.2). In der Diskussion der technischen Bildung wird dabei vor allem die Auseinandersetzung mit Interdisziplinarität als spezifische Ausprägung der Multiperspektivität als Einbezug verschiedener Fachdisziplinen bzw. Fachrichtungen innerhalb der Disziplin diskutiert (entsprechend der oben dargestellten Position 1).

So beschreibt Hüttner (2009, 88) verschiedene Varianten fächerübergreifenden Unterrichts und weist der Interdisziplinarität eine »doppelte Präsenz« in der technischen Bildung zu. So ist Technik einerseits als Wissenschaftsbereich selbst durch vielfältige Ingenieurwissenschaften geprägt und somit durch eine nach innen gerichtete Interdisziplinarität gekennzeichnet. Andererseits weist Technik vielfältige Interdependenzen zu Natur und Gesellschaft auf und hat somit zusätzlich Merkmale äußerer Interdisziplinarität. Diese Interdisziplinarität sowie die enge Korrelation von Theorie und Praxis zeigt sich charakteristisch beim technischen Problemlösen. Darüber hinaus kann der äußeren Interdisziplinarität über vielfältige inhaltliche Schnittstellen zu anderen Fächern Rechnung getragen werden (vgl. Hüttner 2019, 88). Diese fächerübergreifende Vernetzung identifizieren Bienhaus & Radermacher (vgl. 2019, 119) als Qualitätskriterien für einen guten Technikunterricht aus schulpraktischer Ebene.

3.2 Leistungsbeurteilung und Förderdiagnostik

Die Bewertung der Leistungen von Schülerinnen und Schülern ist ein fester Bestandteil der Unterrichtspraxis. Vor allem ab der Sekundarstufe I häufig in Form der Notengebung, gehen Leistungsbewertungen einher mit einer Selektionsfunktion, einer Qualifikationsfunktion, einer Informationsfunktion, einer Anreiz- und Sanktionsfunktion und einer Entwicklungsfunktion (vgl. Jürgens & Lissmann 2015, 69 f.).

Im SGE werden bei zieldifferentem Unterricht keine Noten vergeben. Die KMK (vgl. 2021, 19) weist ausdrücklich darauf hin, dass die Leistungsermittlung und -bewertung sich am individuellen Lernfortschritt orientiert und im Unterricht auf das Erreichen gleicher Lernziele für alle verzichtet wird. Terfloth & Bauersfeld (vgl. 2015, 154) sehen darin ein Risiko für einen absinkenden Anspruch an die Auseinandersetzung mit Leistung und plädieren für eine Kultur der Erwartung und Rückmeldung von Leistungen für alle Schülerinnen und Schüler. Auch mit Blick auf die nachschulische Situation ist der Aufbau und der Erhalt von Leistungsfreude und Motivation ein wesentliches Erziehungsziel (ebd.).

Als Bezugsnormen für die Leistungsbewertung werden die Individualnorm, die Sachnorm und die Sozialnorm unterschieden (vgl. Paradies, Wester & Greving 2017, 37 ff.). Im SGE dient die *individuelle Bezugsnorm* als Ausgangspunkt für die Dokumentation und Bewertung von Leistungen, die neben Zeugnissen, auch durch folgende Instrumente umgesetzt werden können:

- ein motivierendes, stärkenorientiertes und wertschätzendes Feedback (KMK 2021, 19),
- transparente Formen der Dokumentation der Selbst- und Fremdbeurteilung,
- transparente Arbeitspläne für einzelne Stunden,
- individuelle Lernberichte oder Vereinbarungen und Verträge (vgl. Terfloth & Bauersfeld 2015, 154).

Ein zentrales Element zur Ermittlung und Dokumentation des individuellen Lernfortschritts stellen für die Schülerinnen und Schüler mit intellektueller Beeinträchtigung die individuellen Lern- und Entwicklungspläne dar. Unter der Bezeichnung *Förderplan* ist dieser in fast allen Bundesländern curricular verbindlich verankert und muss damit für jedes Kind oder Jugendlichen mit Förderbedarf durch die Lehrkraft aufgestellt werden (vgl. Breitenbach 2020, 66). Hierbei geht es um eine Einsichtnahme in die Ausgangslage oder den aktuellen Ist-Zustand der Kompetenzentwicklung, wobei sowohl intrapersonale als auch externe Ressourcen im Förderplan beschrieben werden. Darauf aufbauend werden konkrete Förder- und Entwicklungsziele festgelegt (der Soll-Zustand) und mithilfe pädagogischer Maßnahmen und Methoden operationalisiert, die nachfolgend evaluiert werden (vgl. Breitenbach 2020, 66). Inwiefern der Begriff Förderplan geeignet erscheint, wird diskutiert (vgl. Bundschuh & Schäfer 2019, 153; Bundschuh 2021, 297).

Förderpläne erfüllen vielfältige Funktionen (vgl. Popp & Methner 2021, 318 ff.). Zu den Intentionen, die mit Förderplänen verbunden werden, zählt die konsequente Ausrichtung von Maßnahmen an den Förderzielen (vgl. Breitenbach 2020, 66 f.). Dementsprechend bieten sie eine Unterstützung bei der Planung lernförderlicher Unterrichtssituationen. Dies ist auch das allgemeine Ziel der Förderdiagnostik, bei der es darum geht, mittels der systematischen Aufgabenvariation die spezifischen Lernhilfen zu finden, mit denen sich ein Kind die nächsten neuen Lerninhalte aneignen kann und somit sein potenzieller Entwicklungsstand gefördert wird (ebd., 69).

Auch jenseits der sonderpädagogischen Förderdiagnostik werden für eine systematische Kompetenzförderung Leistungsbewertungen herangezogen, die für die Planung und das Arrangement von weiteren Lehr-Lernschritten genutzt werden. Dafür werden Formen der Leistungsbewertung gefordert, die eine kompetenzorientierte, umfassende, förderorientierte, individuelle, anwendungsbezogene und transparente Leistungsrückmeldung ermöglichen (vgl. Adamina & Stuber 2019, 85). Nicht zuletzt deshalb ist die Leistungsbewertung schulrechtlich verankert. Das Zusammenspiel aus Erhebung und Beurteilung von Lernergebnissen, der Ableitung des weiteren Förder- und Entwicklungsbedarfs und die entsprechende Gestaltung von Lernprozessen stellt einen zirkulären Prozess dar (siehe Abbildung 3.2).

Im gemeinsamen Unterricht stellt sich die Frage, wie man den Umgang mit Leistungserwartungen für Lernende mit und ohne diagnostizierten Förderbedarf kombiniert. In diesem Kapitel werden daher fachspezifische Möglichkeiten zur Leistungsbewertung von Lernprozessen und -ergebnissen im WAT-Unterricht aufgezeigt. Insbesondere in der Beruflichen Orientierung spielen Kompetenzfeststellungsverfahren eine bedeutsame Rolle und einige Verfahren sind insbesondere für Schülerinnen und Schüler mit Beeinträchtigungen ausgewiesen. Abschließend werden Gestaltungshinweise für informelle förderdiagnostische Verfahren mit Bezug zum WAT-Unterricht aufgezeigt.

3.2 Leistungsbeurteilung und Förderdiagnostik

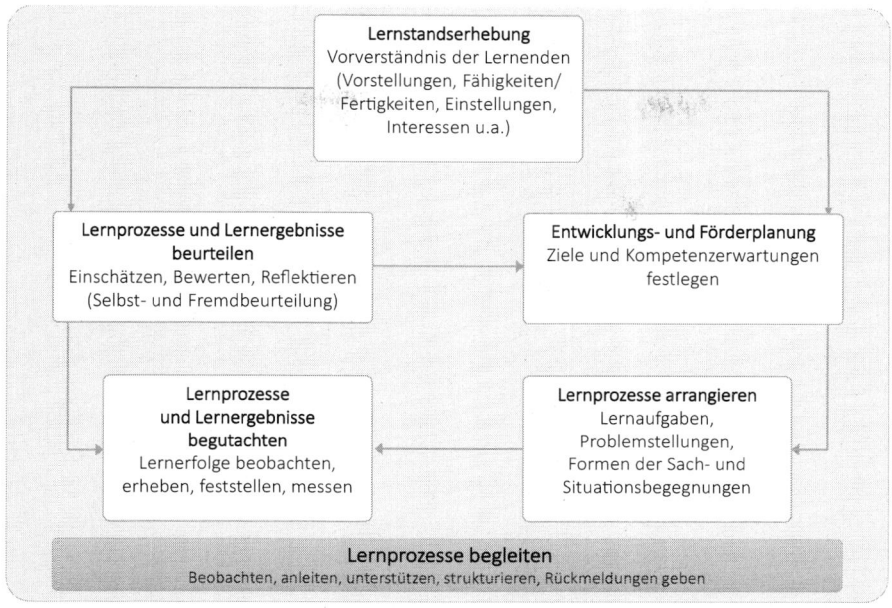

Abb. 3.2: Beurteilung als integraler Bestandteil des Lern- und Förderzyklus (eigene Darstellung nach Adamina & Stuber 2019, 84)

> **Weiterführende Literatur**
>
> Bundschuh, K. & Schäfer, H. (2019): Diagnostik II: Förderplanung. In: Schäfer, H. (Hrsg.): Handbuch Förderschwerpunkt geistige Entwicklung. Weinheim: Julius Beltz. 153–166
> Schäfer, H. & Rittmeyer Ch. (2021): Handbuch Inklusive Diagnostik. Kompetenzen feststellen – Entwicklungsbedarfe identifizieren – Förderplanung umsetzen. Weinheim: Beltz.
> Pretis, M. (2021): Ziele finden – Teilhabe ermöglichen. Förderplanung im Kontext der ICF. In: Schäfer, H. & Rittmeyer Ch. (Hrsg.): Handbuch Inklusive Diagnostik. Weinheim, Basel: Beltz. 343–353

3.2.1 Leistungsbewertung im WAT-Unterricht

Leistungsbewertungen spielen in jedem Fach eine Rolle und entsprechend existiert zahlreiche Literatur, die eine gute Einführung in Theorie und Praxis bietet (vgl. z. B. Paradies, Wester & Greving 2017; Bohl & Jürgens 2009; Jürgens & Lissmann 2015). Auch in fachspezifischen Lehrwerken wird das Thema aufgegriffen, wie beispielsweise im Rahmen der ökonomischen Bildung (vgl. z. B. Kaiser & Kaminski 2012, 289–304; Arndt 2020, 271–278) oder im Lehrwerk »Design und Technik«, in dem Stuber & Adamina (2019) hauptsächlich allgemeine, aber durchaus relevante Aspekte der Bewertung aufzeigen und diese über konkrete Beobachtungsbögen für den Einsatz im Unterricht konkretisieren (Stuber & Adamina 2019).

Eine vertiefte Auseinandersetzung mit Bewertung ist im Bereich der technischen Bildung zu sehen, die maßgeblich von Ludger Fast vorangetrieben wurde und über das Themenheft »Lernerfolg bewerten« (Fast 2001) und weitere Publikationen (vgl. Fast 2020; 2009; Fast & Klein 1998) dokumentiert wurde. Darüber hinaus sind noch die Publikationen von Willenberg (2002) und Theuerkauf (2013, 275–287) zu nennen.

Die Ausgangslage der thematischen Auseinandersetzung bildete die Historie der Technikdidaktik: Da hier zunächst ein produktbezogener Ansatz leitgebend war, wurde auch die Bewertung ausschließlich auf das Produkt, also auf das fertige Werkstück als materialisierte Form des Endergebnisses bezogen (vgl. Fast 2009, 134 f.). Im Zuge einer »neuen Lernkultur im Technikunterricht« wurde dieser Bewertungsansatz, der nach wie vor angewandt wird (vgl. Willenberg 2002, 29), als unzureichend empfunden. Eine »Reform der Leistungsbewertung« erschien notwendig, und folglich fand eine Weiterentwicklung hin zu einer *prozessorientierten Bewertung* statt (vgl. Fast 2009, 135). Der sozialen und personalen Dimension sollte ein stärkerer Stellenwert eingeräumt werden (Willenberg 2002, 29 f.).

Der Lern- und Arbeitsprozess gerät seitdem in den Fokus und Kriterien zur Leistungsbewertung werden gemeinsam mit Schülerinnen und Schülern entwickelt. Dabei werden die Phasen »Themenfindung, Planung, Herstellung und Dokumentation in ihren Teilschritten und Dimensionen« wahrgenommen und dokumentiert (vgl. Fast 2009, 134) (vgl. hierzu z. B. die herstellungsspezifischen Bewertungskriterien in Seifert 2001).

Als weiterer Entwicklungsschritt wird die Orientierung an outputorientierten Bildungsstandards gesehen, die als Basis zur Erfassung des Kompetenzerwerbs dienen (vgl. Fast 2009, 139 ff.). Das zentrale Unterrichtsziel der Förderung von Handlungskompetenz ist auch für die Bewertung leitgebend, und so müssen die im Technikunterricht durchgeführten Handlungen, wie Organisieren, Strukturieren, Planen, Entscheiden und Bewerten, bei der Beurteilung berücksichtigt werden (vgl. Willenberg 2002). Dabei wird der gesamte Prozess einbezogen »von der Planung bis zur Präsentation und der abschließenden Reflexion, die wiederum die Basis für individuelle Lernkonzepte oder Lernprozesse im Team darstellen« (Fast 2009, 136). Diese Umsetzung der Leistungsbeurteilung entspricht daher den Leitstichworten »kompetenzorientiert, umfassend, förderorientiert, individuell, anwendungsbezogen und transparent« (Adamina & Stuber 2019). Die Formen der Leistungsbeurteilung sind dabei vielfältig (vgl. Exkurs).

> **Exkurs**
> **Formen von Leistungsbeurteilung im technischen Unterricht**
> Eine bekannte und im Regelschulbereich verbreitete Form der Leistungsnachweise stellen Klassenarbeiten dar. Diese lassen sich jedoch mit im Arbeitsumfang vergleichbaren Leistungsnachweisen kombinieren, die gleichermaßen in die Bewertung einfließen und beispielsweise die Produkt- und Prozessbewertung umfassen (vgl. MBWK 2018, 31). Zusammen mit verschiedenen Formaten von Unterrichtsbeiträgen können diese zur Bewertung genutzt werden.

Tab. 3.2: Formen von Leistungsnachweisen im technischen Unterricht (vgl. Schleswig-Holstein 2018, 30)

Formen	Umsetzung
Praktische Arbeiten	Thematisierung von Bewertungskriterien gemeinsam mit den Lernenden
	Festlegung in Abhängigkeit von der gewählten Unterrichtsmethode
	Beurteilung sowohl des Arbeitsergebnisses als auch des Prozesses möglich u. a. über die Bereiche Arbeitsplanung, Zeitmanagement, eigenständige Umsetzung, Qualität der Lösung, Fähigkeit zur Selbstreflexion im Hinblick auf die eigene Leistung
Unterrichtsgespräch	Teilnahme am Unterrichtsgespräch mit zielführenden Beiträgen
	Verwendung der Fachsprache
	Fähigkeiten zur logischen Darstellung von technischen Zusammenhängen
	Verbalisierung eigener Lösungsansätze, Lösungswege, aufgetretener Probleme
	Adressatengerechte Darstellung eigener Erkenntnisse und Erfahrungen
Aufgaben, Experimente	Formulierung von Problemstellungen und Hypothesen Organisation, Durchführung und Beobachtungen
	Formulierung von Vorgehensweisen, Beobachtungen
	Schlussfolgerungen ziehen

Tab. 3.2: Formen von Leistungsnachweisen im technischen Unterricht (vgl. Schleswig-Holstein 2018, 30) – Fortsetzung

Formen	Umsetzung
Dokumentation	Zusammenstellung von Materialsammlungen
	Erstellen eines Arbeitsportfolios
	Konstruktionsskizzen und -zeichnungen, Stückliste, Arbeitsabläufe
	Verwendung von Fachsprache und Modellen
	Maßnahmen zur Selbstkontrolle (self monitoring)
Präsentation	Mündliche und schriftliche Darstellung von Arbeitsabläufen und -ergebnissen
	Analyse der Probleme
	Kurzvorträge und Referate

Weiterführende Literatur

Fast, L. (2020): Leistungsbewertung im Technikunterricht. Ein Plädoyer für Schülerbeteiligung: Schneider Hohengehren.

Beispiele für Bewertungsbögen zur Selbst- und Fremdreflexion:

Möller, K. (Hrsg.) (2015): Holz erleben - Technik verstehen. Seelze: Klett Kallmeyer.
Stuber, T. & Adamina, M. (2019): Begutachtung: hep verlag ag.

3.2.2 Kompetenzfeststellungsverfahren im Rahmen der Beruflichen Orientierung

Für eine gelingende Inklusion von Jugendlichen mit Behinderungen und Benachteiligungen am Arbeitsleben sind Angebote der Beruflichen Orientierung auf eine Diagnostik angewiesen, die möglichst umfänglich und zuverlässig die Kompetenzen und Motivationslagen der Jugendlichen erfasst (vgl. Fischer & Kranert 2021, 540 ff.).

Kompetenzfeststellungsverfahren sind ein etablierter Bestandteil beruflicher Orientierung, der curricular in vielen Bundesländern verankert ist, aber konzeptionell und im Hinblick auf die Durchführung uneinheitlich interpretiert wird (vgl. Driesel-Lange 2020, 389).

Ausdruck dieser Uneinheitlichkeit ist auch die synonyme Verwendung der Begriffe Kompetenzfeststellungsverfahren sowie Potenzialanalyse (vgl. Sühlsen, 12), die auch in diesem Beitrag genutzt werden. Durch die überwiegende Durchführung in den Klassen 7 und 8 (vgl. Krzatala & Retzmann 2013, 6) können Potenzialanalysen im Regelschulsystem als »berufsorientierender Auftakt« (Driesel-Lange 2020, 388) verstanden werden. Die Ergebnisse der Potenzialanalyse können im Berufswahlpass dokumentiert werden, der als Portfolio zur systematischen Dokumentation der Beruflichen Orientierung dient und auch in leichter Sprache erhältlich ist (Bundesarbeitsgemeinschaft Berufswahlpass). Speziell für den Einsatz im SGE entwickelt wurde der »Ordner Leben und Arbeit (OLA)« (Finke 2019). Ergebnisse von Kompetenzfeststellungsverfahren bieten wichtige Grundlagen für die individuelle Förderung im Rahmen der Beruflichen Orientierung und können somit auch als Basis für die Anwendung nachfolgender Methoden, wie beispielsweise der Zukunftsplanung (▶ Kap. 4.3), genutzt werden.

Über Potenzialanalysen werden meist Methodenkompetenzen wie soziale, personale, berufsbezogene und kognitive Kompetenzen erfasst (vgl. Krzatala & Retzmann 2013, 6). Dadurch können sie den Jugendlichen zu »mehr Klarheit über die eigenen Fähigkeiten und Entwicklungspotenziale verhelfen« (Krzatala & Retzmann 2013, 6). Als Diagnostikinstrument zur Erfassung individueller Interessen und Stärken bilden sie einen Ausgangspunkt für die zukünftige Förderung und grenzen sich somit von prognostischen Verfahren (wie Assessment-Center) ab, mit denen quasi eine Voraussage des künftigen beruflichen Erfolgs getroffen werden soll (vgl. Driesel-Lange 2020, 388).

Kompetenzfeststellungsverfahren sind in ihrem Umfang sehr unterschiedlich und können von 20-minütigen bis hin zu mehrtägigen Verfahren reichen (vgl. Krzatala & Retzmann 2013, 7). Das BMBF hat Qualitätsstandards für Potenzialanalysen herausgegeben und damit unter anderem auf die Notwendigkeit eines geschulten Personals verwiesen (vgl. Kunert et al. 2020, 11). Trotz ihrer Verschiedenheit lassen sich vier Elemente identifizieren, die häufig zum Einsatz kommen:

- handlungsorientierte Aufgaben,
- Instrumente der Selbst- und Fremdeinschätzung,
- Interessentests
- und Auswertungsgespräche (Driesel-Lange 2020, 390).

> **Exkurs**
> **Aufgabentypen in Potenzialanalysen**
> Jugendliche sollen eine Fallmaschine bauen, die ein rohes Ei beim Sturz aus dem ersten Stock eines Hauses so schützt, das es unversehrt bleibt (Kunert et al. 2020). Oder sie steuern gemeinsam als Team über Schnüre eine Holzscheibe, mit der man Klötze aufeinander stapeln kann mit dem Ziel, gemeinsam einen Turm zu bauen.
> Konstruktions- und Kooperationsübungen wie die beschriebenen sind jedoch nur zwei Möglichkeiten für Aufgabenstellungen in Potenzialanalysen. Auch Problemlösepuzzle, Rollenspiele, Diskussionen, Planungsprobleme, Fallstudien, erlebnispädagogische Übungen und Arbeitsproben kommen zur Anwendung (vgl. Nalbach & Kunert 2018, 21).

In Potenzialanalysen werden eignungsdiagnostische Verfahren angewendet (vgl. Krzatala & Retzmann 2013, 7), die sich nach Höft & Schuler (vgl. 2015, 87 ff.) in eigenschaftsorientierte, biografieorientierte sowie simulationsorientierte Verfahren einteilen lassen. Beispiele für den Eigenschaftsansatz (auch Konstruktionsansatz) sind Fähigkeitstests, Persönlichkeits- oder Interessentests. Hier werden relativ stabile Eigenschaften erhoben, die zur Erklärung des Berufserfolgs herangezogen werden (vgl. Höft & Schuler 2015, 87). Zeugnisse, biografische Fragebögen oder Interviews sind Verfahren des biografieorientierten Ansatzes, bei dem man vergangenes Verhalten nutzt und analysiert, um künftiges Verhalten zu prognostizieren (vgl. Höft & Schuler 2015, 87).

Bei den im folgenden vorgestellten Verfahren *Hamet* und *TTAP*, die aufgrund ihrer ausgewiesenen Eignung u. a. für den schulischen Einsatz bei Menschen mit Benachteiligungen oder Beeinträchtigung ausgewählt wurden, handelt es sich um Verfahren, die sich entsprechend ihres Schwerpunktes als simulationsorientiert bezeichnen lassen (eine umfängliche Beschreibung weiterer relevanter diagnostischer Verfahren am Übergang Schule-Beruf (ÜSB) findet sich bei Fischer & Kranert 2021). Mit Hilfe solcher Verfahren wird das Arbeitsgeschehen über verschiedene Aufgabenformate realitätsnah simuliert, wie z. B. (psycho-)motorische sowie situationsgebundene Aufgaben, die individuell oder interaktiv gelöst werden (Krzatala & Retzmann 2013, 8). Der Vorteil der simulationsorientierten Verfahren liegt unter anderem in einem stärkeren Bezug zur Lebens- und Arbeitswelt und einem ganzheitlichen Vorgehen, das darin besteht, Gesamtaufgaben zu stellen, die auch Planungsanforderungen umfassen (vgl. Krzatala & Retzmann 2013, 9). Durch die Kombination unterschiedlicher und aufeinander abgestimmter Methoden binden simulationsorientierte Verfahren erhebliche zeitliche, personelle und finanzielle Ressourcen, die einem ausführlichen und vielseitigen Kompetenzprofil als Ergebnis gegenüberstehen (vgl. Krzatala & Retzmann 2013, 14).

> **Weiterführende Literatur**
>
> Driesel-Lange, K. (2020): Kompetenzfeststellungsverfahren als Instrument der Berufsorientierung. In: Brüggemann, T. & Rahn, S. (Hrsg.): Berufsorientierung. Münster, New York: Waxmann. 386–397.
> Fischer, E. & Kranert, H.-W. (2021): Arbeit und Diagnostik – Wege und Erfordernisse im Übergang Schule-Beruf (ÜSB). In: Schäfer, H. & Rittmeyer, Ch. (Hrsg.): Handbuch Inklusive Diagnostik. Weinheim, Basel: Beltz. 445–461.
> Krzatala, K. & Retzmann, T. (2014): Kompetenzdiagnostik in der Berufsorientierung. Eine Bestandsaufnahme der Potenzialanalyse als Diagnose- und Förderinstrument in der Sekundarstufe I. In: Retzmann, T. (Hrsg.): Ökonomische Allgemeinbildung in der Sekundarstufe I und Primarstufe. Konzepte, Analysen, Studien und empirische Befunde. Schwalbach am Taunus: Wochenschau Verlag. 128–143.

Hamet

Das wissenschaftlich standardisierte Verfahren Hamet steht für »Handlungsorientierte Module zur Erfassung und Förderung beruflicher Kompetenzen«. Dieses Verfahren wird im Übergangssystem Schule-Beruf von verschiedenen Akteuren verwendet und ist durch seine Handlungsorientierung gekennzeichnet. Die verschiedenen Ausstattungsvarianten, die zuletzt 2020 überarbeitet wurden, adressieren sowohl Schülerinnen und Schüler an allgemeinbildenden Schulen, aber auch Teilnehmende an Berufsvorbereitungsmaßnahmen oder sonstigen Bildungsmaßnahmen (z. B. für Menschen mit Migrationserfahrung) und Ausbildung sowie Mitarbeitende in Werkstätten für behinderte Menschen (WfbM) (vgl. Diakonie Stetten e.V.).

Hamet kann somit für verschiedene Personenkreise mit jeweils spezifischen Fragestellungen (vgl. Groll, Pfeiffer & Tress 2006, 190) angewendet werden und ermöglicht es, auf kulturelle, sprachliche, geschlechtsbezogene oder soziale Unterschiede angemessen einzugehen und wird daher als »differenzsensibles Verfahren« ausgewiesen (vgl. Alber 2007, 221).

Während *Hamet* und *Hamet e+* der Erfassung und Förderung berufsbezogener und berufsübergreifender Kompetenzen dienen, wurde *Hamet bop* für die Beobachtung überfachlicher Kompetenzen im Sinne einer Potenzialanalyse für den schulischen Einsatz entwickelt. Hamet bop setzt sich aus einer systematischen Beobachtung, der Selbstreflexion und einer Abfrage beruflicher Interessen zusammen (vgl. Diakonie Stetten e.V. 2019). Mithilfe dieser

Bauteile soll das Verfahren dazu beitragen, persönliche Ressourcen zu entdecken, Interessen und Fähigkeiten zu benennen, und kann als Basis für eine individuelle Förderplanung fungieren (vgl. Diakonie Stetten e. V. 2019).

> **Quellen und Hinweise Internet**
>
> www.hamet.diakonie-stetten.de (siehe Diagnostik mit hamet)
> Online-Shop: www.hamet.eu

TTAP

Das Verfahren »TTAP – Förderdiagnostisches Kompetenzprofil für Jugendliche und Erwachsene auf dem Weg in die Selbstständigkeit« (Mesibov et al. 2017) fokussiert nicht nur auf die förderdiagnostische Unterstützung der beruflichen Entscheidungen, sondern ebenfalls auf die Gestaltung der Freizeit und des privaten Umfelds. Das Verfahren wurde für Kinder und Jugendliche mit Autismus-Spektrum-Störungen entwickelt, die leichte bis schwere intellektuelle Beeinträchtigungen aufweisen, und eignet sich darüber hinaus für die meisten Menschen mit einer entsprechenden mittleren bis schweren intellektuellen Beeinträchtigung, die über eingeschränkte Kommunikationsmöglichkeiten verfügen (vgl. Mesibov et al. 2017, 10).

Das TTAP umfasst zwei Bestandteile: Zum einen ein formelles Screeninginstrument, mit dessen Anwendung Interessen und Stärken des Schülers oder der Schülerin erfasst werden können – unter Einbezug des familiären und schulischen Feedbacks und Sichtweisen. Zum anderen wird mit dem »Kumulativen Fähigkeitsinventar« eine informelle Methode der langzeitlichen Datensammlung im Alltag angeboten (vgl. Mesibov et al. 2017, 7 f.).

Die Beurteilung des Schülers oder der Schülerin erfolgt daher multiperspektivisch, indem die Skalen *Schule/Arbeitsbereich* und des *Wohnbereiches* über Interviews ebenso integriert werden wie die Ergebnisse der *direkten Beobachtung* im Rahmen des Tests. Hervorzuheben ist ebenfalls das Merkmal »Anpassung des Umfeldes«. Im TTAP werden über den Protokollbogen »Empfehlungen zur Strukturierung der Intervention« Modifikationen der Umgebung und Anforderungen vorgeschlagen, welche die individuelle Unabhängigkeit in diesem Bereich fördern und sich positiv auf die Qualität der Leistung, die Ausdauer und Generalisierungsfähigkeit der betreffenden Person auswirken können (vgl. Mesibov et al. 2017, 9).

3.2 Leistungsbeurteilung und Förderdiagnostik

> **Weiterführende Literatur**
>
> Mesibov, G. B., Thomas, J. B., Chapman, M. & Schopler, E. (2017): TTAP – TEACCH Transition Assessment Profile. Förderdiagnostisches Kompetenzprofil für Jugendliche und Erwachsene auf dem Weg in die Selbstständigkeit = ACQ. Dortmund: verlag modernes lernen.

Tab. 3.3: Kompetenzfeststellungsverfahren zur Beruflichen Orientierung

Art des Verfahrens	Inventare
Simulationsorientiert	• KomPo7 (www.kompo7.de/) • Profil AC (www.profil-ac.de/) • 2P | Potenzial & Perspektive (www.2p-mto.de/ für neu Zugewanderte) • KoJACK (www.kojack.de/) • Peakus2 (www.ifbk-online.de/) • Berufsnavigator (www.berufsnavigator.de/potenzialanalyse/) • Melba (und Melba+Mai) (www.miro-gmbh.de/melba/melba.html) • Hamet/ Hamet BOP (www.hamet.diakonie-stetten.de/hametbop.html (ausführliche Beschreibung siehe oben) • TTAP (www.verlag-modernes-lernen.de/buecher/shop-detail/article/1268 (ausführliche Beschreibung siehe oben)
Eigenschaftsorientiert	• Geva (www.geva-institut.de/) • Explorix (https://www.explorix.de/)
Biografieorientiert	• ProfilPASS (www.profilpass-fuer-junge-menschen.de/) auch in leichter Sprache erhältlich: ProfilPASS | Leichte Sprache (https://coocou.profilpass-international.eu/files/barrierefreier_profilpass_in_leichter_sprache.pdf)

3.2.3 Relevante Förderdiagnostische Fragestellungen für den WAT-Unterricht

Bei der informellen Förderdiagnostik sollte die Erhebung des Kompetenzprofils mit dem Lern- und Handlungsstil verbunden werden, um somit eine Grundlage für eine individuelle Förderplanung zu schaffen: »Das heißt, wir versuchen nicht nur herauszufinden, *was eine Person kann* (Kompetenzprofil), sondern auch, *wie diese Person handelt, lernt und denkt* (Lern- und Handlungsstil)« (Häußler, Sparvieri & Tuckermann 2020, 9, Hervorh. im Original).

Über eine systematische Förderdiagnostik können Erkenntnisse nicht nur für einen kognitiv aktivierenden Unterricht genutzt werden, sondern auch für Praxiskontakte im Rahmen der Beruflichen Orientierung gewinnbringend sein. So kann eine Lehrperson beispielsweise Informationen zu Aneignungsstrategien des jeweiligen Lernenden an Betreuende im Rahmen des Betriebspraktikums oder der schulischen Praxistage in Betrieben weitergeben. Diese spielen eine bedeutsame Rolle bei der Planung von (fachspezifischen) Lehr-Lernsituationen für Schülerinnen und Schüler mit intellektueller Beeinträchtigung.

Das folgende unterrichtspraktische Beispiel von Terfloth & Cesak (2016, 14) für den SGE systematisiert die verschiedenen Ebenen der Aneignung und verdeutlicht diese an einem WAT-spezifischen Beispiel.

Tab. 3.4: Aneignungsmöglichkeiten am Beispiel der Elektrotechnik (in Anlehnung an Terfloth & Cesak 2016, 14)

Ebene	Aneignungsmöglichkeit	Beispiel
basal-perzeptiv	Durch Wahrnehmung und Bewegung des eigenen Körpers mit der Umwelt auseinandersetzen und sich durch Fühlen, Schmecken, Sehen, Riechen, Hören, Spüren zu eigen machen	Ggf. mithilfe von Handführung wird ein Gerät über eine Taste an- und ausgeschaltet Die Effekte (Aktivität des Gerätes) werden über verschiedene Sinneseindrücke erfahrbar
konkret-gegenständlich	Handelnd Gegenstände nutzen oder Vorgänge nachvollziehen. Erforschung der Welt durch Entdeckung von Wirkungen und Effekten	Ein einfacher Stromkreis wird mithilfe einer Blockbatterie, leitenden Verbindungen (Leiter) und einer Glühlampe nachgebaut Das Öffnen und Schließen des Stromkreises wird durchgeführt und das Ergebnis durch das Leuchten oder Erlöschen der Glühlampe deutlich
anschaulich	Erschließen von Zusammenhängen, indem man sich ein »Bild« davon macht (Fotos, Abbildungen aber auch Modell oder darstellendes Spiel): konkret handelnder Vollzug nicht mehr notwendig, Zusammenhang über Vorstellung, bisherige Lernerfahrung erschlossen	Eine schematische Zeichnung liefert das Modell eines Stromkreises Der konkret handelnde Vollzug ist nicht mehr notwendig, der Zusammenhang wird über die Vorstellung bzw. bisherige Lernerfahrungen erschlossen

Tab. 3.4: Aneignungsmöglichkeiten am Beispiel der Elektrotechnik (in Anlehnung an Terfloth & Cesak 2016, 14) – Fortsetzung

Ebene	Aneignungsmöglichkeit	Beispiel
abstrakt-begrifflich	Auseinandersetzung mit einem Bildungsinhalt über Sprache und Gedanken. Zusammenhänge/ Inhalte ohne direkte Anschauung wahrnehmen und verstehen. Erkenntnisse auf gedanklichem Wege gewinnen	Die Abläufe in einem Stromkreis, die man nicht sehen kann, können abstrakt beschrieben und berechnet werden

Als Ausgangspunkt für die Vorbereitung eines förderdiagnostischen Verfahrens ist die Festlegung einer individuell bedeutsamen Fragestellung notwendig. Es gilt vor dem Hintergrund des Leitziels der zunehmenden Teilhabe und Partizipation zu entscheiden, welche Fähigkeiten für die Person individuell bedeutsam sind und zum Gegenstand der Förderung werden sollen (vgl. Häußler, Sparvieri & Tuckermann 2020, 16). Als Orientierung für die Diagnostik sollte stets die Frage nach den individuellen Anforderungen der gegenwärtigen Lebenswelt der Person dienen (ebd., 36). Folgende Fähigkeitsbereiche können dabei berücksichtigt werden:

- Kognitiver Stil (Aufmerksamkeitslenkung, zentrale Kohärenz und Gedächtnis)
- Handlungskompetenz (Organisationsfähigkeit, Arbeitsverhalten und Flexibilität)
- Soziale und emotionale Fähigkeiten (Interaktion und Kontaktverhalten; emotionale Fähigkeiten; soziale Kognition)
- Kommunikative Fähigkeiten
- Wissen über die Diagnose
- Grundlegende Fähigkeiten Mathematik und Lesen (Anwendung mathematischer Konzepte im Alltag; Lesen & Leseverständnis) (ebd., 36 ff.).

In der »Förderdiagnostik-Kiste« werden Materialien und Ideen für diese Bereiche vorgestellt (vgl. Häußler, Sparvieri & Tuckermann 2020), die einen starken Bezug zum WAT-Unterricht aufweisen. Beispielsweise ist das Abmessen eine zentrale Tätigkeit im praktischen Technikunterricht, und auch die Items »Einkauf«, »Snack vorbereiten« und »Tisch decken« können direkt im WAT-Unterricht integriert werden. Denkbar ist jedoch auch, dass aus den handlungsorientierten Lehr-Lern-Settings des WAT-Unterrichts weitere informelle förderdiagnostische Fragestellungen extrahiert werden (▶ Tab. 3.5).

Tab. 3.5: Beispiele für überfachliche und fachspezifische förderdiagnostische Fragestellungen

Überfachliche Fragestellungen Förderdiagnostik (Häußler, Sparvieri & Tuckermann 2020, 17)	Fachspezifische förderdiagnostische Fragestellungen
• Kannst du den Tisch decken? Welche Aspekte davon kannst du bereits ausführen? Was ist noch schwierig für dich? • Kannst du Objekte auf Bildern erkennen? • Was machst du, wenn du unbedingt etwas möchtest, es aber allein nicht erreichen kannst? Kannst du um Hilfe fragen? • Kannst du dir dein Material selbst anordnen? … selbst holen? • Kannst du mit deinem Tagesplan umgehen? Was geht schon allein; wo brauchst du noch Hilfe? • Wie gehst du damit um, wenn etwas nicht gelingt? • Kannst du mitteilen, wenn du etwas nicht willst?«	• Kannst du technische Geräte aus deinem Alltag bedienen? Bei welchen gelingt dies gut. Was ist schwierig, aber relevant für dich?« • Kannst du einen Arbeitsablaufplan lesen? Was geht schon allein, wo brauchst du noch Hilfe? • Findest du dich in der Werkstatt zurecht? Kannst du Werkzeuge und Materialien zielgerichtet auswählen und diese nach der Benutzung zurückstellen? • Kannst du Dinge deines alltäglichen Lebens eigenständig einkaufen? Findest du Produkte im Supermarkt, hast du Strategien zur Auswahl des Produktes, kannst du Preise abschätzen und den Bezahlvorgang bewältigen? • Wie haushaltest du mit deinem Geld? Hast du einen Überblick über den Wert deines Geldes, Strategien zum Anliegen und zur Nutzung deines Geldes? • Welche Vorstellungen hast du von deinem zukünftigen Leben? Wie möchtest du wohnen und arbeiten? Was kannst du schon und was musst du noch bis dahin erlernen?

Weiterführende Literatur

Breitenbach, E. (2020): Diagnostik. Eine Einführung. Wiesbaden: Springer Fachmedien Wiesbaden.

Häußler, A., Sparvieri, J. & Tuckermann, A. (2020): Praxis TEACCH: informelle Förderdiagnostik. Ansätze für eine Förderung entdecken. Dortmund: Verlag modernes Lernen.

3.3 Fachräume

Das diesem Buch zugrunde gelegte Bildungsverständnis für den WAT-Unterricht (▶ Kap. 2) setzt insbesondere für den technischen Bildungsbereich ein abgestimmtes und adäquates Fachraumsystem voraus. Zentral für die technische Bildung ist »die Förderung der sachangemessenen, verantwortungsvollen Handlungs- und Urteilsfähigkeit der Lernenden«, und zum Erschließungshandeln wird die Herstellung, der Gebrauch und die Bewertung von Technik gezählt (Stuber 2019, 41). Bei der Einrichtung eines Fachraumsystems sollte nach Bienhaus (2018) von dem »Ganzheits-Grundsatz« ausgegangen werden, der sich aus dem Verständnis von Technik als relevanter Aspekt der »multidimensionalen und mehrperspektivisch angelegten Lebenswelt« ergibt (ebd., 57). Diesem Anspruch wird am besten »ein universell und multifunktional nutzbares, auf Technikvermittlung ausgerichtetes Fachraumsystem« gerecht (ebd.).

Eine Abgrenzung zur Konzeption des Werkunterrichts ist erkennbar, bei der die Räume beispielsweise mit »Holz- oder Metallwerkstatt« betitelt und auf die Bearbeitung eines spezifischen Werkstoffes ausgerichtet waren. Dementsprechend besteht eine enge Verflechtung zwischen dem Fachverständnis, den fachbezogenen Kompetenzerwartungen und Fachraumansprüchen.

> **Praxis**
> **Fachräume an Förderschulen im SGE**
> Im SGE ist nach wie vor eine Orientierung am Werkunterricht zu verzeichnen, z. B. explizit im Bayrischen Lehrplan Plus über das Fachprofil »Werken und Gestalten«. Dieses Fachprofil ist in die folgenden Lernbereiche untergliedert (vgl. ISB 2019):
>
> Lernbereich 1: Arbeitstechniken und Arbeitsabläufe
> Lernbereich 2: Werken mit Papier und Pappe
> Lernbereich 3: Werken mit Holz
> Lernbereich 4: Werken mit Metall
> Lernbereich 5: Werken mit Ton
> Lernbereich 6: Werken mit Leder
> Lernbereich 7: Werken mit Textilien
>
> Entsprechend dieses an einzelnen Materialien ausgerichteten Fachkonzeptes sind auch die schulischen Fachräume meist entsprechend »werkstoff-

> bezogen« eingerichtet und bezeichnet. So sind an Förderschulen häufig Holzwerkstätten oder Keramikwerkstätten zu finden. Ebenfalls erklärbar ist dieses über die Berufsschulstufe, in der die berufliche Vorbereitung der Schülerinnen und Schüler in spezifischen Berufsfeldern vorgenommen wird. Diese umfassen im technischen Bereich u. a. Holztechnik, Keramik und Metallverarbeitung (LISUM 2013, S. 55 ff.). Um diesen Anspruch gerecht zu werden, werden spezifische Werkstätten eingerichtet, die dann auch für den WAT-Unterricht in der Mittel- und Oberstufe genutzt werden.

3.3.1 Einrichtung von Fachräumen

> **Fachraumsystem: universell und multifunktional**
> Um Fachräume zielgerichtet einrichten und ausstatten zu können, muss zunächst Klarheit über das fachbezogene Bildungsverständnis und die damit verbundenen Kompetenzerwartungen bestehen. Im Hinblick auf einen mehrperspektivischen Technikunterricht und die damit verbundenen Kompetenzerwartungen bietet sich ein universell und multifunktional nutzbares Fachraumsystem an.

Im WAT-Unterricht sollen theoretische und praktische Erschließungsphasen miteinander verknüpft werden. Das Fachraumsystem muss dementsprechend so gestaltet sein, dass sowohl theoretisches als auch praktisches Lernen durchgeführt werden kann. Da man mit einem einzelnen Raum diesem Anspruch kaum gerecht werden kann, hat sich der Begriff *Fachraumsystem* etabliert. Dieses umfasst einen »Verbund von funktional und räumlich zusammenhängenden Fachunterrichtsräumen und Nebenräumen« und »sollte im Normalfall aus einer Grundeinheit aus Technikfachraum, Maschinenraum, Lager/Magazin und eventuell Sammlungs- und Vorbereitungsraum bestehen, die je nach Größe bzw. Zügigkeit der jeweiligen Schule zu erweitern ist« (Bienhaus, Bothe & Marx o. J.). Als optionale Erweiterungen sind neben der mehrfachen Einrichtung eines Raumtypes bei großen Schulen auch die Ergänzung eines Brenn- und Keramikraumes, eines Computerraumes oder eines Außenbereichs denkbar (vgl. Bienhaus 2018, 72).

Exkurs
Raumtypen und ihre Funktion

Tab. 3.6: Relevante Raumtypen für ein technisches Fachraumsystem (in Anlehnung an Bienhaus 2018, 69–71)

Raumtyp	Beschreibung/Funktion
Technikfachraum	• Multifunktional und universell angelegte Nutzungsmöglichkeit, in deren Kern die mit Werkbänken ausgestattete Praxiszone liegt • Räumliche Verbindung zum Maschinenraum und dem Lager bzw. Magazin
Feinarbeitsraum	• Für Arbeiten, die auf Schmutz- und Staubfreiheit angewiesen sind • Kunststoffbeschichtete Tischplatten • Schwerpunkt liegt auf Aufgaben der Elektronik und Elektromechanik sowie Tätigkeiten der »technischen Informatik«, d. h. beim digitalen Konstruieren und Fertigen (zum Beispiel mit einem 3D Drucker) sowie weiterer computerunterstützter Arbeitstätigkeiten
Maschinenraum	• Unterbringung stationärer Maschinen für die Bearbeitung von Holz, Kunststoff und Metall. • In der Regel haben Schülerinnen und Schüler keinen unbeaufsichtigten Zutritt. Die Nutzung der Maschinen unterliegt grundsätzlich dem Maschinenschutzalter (siehe Kapitel 3.3.2) • Zwischen Maschinenraum und Technikfachraum muss eine Sichtverbindung bestehen.
Sammlungs-/ Vorbereitungsraum	• Unterbringung der Fachmedien • Nutzung möglich zur Unterrichtsvorbereitung, der Fachverwaltung, der Unterbringung von teuren, speziellen Werkzeugen und Geräten, die nicht unbedingt Bestandteil des allgemeinen Fundus sind, ggf. • kleine Fachbibliothek
Lager/Magazin	• Ausreichend große Lagerfläche für spezifischen Material- und Bauteilebedarf und der Verwendung spezieller Konstruktions- und Experimentalmedien

Durch technische Entwicklungen, neue (fach)didaktische Erkenntnisse und auch durch die jeweils individuell verantwortliche Lehrkraft wird sich der Fachraum einer Schule über die Zeit verändern. So werden beispielsweise an einzelnen Schulen – ausgehend von der MakerSzene – MakerSpaces etabliert und damit neue Raumkonzepte umgesetzt. Diese häufig ebenfalls multifunktional – wenn auch mit starkem Fokus auf digitale Bildungsanliegen – ausgerichteten Räume weisen teilweise Überschneidungen und eine Anschlussfähigkeit an Fachraumkonzepte technischer Bildung auf. Doch die Umsetzung solcher innovativer Raumkonzepte findet nur punktuell statt. Darüber hinaus besteht im Hinblick auf die technischen Fachräume eine große Diskrepanz zwischen den einzelnen Schulstandorten und ihrer Ausstattung. An vielen Schulen sind nach wie vor unzureichende Räumlichkeiten vorhanden, und die Bezeichnung »Werkraum«, die gleichermaßen von Lehrpersonen, Fachraumausstattern, Schulträgern und Architektinnen und Architekten Verwendung verwendet wird, bezeugt ein stark am Werkunterricht ausgerichtetes Fachverständnis (vgl. Bienhaus, Bothe & Marx o. J., 21).

Bei der Einrichtung und Ausstattung von Fachräumen müssen sicherheitstechnische Anforderungen ebenso berücksichtigt werden wie arbeitsökonomische Aspekte und fachdidaktische Zielsetzungen (vgl. Bienhaus 2018, 5). Die Verschränkung dieser Anforderungen lässt sich am Beispiel von Ordnungssystemen verdeutlichen. Hierunter sind Prinzipien zu verstehen, nach denen Werkzeuge, Kleinmaschinen, Bauteile, Hilfsstoffe, aber auch Materialien, Werkstücke und Medien sortiert, gegliedert, sachgerecht verwahrt und gekennzeichnet werden. Eine geordnete und systematische Werkzeugunterbringung geht beispielsweise mit folgenden Vorteilen einher (ebd., 165 ff.):

- *Sicherheitstechnische Anforderungen*: Eine systematische Werkzeugunterbringung trägt als passive Sicherheitsmaßnahme zur Minimierung des Unfallrisikos bei. Verletzungen durch herunterfallende Werkzeuge oder das Hineingreifen in Werkzeugschneiden beim Entnehmen können dadurch beispielsweise reduziert werden.
- *Fachdidaktische Zielsetzungen*: Durch eine Ordnungsstruktur wird der sachgerechte und verantwortungsvolle Umgang mit Werkzeugen gefördert. Durch Ordnung in den Fachräumen und am Arbeitsplatz ist das schnelle Auffinden von Werkzeugen und Materialien wahrscheinlicher, die Lernenden können den Sinn von Ordnung im praktischen Unterricht erfahren und reflektieren (vgl. Bienhaus 2018, 165). Das fachdidaktische Anliegen der Sicherheitsbildung ist eine aktive Sicherheitsmaßnahme, die starke Überschneidungen zu den sicherheitstechnischen Anforderungen aufweist. Darüber hinaus werden überfachliche Ziele verfolgt wie die Förderung der Selbstständigkeit der Lernenden: Ein Werkzeug-Ordnungssystem trägt zum selbstständigen Handeln bei, da die Schülerinnen und Schüler sich besser im Fachraum orientieren können. Neben schriftsprachlichen Hin-

weisen sollten gerade für den SGE zusätzlich Informationen mit Bild- und Symbolmaterial wiedergegeben werden.

- *Arbeitsökonomische Aspekte*: Eine systematische, schnell zu durchdringende Ordnungsstruktur begünstigt das schnellere Finden des Werkzeugs durch die Lernenden und Lehrenden und trägt so zu einem möglichst reibungslosen und zeitökonomischen Ablauf des Unterrichts bei (vgl. Bienhaus 2018, 165). Auch die nachfolgende Vollständigkeitskontrolle kann schneller durchgeführt und leichter in die Verantwortung von Schülerinnen und Schülern übertragen werden. Die sachgerechte Werkzeugunterbringung führt idealerweise zu einer verbesserten und platzsparenden Raumnutzung und trägt zu einer Werkzeugschonung bei (vgl. Bienhaus 2018, 166). Somit können Neuanschaffungen hinausgezögert und Finanzmittel eingespart werden.

Um diese Vorteile nutzen zu können, müssen Werkzeugsysteme verschiedene Anforderungen erfüllen, wie beispielsweise eine werkzeugschonende und übersichtliche Aufbewahrungsmöglichkeit, eine einfache und schnelle Vollständigkeitskontrolle, eine leicht erschließbare Kennzeichnung etc. (vgl. Bienhaus 2018, 168 f.).

Es existieren vielfältige Werkzeug-, Aufbewahrungs- und Ordnungssysteme, die mit spezifischen Vor- und Nachteilen einer gehen (ausführlich nachzulesen in Bienhaus 2018, 169–179). Dazu zählen u. a.

- das Blocksystem,
- das Schubladen-/Palettensystem,
- Werkzeugschubladen an der Werkbank,
- Werkzeugtragen sowie
- eine offene Werkzeugwand oder Werkzeugwandtafeln.

Ein platzsparendes und effizientes Aufbewahrungssystem, zum Beispiel über eine Werkzeugwand, kann jedoch für Schülerinnen und Schüler mit Beeinträchtigungen im visuell-räumlichen Bereich herausfordernd sein, sodass ein eigenständiges Holen und Zurückbringen der Werkzeuge erschwert ist (vgl. Schaubrenner 2018b, 10). Barrieren können sich beispielsweise auch ergeben, wenn die Werkzeugwand für Rollstuhlfahrende nicht erreichbar ist.

Somit sind bei der Gestaltung dieses Systems die Bedürfnisse der Lehrkraft nach einer zentralen Organisation, die Förderung der möglichst selbstständigen Arbeitsweise der Lernenden und individuelle Bedürfnisse von Schülerinnen und Schülern mit und ohne Beeinträchtigung zu beachten und zugleich die zentrale Herausforderung.

3 Unterricht im Fach Wirtschaft-Arbeit-Technik

Abb. 3.3: Blocksystem mit farblicher und symbolischer Zuordnung (Abbildung aus: https://home.ph-freiburg.de/technik/virtuelle_tour/hotspot-img/schrank2.jpg)

Die obigen und die folgenden Ausführungen verdeutlichen, dass im besonderen Maße die Einrichtung, aber auch die Führung eines bestehenden und ausgestatteten Raumes eine anspruchsvolle und zeitintensive Aufgabe ist. Diese umfasst die Kontrolle und Wartung vorhandener Werkzeuge, der sonstigen Ausstattung und zum Teil auch von Maschinen (hier darf jedoch nicht jede Wartung von Lehrpersonen durchgeführt werden). Ebenso sind der Einkauf und die Lagerwirtschaft von Verbrauchsmaterialien sowie Neuanschaffungen, die zur Aktualisierung der Fachräume beitragen, durch die Lehrkraft zu verantworten. Darüber hinaus muss sich die Fachlehrkraft in einem für sich unbekannten Fachraum selbst einarbeiten und ggf. dieses Wissen im Kollegium multiplizieren. Das Klären von Zuständigkeiten und das Aufstellen von Regeln ist bei einem von mehreren Kolleginnen und Kollegen gemeinsam genutzten Fachraum empfehlenswert. Stuber stellt fest, dass die notwendige Zeit, das Wissen und das Können zur Führung eines Fachraumes das übliche Maß an kollegialer Mitarbeit übersteigt und fordert daher eine angemessene Entschädigung für Fachraumverantwortliche (vgl. Stuber 2019, 45).

Insbesondere mit Blick auf die Bedürfnisse von Schülerinnen und Schülern mit besonderem individuellen Unterstützungsbedarf existieren keine universell gültigen Raumkonzepte, sondern es sind modulare Anpassungen durch die Lehrkraft vorzunehmen (vgl. Schaubrenner 2018b, 5). Einer potenziellen Überforderung von Schülerinnen und Schülern mit intellektueller Beeinträchtigung, die aus der Komplexität der multifunktionalen Ausstattung der technischen Fachräume resultiert, ist sowohl durch eine entsprechenden Raumstruktur, -einrichtung und -ausstattung (ebd., 17) als auch durch eine enge Begleitung durch die Lehrkräfte und das pädagogische Fachpersonal zu begegnen.

3.3.2 Arbeit mit und an Maschinen

Bienhaus (2018) bezeichnet die Vorstellung, den allgemeinbildenden Technikunterricht ohne Maschinen oder Maschinenwerkzeuge gestalten zu wollen, aufgrund der heute allgegenwärtigen Technisierung und Maschinisierung als »Anachronismus« (vgl. Bienhaus 2018, 217). Als wesentlicher Bestandteil der technisch geprägten Lebenswelt sollten diese in die praktische und theoretische technische Allgemeinbildung integriert sein und können dabei verschiedene Funktionen erfüllen:

- Maschinen fungieren als *technische Hilfsmittel* und verhelfen somit die Ziele des Unterrichts zu erreichen (vgl. ebd.). Deutlich wird dies beispielsweise bei Fertigungsaufgaben, bei denen die Materialbearbeitung über Maschinen notwendig ist, um das technische Problem zu lösen. Darüber hinaus setzt die Lehrkraft häufig Maschinen zur Unterrichtsvorbereitung ein und bereitet Materialien für die manuelle Fertigung vor.
- Die Arbeit an Maschinen wird zum *Lerngegenstand* des Unterrichts, mit dem eine fachspezifische Kompetenzförderung angestrebt wird. Der sachgerechte Umgang fördert bei den Lernenden Fähigkeiten im Bereich personaler und sozialer Kompetenzen, setzt aber technikbezogene Fähigkeiten und Kenntnisse voraus (vgl. ebd.).
- Maschinen können als *Medium* für die Erschließung fachspezifischer Sachverhalte dienen (vgl. ebd.). Sie fungieren damit als Modell für ein technisches Artefakt, an dem man technische Prinzipien und Wirkzusammenhänge verdeutlichen kann (z. B. das Getriebe einer Bohrmaschine). Ebenso können über die Benutzung mehrerer Maschinen exemplarische Fertigungsprozesse verdeutlicht werden.

Aufgrund des hohen Gefährdungspotenzials beim Arbeiten an Maschinen gilt es, im technischen Unterricht Beschäftigungsverbote und -erlaubnisse für Schülerinnen und Schüler zu berücksichtigen. Jugendlichen an allgemeinbildenden Schulen soll der Zugang zum Maschinenraum prinzipiell verwehrt bleiben, da sie ohnehin Holzbearbeitungsmaschinen wie Sägemaschinen (mit Ausnahme der Stichsäge und Dekupiersäge), Bandsägen, Abricht- und Dickenhobelmaschinen sowie Oberfräsen nicht bedienen dürfen (vgl. DGUV 2006, 13).

Eine Besonderheit stellen hier die Vorgaben der Länder Berlin und Brandenburg dar, nach denen Schülerinnen und Schüler ab der 7. Klassenstufe unter Aufsicht fachkundiger Lehrkräfte an Hobel-, Fräs- und Sägemaschinen arbeiten dürfen (vgl. Schultz & Kranz 16.08.2013, 6). In den Bestimmungen der staatlichen Unfallkassen sind für die einzelnen Bundesländer Werkzeuge und Maschinen aufgelistet, für die keine generellen Beschäftigungsverbote bestehen. In der Richtlinie zur Sicherheit im Unterricht (vgl. KMK 14.06.2019, 100 ff.) werden fachbezogene Hinweise und Ratschläge zu ihrem Einsatz gegeben (siehe Tabelle 3.7).

Tab. 3.7: Tätigkeitsbeschränkungen durch Schülerinnen und Schüler ab der Sek. I (vgl. Bienhaus 2018, 279 f.; Unfallkasse Nord & IQSH April 2013, 8 f.)

Tätigkeiten und Beschränkungen an Maschinen und Geräten				
⊘ **nicht gestattet** 👁 **Unter Anleitung** (die Lernenden arbeiten an der Maschine, die Lehrkraft leitet und beaufsichtigt den Vorgang.)				
✋ **Teilselbstständig** (Die Lernenden arbeiten selbstständig, aber im Blickfeld der Lehrkraft an der Maschine) + **Selbstständig** (Die Lehrkraft beaufsichtigt die selbstständige Arbeit der Lernenden ohne ständigen Blickkontakt)				
Maschine und Geräte	**Jahrgangsstufen** (bzw. Schulbesuchsjahre)			
	5/6	7/8	9/10	> 10
Abkantvorrichtung	👁	✋	+	+
Bandschleifer, stationär, nur elektrisch mit Staubsaugung	⊘	✋	+	+
Akku-Bohrschrauber	👁	✋	+	+
Dekupiersäge, elektrisch	👁	+	+	+
Handbohrmaschine, elektrisch	👁	✋	+	+

3.3 Fachräume

Tab. 3.7: Tätigkeitsbeschränkungen durch Schülerinnen und Schüler ab der Sek. I (vgl. Bienhaus 2018, 279 f.; Unfallkasse Nord & IQSH April 2013, 8 f.) – Fortsetzung

Maschine und Geräte	Jahrgangsstufen (bzw. Schulbesuchsjahre)			
	5/6	7/8	9/10	> 10
Hartlötgerät (Propangas) und Weichlötgerät (elektrisch)	⊘	👁	👁	👁
Hebelblechschere, mechanisch	⊘	👁	✋	+
Heißklebepistole	👁	✋	+	+
Heißluftpistole	👁	✋	+	+
Heizstrahler	👁	👁	✋	✋
Kartuschenbrenner (Propangas)	👁	👁	✋	✋
Kompressor	👁	✋	+	+
Koordinatentischsystem (CNC-Fräsmaschine)	👁	✋	✋	+
Lötkolben, elektrisch	✋	+	+	+
Mini-Bohrmaschine, 12 V	👁	+	+	+
Papier- und Werkstoffschneidemaschine, mechanisch	👁	👁	✋	+
Schweißgeräte, elektrisch, Schutzgas	⊘	⊘	👁	👁
Schleifbock, nur mit Schutzbrille	👁	✋	+	+
Schwing- und Exzenterschleifer, nur mit Staubabsaugung	✋	+	+	+
Stichsäge, elektrisch		✋	✋	+
Styroporschneidegerät, elektrisch, mit Heizdraht	✋	+	+	+
Tellerschleifmaschine, nur mit Staubabsaugung	👁	✋	+	+
Tiefziehgerät	👁	✋	+	+
Tisch- und Ständerbohrmaschine, elektrisch	👁	✋	✋	+
Universal-Drehmaschine	⊘	⊘	👁	✋
Werkzeugschärfmaschine	⊘	⊘	👁	✋
Winkelschleifer	⊘	⊘	👁	👁
Warmbiegeeinrichtung	✋	+	+	+

Trotz der grundsätzlichen Vorgaben zur Maschinennutzung obliegt es der Lehrperson zu beurteilen und zu entscheiden, ob die genannten Maschinen von den jeweiligen Schülerinnen und Schülern genutzt werden dürfen: »Anhand der Gefährdungsbeurteilung, dem Entwicklungsstand des Schülers und der Bewertung der Gesamtsituation kann die Lehrkraft im Einzelfall von den Vorgaben abweichen« (Unfallkasse Nord & IQSH April 2013, 9). Eine Spezifizierung im Hinblick auf Schülerinnen und Schüler mit Förderbedarf besteht nicht. Grundsätzlich ist jedoch in die Risikobewertung einzubeziehen, inwiefern kognitive und motorische Einschränkungen sowie Verhaltensauffälligkeiten die sicherheitsgerechte Benutzung der Maschine beeinträchtigen bzw. die Wahrscheinlichkeit eines Schadenfalls erhöhen.

Häufig werden insbesondere Schülerinnen und Schüler mit körperlichen Beeinträchtigungen von der Teilhabe an zentralen Tätigkeiten im Technikunterricht, wie dem Bedienen von Maschinen, ausgeschlossen (vgl. Schaubrenner 2018c, 50). Gegebenenfalls können kompensatorische Maßnahmen dazu beitragen, das Risiko zu minimieren und die Teilhabemöglichkeiten zu erweitern. Durch spezielle, manuell angetriebene Maschinen, die vorwiegend für den Reha-Bereich entwickelt wurden, können beispielsweise auch Lernende mit spezifischen motorischen Einschränkungen an Maschinen und mit Werkzeugen arbeiten (siehe Infokasten Praxis).

Wichtig: Während über Vorrichtungen das Anforderungsniveaus beim Arbeiten an Maschinen variiert werden kann (▶ Kap. 3.4.2), sind technische Veränderungen an Maschinen unzulässig. Führt beispielsweise eine Verlängerung des Senkhebels an einer Standbohrmaschine dazu, dass ein motorisch beeinträchtigter Schüler diese Maschine benutzen kann, stellt diese Veränderung – wie in den meisten Fällen – einen unerlaubten Eingriff in die Funktion der Maschine dar, der zum Erlöschen der Betriebserlaubnis führt (vgl. Schaubrenner 2018c, 51)!

Praxis
Manuell angetriebene Maschinen
Tretlaubsäge (Abb. 3.4): Bei einer Tretlaubsäge wird das Sägeblatt über ein Fuß-Trittbrett angetrieben und in eine Auf- und Abwärtsbewegung versetzt. Dadurch ist es möglich, die Schnittbewegungen dem Arbeitstempo individuell anzupassen und beide Hände für die Materialführung frei zu haben (vgl. Rählmann 2020). Die Tretlaubsäge ermöglicht es darüber hinaus, die Fertigungsverfahren Bohren und Schleifen durchzuführen, und ist auch für Menschen im Rollstuhl über eine Handkurbel bedienbar. Bei der

Variante als »Fahrradlaubsäge« wird anstelle des Fußtrittbretts ein Ergometer zum Antrieb genutzt (vgl. Rählmann 2022).

Perzeptionsbohrmaschine (Abbildung 3.5): Bei einer Perzeptionsbohrmaschine erfolgt der Antrieb der Bohrwinde über ein Antriebsseil, dessen zwei Enden im wechselseitigen Rhythmus gezogen und nachgelassen werden muss (K2 Verlag o. J.). Diese Maschine wurde speziell für Menschen mit Spastiken konzipiert und für Blinde weiterentwickelt (Rählmann 2013). Sie ist bezüglich ihres Unfallrisikos durch den köpereigenen Antrieb eher einer Bohrwinde als einer Standbohrmaschine gleichzusetzen. Durch die Konstruktion, die den Bohrer im Lot hält und die Auflage des Werkstücks ermöglicht, werden nur geringe motorische Fähigkeiten für den Einsatz benötigt.

Abb. 3.4: Beispiel einer Tretlaubsäge (1. Schwungradkurbel; 2. Trittbrett; 3. Sicherheitsniederhalter; 4. Bohr- und Schleifvorrichtung; 5. Spannschloss (Abbildung aus https://www.biber-therapiegeraete.de/biber-tretlaubsage/funktionsweise/)

3 Unterricht im Fach Wirtschaft-Arbeit-Technik

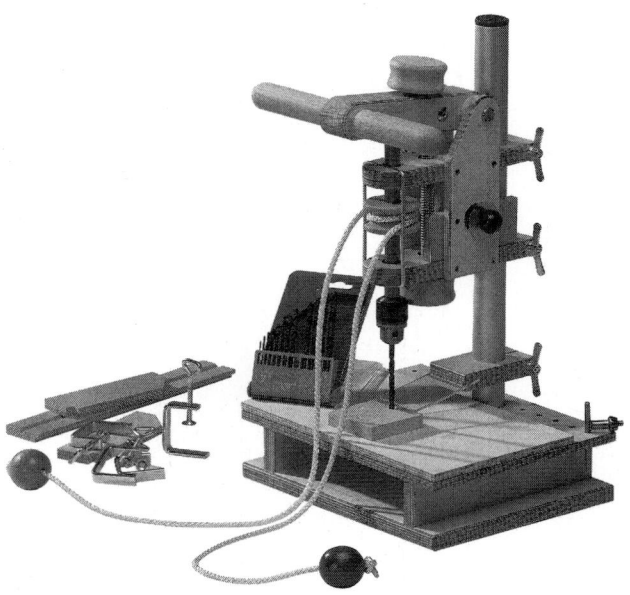

Abb. 3.5: Beispiel einer Perzeptionsbohrmaschine (Abbildung aus https://www.pedalo.de/p/pedalo-perbo-perzeptionsbohrmaschine-139/)

3.3.3 Sicherheit in technischen Fachräumen

Bei der Benutzung von Werkstätten kommt der Beachtung von Sicherheitsmaßnahmen eine besondere Bedeutung zu. Schülerinnen und Schüler, aber auch Lehrkräfte, benutzen hierbei Maschinen und Werkzeuge, hantieren mit diversen, zum Teil schweren Materialien und Hilfsstoffen, gehen zum Teil mit Gefahrenstoffen um und arbeiten mit elektrischer Energie. Um die Risiken von dabei auftretenden Unfällen, Gefahren und die Folgen unsachgemäßer Benutzung zu minimieren, sind Sicherheitsmaßnahmen notwendig, die sich in aktive und passive Maßnahmen differenzieren lassen (vgl. Bienhaus 2018, 261). Dabei geht es nicht nur um den Schutz der Lernenden, sondern auch der Lehrperson selbst, an deren Arbeitsplatz eine Gefährdung der Gesundheit ausgeschlossen werden muss. Gleichfalls müssen pädagogische Mitarbeitende, wie Hilfskräfte, Schulassistenzen etc., in inklusiven Unterrichtssettings einbezogen werden.

Sicherheitsrelevante Anforderungen

Eine zentrale Funktion kommt der Schulleiterin oder dem Schulleiter zu, die oder der verantwortlich für die Einhaltung allgemeiner sicherheitsrelevanter Anforderungen ist.

Der Arbeitgeber, vor Ort vertreten durch die Schulleitung, ist verantwortlich, dass

- »Gefährdungsbeurteilungen nach §§ 5, 6 Arbeitsschutzgesetz, § 9–15 Mutterschutzgesetz bzw. den entsprechenden Regelungen der Länder für schwangere bzw. stillende Beamtinnen und nach § 3 Unfallverhütungsvorschrift ›Grundsätze der Prävention‹ für alle Gefährdungen (z. B. biologische, chemische und physikalische Gefährdungen) durchgeführt und dokumentiert werden,
- erforderliche Schutz- und Hygienemaßnahmen festgelegt und durchgeführt werden,
- Betriebsanweisungen erstellt werden,
- Unterweisungen und Belehrungen von Schülerinnen und Schülern, Lehrkräften und ggf. sonstigen Beschäftigten (z. B. Reinigungspersonal, Hausmeisterin, Hausmeister, sonstiges Lehrpersonal) erfolgen« (KMK 2019, 12).

Die Schulleitung kann definierte Aufgaben, die sich aus dieser Verantwortung ergeben, auf fachkundige Lehrkräfte übertragen, welches schriftlich zu dokumentieren ist. Im Hinblick auf die Vorbereitung, Durchführung und Nachbereitung des eigenen Unterrichts ist die Lehrkraft grundsätzlich selbst verantwortlich. Dazu gehört auch die Erstellung der Gefährdungsbeurteilung, bei welcher der »Reifegrad und Kenntnisstand der Schülerinnen und Schüler« zu berücksichtigen sind (KMK 2019, 12). Dieses Verfahren wird in regelmäßigen Abständen durchgeführt und muss sorgfältig dokumentiert werden.

Innerhalb einer Gefährdungsbeurteilung werden alle potentiell für die Schülerinnen und Schüler gefährdenden Aspekte in Bezug auf die Arbeitsplätze und die Tätigkeiten in Maschinen- und Fachräumen ermittelt und bewertet. Dazu wird zunächst die Tätigkeit oder der Arbeitsplatz beschrieben und festgelegt. Anschließend wird der Ist-Zustand festgestellt und mögliche Risiken sowie Gefährdungen identifiziert und bewertet. Hierbei erfolgt eine Bewertung des Risikos in klein, mittel oder groß (entsprechend der Nennung Risikogruppe 1 bis 3), welche die Art der Maßnahmen bestimmt (vgl. Unfallkasse Nord & IQSH April 2013, 15). Hieraus werden Schutzziele abgeleitet, die einen sicheren Soll-Zustand definieren und über konkrete technische, organisatorische und personenbezogene Arbeitsschutzmaßnahmen operationalisiert werden. Die abgeleiteten Maßnahmen werden umgesetzt und überprüft (vgl. Unfallkasse Nord & IQSH April 2013, 10 ff.).

Bereits ausgearbeitete Gefährdungsbeurteilungen, die publiziert oder im Kollegium erstellt wurden, können nach fachkundiger Überprüfung übernommen werden (vgl. KM BW & Arbeitsgruppe für Sicherheit o. J.). Die folgende Gefährdungsbeurteilung stellt ein Beispiel dar, wobei auf zusätzliche Spalten für das Eintragen der Verantwortlichkeit, einer Terminierung und Dokumentation der Wirksamkeit aufgrund der besseren Lesbarkeit verzichtet wurde:

Tab. 3.8: Beispiel einer Gefährdungsbeurteilung (vgl. Unfallkasse Nord & IQSH April 2013, 24, eigene Darstellung)

Gefährdungsbeurteilung: Stichsäge				
Gefährdungen/ Belastung	Risikogruppe 1 bis 3	Handlungs- bedarf	Schutzziel	Maßnahmen/ bis
Unsachgemäße Nutzung/ Einstellung	2	ja	Das Vermeiden von Schnittverletzungen	Unterweisung
Unsachgemäße Nutzung oder fehlende Schutz- einrichtung	2	ja	Das Vermeiden von Quetschungen	Technische Sicher- heitseinrichtung prüfen
Splitter und Staub	2	ja	Das Vermeiden von Augenverletzungen durch Späne und Staub	Ggf. Spanabsau- gung nutzen und Schutzbrille tragen
Unsachgemäße Wartung und Nutzung	2	ja	Das Unterbinden von Gefährdungen durch elektrischen Strom	Unterweisung z. B. nicht ins Kabel zu schneiden

Ein Gefährdungsbeurteilungskatalog, in dem relevante Aspekte für technische Fachräume aufgelistet sind, findet sich in der Informationsbroschüre »Technikunterricht – mit Sicherheit« (Unfallkasse Nord & IQSH April 2013).

Praxis
Gruppengröße als Sicherheits- und Präventionsmaßnahme
Um ein risikominimiertes Arbeiten in technischen Fachräumen und die erforderliche Betreuung durch die Lehrkraft zu ermöglichen, wird im

Regelschulsystem meist von einer Gruppenobergrenze von 16 Schülerinnen und Schülern ausgegangen (vgl. Bienhaus 2018, 124). Bienhaus (vgl. 2018, 124) spricht sich auf Basis seiner Erfahrungen für eine verringerte Personenzahl von maximal 12 Schülerinnen und Schülern aus, um ein optimales Arbeiten zu ermöglichen.

Eine Überschreitung der Gruppengröße führt aufgrund des zum Teil hohen Gefährdungspotenzials beim Bearbeiten von Werkstoffen

- »vermehrt zu einer Vernachlässigung der Aufsichts- und Fürsorgepflicht,
- einer Reduzierung der Zuwendung durch die Lehrerin oder den Lehrer, um angemessenes Verhalten zu erwirken, auch im Sinne einer inklusiven und differenzierten Unterrichtsgestaltung,
- einer Beschädigung von Werkzeugen, Maschinen und Geräten, damit auch zu einem erhöhten Unfallrisiko,
- einer erhöhten Beeinträchtigung durch Lärm, Unruhe und räumliche Enge« (MBWK August 2018, 14).

Während diese Gruppengrößen an Förderschulen vielfach mit den vorhandenen Klassenstärken realisierbar sind, resultiert die kleine Gruppengröße für Lerngruppen an Regelschulen meist aus dem Teilungsunterricht. Viele schulische Fachräume sind mit einer entsprechenden Anzahl von Arbeitsplätzen ausgestattet, wobei für inklusive Lerngruppen geprüft werden muss, inwiefern die Räume barrierefrei gestaltet sind. Schaubrenner (vgl. 2018b, 8) attestiert technischen Fachräumen diesbezüglich günstige Voraussetzungen durch die meist ebenerdige Verortung, die breiten Türen und den theoretisch ebenfalls breiten Verkehrswegen sowie rollfähigen, aber rutschhemmenden Böden. Dennoch ist für jeden Fachraum individuell zu überprüfen, inwiefern beispielsweise Verkehrs- und Sicherheitswege in ihren Dimensionen auf die Bedürfnisse von zum Beispiel rollstuhlfahrenden Personen oder Schülerinnen und Schülern mit koordinativen Beeinträchtigungen (bspw. infolge einer Spastik) ausgerichtet sind.

Darüber hinaus gilt es, bei der Ausstattung und Einrichtung ebenfalls ergonomische Voraussetzungen zu berücksichtigen sowie weitere barrierefreie Gestaltungsprinzipien umzusetzen. Dazu zählen u. a. das »Zwei-Sinne- und das Zwei-Kanal-Prinzip« (vgl. DGUV 2015, 62 f.):

- Gestaltung im *Zwei-Sinne-Prinzip*: Dieses Prinzip umfasst die Integration mindestens zwei der drei Sinne »Hören, Sehen und Tasten« bei der barrierefreien Gestaltung von Gebäuden, Einrichtungen und Informationssystemen (vgl. ebd., 63). Bei Alarmierungen ist es beispielsweise notwendig, dass diese sowohl hör- aber auch sichtbar sein müssen. Für Gehörlose oder schwerhörige Menschen ist bei der Arbeit an Maschinen darüber hinaus eine optische Betriebszustandsanzeige zielführend, die über ein rotes Licht das Laufen und durch ein grünes Licht den Stillstand der Maschine anzeigt.

- Gestaltung im *Zwei-Kanal-Prinzip*: Es werden stets zwei Produkte angeboten, sodass bei geringen oder nicht vorhandenen Fähigkeiten die betroffene Person mithilfe alternativer Fähigkeiten eines der Produkte nutzen kann. Zum Beispiel wird zur Überwindung von Höhenunterschieden neben einer Treppe auch eine Rampe angeboten (vgl. ebd., 62).

Die bisherigen und folgenden Ausführungen zum sicherheits- und sachgerechten Handeln in technischen Fachräumen verdeutlichen, dass Lehrpersonen über eine hohe fachspezifische Qualifikation verfügen müssen: Die Lehrperson ist selbst den Gefahren ausgesetzt, sie agiert als Rollenmodell für die Lernenden, trägt für diese die Verantwortung und muss die Einhaltung sicherheitsrelevanter Maßnahmen und Verhaltensweisen vermitteln, begleiten und dokumentieren.

Insbesondere an schnell laufenden Maschinen dürfen nur fachkundige Lehrpersonen arbeiten: »Fachkunde erlangt eine Lehrkraft durch Ausbildung/Studium und Einweisung« (DGUV 2006, 13). Die dabei erfahrenen Sicherheitsunterweisungen und deren Nachweise werden häufig als *Maschinen-Schein* betitelt und können auch im Rahmen von Fortbildungen erlangt werden, über die Schulämter, Lehrerbildungsinstitute oder Unfallversicherungsträger informieren. Jenseits dieser formalen Qualifikation ist es jedoch erforderlich, dass sich die Lehrkraft mit dem ihr zur Verfügung stehenden Räumlichkeiten mit allen Maschinen, Geräten und Werkzeugen vertraut macht und diese nachweislich beherrscht. Sie muss sich daher »vor der Benutzung eingehend und regelmäßig wiederkehrend kundig gemacht haben« und dies im Schadensfall auch nachweisen können (Schlüter 2004, 4). Gerade in inklusiven Unterrichtssettings ist auch an den Einbezug von pädagogischem oder sonstigem Personal zu denken. Zwar obliegt die Verantwortung für den Technikunterricht der Fachlehrkraft, aber diese kann durch aktive Sicherheitsbildung dazu beitragen, dass alle Personen im Fachraum sicherheitsrelevantes Verhalten erlernen und anwenden.

Passive Sicherheitsmaßnahmen

Bauliche Gegebenheiten und die sicherheitstechnische Ausstattung der Fachräume, wie beispielsweise die Bodenbeschaffenheit, die Ausleuchtung und die Notrufmöglichkeiten, zählen zu den passiven Sicherheitsmaßnahmen.

> **Passive Sicherheitsmaßnahmen**
> Passive Sicherheitsmaßnahmen umfassen alle Maßnahmen, die bei der Einrichtung und Ausstattung des Fachraumes ergriffen wurden, mit dem wesentlichen Ziel der Minimierung des Unfallrisikos.

Die Erfüllung sicherheitstechnischer Standards ist für technische Fachräume essentiell und muss in der Schule durch die Einhaltung der amtlichen Vorgaben, Regeln und Normen gewährleistet werden. Als zentrale Maßgaben gilt es u. a. die Bauvorschriften, Schulbaurichtlinien, DIN-Vorschriften, VDE-DIN (Vorschriften), DGUV Regeln u. ä. zu beachten (vgl. Bienhaus 2018, 261). Die Lehrperson trägt daher eine hohe Verantwortung.

Gerade bei der Einarbeitung in einen Fachraum ist es notwendig, das vorhandene Inventar systematisch zu überprüfen, zu warten oder zu erneuern und ggf. weitere sicherheitsrelevante Ausstattungen zu ergänzen. Hierbei können folgende Aspekte berücksichtigt werden (vgl. Bienhaus 2018, 262 ff.):

- Sicherheitsrelevante Ausstattungen, wie z. B. ein Notfalltelefon und ein vorschriftsmäßig ausgestatteter Erste-Hilfe-Verbandskasten, mit gültigem Verfallsdatum.
- Ausstattungen zum sicheren Arbeiten an Maschinen, wie beispielsweise Schutz- und Hilfsvorrichtungen, die bei der Arbeit an Holzmaschinen zum Einsatz kommen. Über einen Schiebestock oder eine Zuführlade kann so der Materialvorschub bei der Kreissägemaschine realisiert werden, ohne dass die Hand des Bedienenden in die Gefahrenzone kommt. Solche Sicherheitsvorrichtungen können auf Tafeln in unmittelbarer Nähe zur Maschine platziert werden. Neben Einspannvorrichtungen zum Bohren gibt es entsprechendes Zubehör u. a. für die Kreissägemaschine, die Dicken- und Abrichthobelmaschine sowie für die Bandsäge.
- Brandschutzmaßnahmen umfassen neben einem tragbaren Feuerlöscher und Löschdecke auch das Vorhandensein von zwei sicheren, dauerhaft gekennzeichneten Fluchtmöglichkeiten (Türen oder Fenster). Diese müssen barrierefrei gestaltet sein, damit auch mobilitätseingeschränkte Personen sie nutzen können. Neben dem einmaligen Einbau entsprechender Systeme

ist im laufenden Betrieb stets auf die Zugänglichkeit und Sichtbarkeit der Kennzeichnung der Fluchtwege zu achten.
- Maschinen- und Gerätekennzeichnungen gewährleisten die in Richtlinien und Verordnungen formulierten Sicherheitsstandards. Relevante Prüfzeichen sind hierbei das CE-Logo, das GS Siegel, TÜV-Siegel und das VDE-Zeichen. Zu beachten ist, dass eine regelmäßige Sicherheitsprüfung durch Fachpersonal durchgeführt und dokumentiert werden muss. Die DGUV schlägt als Richtwert ein Intervall von zwölf Monaten vor (vgl. DGUV 2019, 124), auf den geprüften Geräten sollte eine Prüfplakette aufgebracht werden, aus welcher der nächste Prüftermin hervorgeht. Für die Einhaltung der fristgerechten Sicherheitsprüfung ist die Schulleitung verantwortlich, die jedoch die Möglichkeit hat, diese Aufgabe an eine Sicherheitsbeauftragte oder einen -beauftragten zu delegieren (vgl. Bienhaus 2018, 268).

Die Umsetzung passiver Sicherheitsmaßnahmen ist eine notwendige, jedoch nicht hinreichende Voraussetzung für sicherheitsgerechtes Arbeiten. Erst wenn passive und aktive Sicherheitsmaßnahmen ineinandergreifen, kann das Risiko für Unfälle und Gefahrensituationen adäquat reduziert werden.

> **Praxis**
> **Unterstützung bei der Fachraumeinrichtung**
> Die Unfallkassen bieten die Möglichkeit einer Begehung der Fachräume mit anschließender Beratung und bieten darüber hinaus Informationsbroschüren, Vorschriften und Regelwerke an. Sie haben daher eine zentrale Funktion im Hinblick auf die Prävention zur Unfallverhütung und gewähren darüber hinaus den Versicherungsschutz. Professionelle, kommerzielle Fachraumausstatter unterstützen Schulen ebenfalls darin, Konzepte unter Einhaltung der entsprechenden Standards und Vorgaben zu entwickeln und umzusetzen.

Aktive Sicherheitsmaßnahmen

> **Aktive Sicherheitsmaßnahmen**
> Diese beschreiben Handlungen und Regelungen der im Fachraum agierenden Personen mit der Intention, das Unfallrisiko zu minimieren. Während der Begriff einerseits die (bereits internalisierte) Umsetzung von Verhaltensregeln umfasst (z. B. die Einhaltung von Fachraumregeln), wird damit

im pädagogischen Kontext die Vermittlung dieser hervorgehoben. Somit wird damit ein Bildungsanliegen benannt, das ein sicherheitsgerechtes, technisches Handeln fördern soll.

Abb. 3.6: Informationsbroschüre der Deutschen Gesetzlichen Unfallversicherung (hier: beispielhaft Kunststoff https://publikationen.dguv.de/regelwerk/dguv-informationen/1401/kunststoff)

Im Rahmen des allgemeinbildenden Technikunterrichts wird unter dem Begriff aktive Sicherheitsmaßnahmen folgendes verstanden: »pädagogische Maßnahmen mit dem Ziel, bestimmte Verhaltensdispositionen (bei; I.P.) Schülern und Lehrkräften anzubahnen, Verhaltensweisen, die es ihnen nachhaltig ermöglichen, im Umgang mit Technik umsichtig, verantwortungsvoll und verständig zu sein« (Bienhaus 2018, 261). Der Begriff der Erziehung verdeutlicht den normativen Charakter dieses Bildungsanliegens: so bestehen für die Arbeit im technischen Fachraum klare Regeln, Bestimmungen und Vorschriften, die es einzuhalten gilt und deren Vermittlung notwendig ist.

Die Internalisierung entsprechender Verhaltensweisen soll gleichsam zum Schutz von Personen und Sachschäden beitragen. Darüber sollte jedoch auch ein »den unmittelbaren Unterrichtsanlass übergreifendes, sicherheitsgerechtes Handeln und Verhalten in einer durch Technik geprägten Umwelt« (Bienhaus 2018, 273) zum integralen Bestandteil der technischen Allgemeinbildung zählen, was bislang häufig unberücksichtigt bleibt. Diesem Gedanken folgend, ist es präziser, von Sicherheitserziehung und -bildung zu sprechen, um damit hervorzuheben, dass ein verantwortungsvolles, sachgerechtes und mündiges Handeln der Lernenden im Umgang mit technischen Artefakten angestrebt wird.

Eine notwendige aktive Sicherheitsmaßnahme stellt die Unterweisung der Lernenden dar. Die Schülerinnen und Schüler müssen »über allgemeine Verhaltensregeln in Fachräumen, Sicherheitsmaßnahmen, mögliche Gefährdungen und über das Verhalten im Gefahrfall« (KM BW o. J.) informiert werden. Eine solche Unterweisung ist für die Lernenden zu Beginn eines jeden Schulhalbjahres durchzuführen und zu dokumentieren. Hierfür sollte die Belehrung im Klassenbuch dokumentiert und ggf. darüber hinaus durch eine Unterschriftenliste oder eine unterschriebene Fachraumordnung von den Schülerinnen und Schülern unterzeichnet werden (vgl. Bienhaus 2018, 275). Neben der Kenntnis des »Regelwerks« sollte versucht werden, die Lernenden in die aktive Erarbeitung dieser Regeln und ihrer Bedeutung einzubeziehen, um so die volitionale Bereitschaft zur Anwendung sicherheitsgerechten Verhaltens zu fördern. Schaubrenner (vgl. 2018c, 48) erläutert, dass ein entsprechendes Regelwerk aus emotional-motivationaler Sicht durch seine Defizitorientierung herausfordernd ist und kontrastierend zu ressourcenorientierten sonderpädagogischen Maßnahmen steht. Dennoch ist es für die körperliche Unversehrtheit unabdingbar.

Eine weitere Herausforderung besteht für die Schülerinnen und Schüler darin, die Vielzahl der Verhaltensmaßnahmen und -regeln zu kennen und bei der Arbeit anzuwenden. Durch die systematische Einübung und die Ritualisierung von Verhaltensweisen wird dieser Aneignungsprozess erleichtert. Eine zentrale Rolle spielt dabei die Fachraumordnung, in der zentrale Verhaltensregeln dokumentiert werden.

- Die Regeln dienen dazu, den Schutz der im Fachraum arbeitenden Personen (Lernende, Lehrkräfte, pädagogisches oder technisches Personal) zu gewährleisten und die Funktionstüchtigkeit der im Fachraum befindlichen Ausstattung sicherzustellen und aufrecht zu erhalten (vgl. Bienhaus 2018, 274).
- Darüber hinaus tragen diese Regeln dazu bei, einen zielführenden Unterrichtsablauf zu realisieren.

3.3 Fachräume

Praxis
Fachraumordnung visuell präsentieren
Die Fachraumordnungwird meist als Plakat im Fachraum visuell präsentiert und sollte darüber hinaus gemeinschaftlich mit den Lernenden erarbeitet werden (ein positives Beispiel, das sich jedoch auf den Primarbereich bezieht und daher die Arbeit an Maschinen auslässt, ist die »Werkraumordnung mit Lisa und Felix« (DGUV 2017). Hervorzuheben sind vor allem die durchweg positiv formulierten Verhaltensmaßnahmen (anstelle von Verboten) und die Strukturierung der Regeln nach ihrer Bedeutung im Unterrichtsprozess.

Für Schülerinnen und Schüler mit Beeinträchtigungen sollten diese ebenfalls in Leichter Sprache, ggf. erweitert durch den Einsatz von Symbolen und Gebärden, angeboten werden (vgl. hierzu auch das Beispiel in Penning & Wachtel 2019).

Abb. 3.7: Exemplarische Informationsbroschüre der Deutschen Gesetzlichen Unfallversicherung (Abbildung verfügbar unter https://publikationen.sachsen.de/bdb/artikel/17871/documents/35334)

Quellen und Hinweise Internet

Bienhaus, W. & Bothe, T. & Marx, A. (o. J.): Technikfachräume. https://dgtb.de/unterrichtspraxis/technikfachraeume-start/

Auf der Seite »*Sichere Schule*« der Deutschen Gesetzlichen Unfallversicherung (DGUV 2020) wird ein digitaler Rundgang durch ein Schulgebäude angeboten. Dieser bietet für Fachräume und Schulstätten wie Aula und den Pausenhof eine umfassende Darstellung aller sicherheitsrelevanten Themen. Die Bereitstellung von Betriebs- und Nutzungsordnungen kann dabei bundeslandspezifisch angepasst werden und wird um Tipps und Organisationshilfen ergänzt. https://www.sichere-schule.de/

Die DGUV bietet darüber hinaus auch Informationen zum sicherheitsgerechten Arbeiten an, die als *Unterrichtsmaterial* anschaulich grafisch aufbereitet wurden, u. a. zu folgenden Themen: die Werkraumordnung, sicheres Arbeiten mit Metall, sicheres Sägen, sicheres Löten, sicheres Bohren, sicheres Schleifen, Betriebsanweisung Holzstaub https://publikationen.dguv.de/regelwerk/publikationen-nach-fachbereich/bildungseinrichtungen/schulen/

Auch für *Lehrpersonen* bietet die DGUV ausführliche Informationsbroschüren an, die für die technische Bildung relevant sind, z. B. zu den folgenden Themen: Holz, Holzstaub, Kunststoff, Sicher experimentieren mit Energie in Schule https://publikationen.dguv.de/regelwerk/dguv-informationen/

Exkurs
Mögliche Bestandteile von Fachraumordnungen

Tab. 3.9: Bestandteile von Fachraumordnungen (in Anlehnung an Bienhaus 2018; Baden-Württemberg o. J.)

Bereiche	Regelungen
Zugangs- und Nutzungsberechtigung	• Technikfachräume und Maschinenräume nur in Begleitung der Lehrkraft betreten/teilweise ist das Betreten des Maschinenraums ausschließlich Lehrkräften vorbehalten • Maschinen nur mit Erlaubnis der Lehrkraft in Betrieb nehmen • Ausgabe und Rücknahme von Werkzeug ggf. nur durch den Werkzeugdienst

Tab. 3.9: Bestandteile von Fachraumordnungen (in Anlehnung an Bienhaus 2018; Baden-Württemberg o. J.) – Fortsetzung

Bereiche	Regelungen
Verhalten im Fachraum allgemein	• Geeignete, enganliegende Kleidung tragen sowie geschlossenes Schuhwerk, lange Haare zusammenbinden und ggf. Schutzausrüstung nutzen (z. B. Haarnetze, Schutzbrillen) • Fluchtwege und Einrichtungen zur Brandbekämpfung freihalten • Jacken und Taschen an dafür vorgesehenen Orten ablegen • Bei Pausenzeiten den Fachraum in Rücksprache mit der Lehrkraft zum Essen und Trinken verlassen. • Jede Schülerin und jeder Schüler kennt Lage und Funktion der NOT-AUS-Schalter • vorhandene Löscheinrichtungen • Lage und Bedienung der Augennotdusche (sofern vorhanden) • Fluchtwege bzw. Rettungsplan • Standort des Verbandkastens und des Notfalltelefons
Arbeit an Maschinen und mit Werkzeug	• An einer Maschine darf jeweils nur eine Person arbeiten, die anderen beachten den Sicherheitsabstand • Arbeitsanleitung sorgfältig lesen und befolgen. Bei Unklarheiten vor Aufnahme des Arbeitsganges fragen • Schäden an Werkzeugen und Maschinen, Einrichtungen und Geräten müssen der Lehrperson gemeldet werden • Jede Art Verletzung muss der Lehrperson angezeigt werden
Ordnung und Sauberkeit	• Am Arbeitsplatz muss zweckmäßige Ordnung gehalten werden/ Arbeitsplätze stets sauber und aufgeräumt halten, ggf. Hände waschen • Die Reinigung der Arbeitsplätze und des Bodens geschieht durch Saugen, lediglich größere Materialabschnitte und Späne dürfen aufgefegt werden • Für die Reinigung der Maschinen und des Maschinenumfelds ist nur der Maschinendienst zuständig • Abfälle müssen nach Werkstoffgruppen und Restmüll getrennt entsorgt werden • Angefangene Arbeiten und nicht benötigtes Material werden gegebenenfalls vom Ordnungsdienst entfernt, der Zugang zu den Lagerräumen hat

Weiterführende Literatur (Fachdidaktik)

Bienhaus, W. (2018): Das Fachraumsystem des allgemeinbildenden Technikunterrichts. Hinweise zur Planung - Anlage - Einrichtung - Ausrüstung. Konstanz: Dr.-Ing. Paul Christiani GmbH & Co. KG.

Schaubrenner, P. (2018a): Optimierung des Fachraumes Technik im Zusammenhang mit inklusiven Unterrichtssettings. Teil 1: Eingrenzung möglicher Problemkreise. TU - Technik im Unterricht 168, 11–19.

Schaubrenner, P. (2018b): Optimierung des Fachraumes Technik im Zusammenhang mit inklusiven Unterrichtssettings. Teil 2: Eingrenzung möglicher Problemkreise. TU - Technik im Unterricht 169, 5–12.

Weiterführende Literatur (Arbeitssicherheit)

Becker, S., Hartmann, H., Lange, M., Schaumlöffel, H. & Schulz, K. (2018): Unfallverhütung und Gesundheitsschutz im Arbeitslehreunterricht. Informationen und Hinweise. Kassel. DOI: http://dx.medra.org/10.19211/KUP9783737605335

Kultusministerkonferenz (14.06.2019): Richlinie zur Sicherheit im Unterricht. (RiSU).

Unfallkasse Nord & Institut für Qualitätsentwicklung an Schulen (IQSH) (April 2013): Technikunterricht – mit Sicherheit. Rechtsgrundlagen zur Prävention.

3.4 Differenzierende Unterrichtsgestaltung im WAT-Unterricht

Binnendifferenzierung kann zu einem guten Umgang mit Heterogenität beitragen (vgl. Bastian 2016) und ist somit als fachdidaktisches Prinzip auch im inklusiven Unterricht verankert (vgl. Heimlich & Kiel 2020, 265). Im Folgenden wird vorwiegend auf differenzierende Elemente der Unterrichtsgestaltung eingegangen, die speziell im WAT-Unterricht zur Geltung kommen, da dieser Unterricht bei Schülerinnen und Schülern mit intellektueller Beeinträchtigung besondere methodische und technische Erfordernisse voraussetzt. Fischer & Pfriem (vgl. 2011, 349) untergliedern diese in drei Hauptgruppen:

- *Persönliche Unterstützung*: Beispielsweise in Form von Handführung, Stütze, Demonstration von Arbeitsschritten, aber auch verbale Unterstützung.

- *Vorrichtungen und Adoptionen*: Jegliche Form von elektrischen und digitalen, pneumatischen und hydraulischen Hilfsmitteln und Vorrichtungen.
- *Methodische Entscheidungen*: Wie beispielsweise die Strukturierung des Arbeitsablaufs, die Ausbildung verlässlicher Routinen und Rituale sowie Visualisierungen.

Diese Bereiche stehen miteinander in Wechselwirkung. So kann beispielsweise ein angepasster Arbeitsplatz, als Form der Adoption, ebenso wie die methodische Entscheidung eines gut strukturierten Arbeitsablaufs dazu beitragen, dass nur ein geringes Maß an persönlicher Unterstützung nötig ist. Und andersherum wird ein höheres Maß an persönlicher Unterstützung wahrscheinlich, wenn die Lernumgebung nicht den besonderen Bedürfnissen der Lerngruppe sowie der individuell Lernenden angepasst ist. Bei der Unterrichtsvorbereitung sind diese Bereiche daher sowohl bei der Gestaltung der Fachräume als auch bei der konkreten Unterrichtsplanung zu berücksichtigen und werden im Folgenden näher erläutert.

3.4.1 Unterstützungsformen bei handlungsbezogenen Tätigkeiten

Dem Handlungsbezug kommt im Unterricht mit Schülerinnen und Schülern mit und ohne Behinderung eine besondere Rolle zu (vgl. Terfloth & Bauersfeld 2015; Pitsch & Thümmel 2015, 215), der sich im WAT-Unterricht darin verstärkt, dass Lernen in »Theorie und Praxis« stattfinden soll. Handlungsorientierung ist ein didaktisches Prinzip (▶ Kap. 3.1), bei dem die Schülerinnen und Schüler in alle Phasen des vollständigen Handlungsablaufs von der Planung über die Durchführung bis hin zur Kontrolle einbezogen werden sollen (▶ Abb. 3.1).

Inklusive handlungsorientierte Lehr-Lernsettings setzen voraus, dass alle Lernenden auf ihren individuellen Niveaustufen einbezogen werden und die Möglichkeit haben, alle Schritte der Handlungsorientierung durchzuführen und somit Handlungskompetenzen zu entwickeln. Menschen mit intellektuellen und/oder motorischen Beeinträchtigungen benötigen teilweise (ggf. auch dauerhaft) eine materielle oder personelle Unterstützung, um alle Phasen einer Handlung durchführen und/oder erfahren zu können. Die Form der personellen Unterstützung kann dabei von der Handführung, über das Stützen von Gliedmaßen bis hin zur verbalen Unterstützung oder Unterstützung durch Gesten und Gebärden reichen (vgl. Fischer & Pfriem 2011, 349). Die Demonstration von Handlungsschritten kann ebenfalls dazu zählen, womit sich Überschneidungen zur methodischen Gestaltung des Unterrichts ergeben.

> **Unterstützungsformen**
> Unterstützungsformen reichen von der stellvertretenden Ausführung bis hin zur Begleitung prakti-scher Tätigkeiten und fördern die Teilhabe aller Schülerinnen und Schüler. Sie sind entsprechend der individuellen Ausgangslage auszuwählen und im Zuge der indidu-ellen Entwicklung anzupassen.

Wie bei jeglichen Fördermaßnahmen ist es notwendig, die Ausgangslage der Person zu erfassen, um eine adäquate Förderung ableiten zu können, die zur selbstbestimmten Handlungsdurchführung jenseits einer Bevormundung beiträgt. Die Schülerinnen und Schüler sollen weder unter- noch überfordert werden. Als Anhaltspunkt können die Niveaustufen von Klauß (vgl. 2000, 140 f.) dienen, die hier an einem handlungsorientierten Unterrichtsbeispiel in der Holzwerkstatt erläutert werden:

- Bei der *stellvertretenden Ausführung* zeigt eine Person keinerlei eigene Aktivität im jeweiligen Bereich. Als Anregung zu eigener Aktivität wird diese stellvertretend ausgeführt. Ein technisches Gerät, wie z. B. eine Bohrmaschine wird durch eine unterstützende Person eingeschaltet und die Schülerinnen und Schüler mit intellektueller Beeinträchtigung können die Auswirkungen sensorisch wahrnehmen, sie hören die Maschinengeräusche und nehmen den Geruch des zerspanenden Holzes wahr.
- Zeigt eine Person bereits Ansätze zur selbstständigen Ausführung beschränkt sich das Unterstützungsniveau auf *Mithilfe*. Durch die punktuelle Übernahme und Anleitung, werden die Schülerinnen und Schüler beim Erwerb (lebenspraktischer) Fertigkeiten unterstützt. Durch die Handführung beim Sägen oder den Einsatz von Vorrichtungen können auch Lernende mit motorischen Einschränkungen verschiedene Fertigungsverfahren anwenden (▶ Kap. 3.4.2).
- Einigen Personen gelingt bereits die Ausübung spezifischer Tätigkeiten, jedoch ist diese nicht sachgerecht. In diesem Fall können durch die *begleitende Beobachtung und evtl. Korrektur* Fertigkeiten sachgerecht eingeübt werden, bis ihre Ausführung routiniert verläuft. So gilt es beispielsweise bei der Arbeit an der Bohrmaschine, spezifische Handlungsschritte und Arbeitsschutzmaßnahmen einzuhalten (u. a. Bohrerwahl, Drehzahleinstellung, Sicherung des Werkstücks sowie weitere sicherheitsrelevante Aspekte). Eine sachgerechte Ausführung ist bei der praktischen Arbeit in den Fachräumen besonders relevant, da hierdurch das Risiko von Sach- und Personenschäden vermindert wird. Dementsprechend ist es eine zentrale

Aufgabe der betreuenden Lehrperson, weiteres begleitendes Personal sowie die Schülerinnen und Schüler in das sicherheitsgerechte und gesundheitsförderliche Arbeiten einzuweisen und die Einhaltung der Maßnahmen systematisch zu kontrollieren.

- *Begründungen und Rückmeldung* stellen dann gerade für Schülerinnen und Schüler mit intellektueller Beeinträchtigung ein adäquates und wichtiges Hilfeniveau dar, wenn Tätigkeiten ohne unmittelbar ersichtliche Einordnung in den Lebenszusammenhang durchgeführt werden. Sie sollen dazu beitragen, das »Ausüben in Eigenregie zu ermöglichen« (Klauß 2000, 141). Bei der Fertigung im Rahmen der technischen Fachräume können Rückmeldungen zur Qualität und deren Bedeutung beispielsweise zielführend sein, um die Passung von einzelnen Bauteilen im Rahmen eines Gesamtproduktes zu gewährleisten. Sind die Leisten für einen Bilderrahmen beispielsweise ungenau abgetrennt, lassen sie sich nicht passgenau fügen. Im Hinblick auf die Berufliche Orientierung gilt es darüber hinaus, das präzise und sachgerechte Arbeiten als arbeitsrelevante Kompetenz herauszustellen.
- Das niedrigste Hilfeniveau besteht aus der *Begleitung*, mit der die zur Eigenständigkeit notwendigen Bedingungen abgesichert werden. Dieses Unterstützungsniveau setzt voraus, dass die selbstständige und sachgerechte Ausführung bereits gelingt. Die Lehrkraft leistet beispielsweise eine direkte Begleitung, indem sie den Fertigungs- oder Konstruktionsprozess und die Arbeitsweise der Lernenden systematisch beobachtet und als Ansprechperson zur Verfügung steht. Darüber hinaus verantwortet sie auch die Raum- und Materialressourcen und gestaltet ein didaktisch-methodisch ausgerichtetes Lehr-Lernsetting, welches das eigenständige und sicherheitsgerechte Arbeiten der Lernenden fördert. Hierbei spielen unter anderem Visualisierungen, Strukturierung sowie Elementarisierung eine Rolle.

3.4.2 Vorrichtungsbau

Eine Besonderheit im Unterricht im SGE stellen nicht nur personelle, sondern auch technische Unterstützungsformen dar. Diese werden mit einer begrifflichen Vielfalt umschrieben, die von Hilftsmitteln, assistiven Technologien bis hin zu Vorrichtungen reicht. Im Folgenden wird daher zunächst eine begriffliche Klärung vorgenommen, um anschließend auf assistive Vorrichtungen und ihren Einsatz spezifischer einzugehen.

Hilfsmittel

Hilfsmittel ist unter anderem ein im Sozialgesetzbuch verwendeter Begriff. Es besteht ein rechtlicher Anspruch auf eine sachgerechte Hilfsmittelversorgung, der im § 33 SGB V festgeschrieben ist (§ 33 SGB IX).

> **Hilfsmittel**
> Hilfsmittel sollen dazu beitragen, den Erfolg einer Krankenbehandlung zu sichern, einer drohenden Behinderung vorzubeugen oder eine bereits bestehende Behinderung auszugleichen. Die Leistungspflicht der Krankenkassen greift nur dann, wenn es sich nicht um »allgemeine Gebrauchsgegenstände des täglichen Lebens« handelt und das Wirtschaftlichkeitsgebot beachtet wird (§ 31 Abs.1 Satz SGB IX). Zu den Hilfsmitteln zählen u. a. Hörhilfen, Körperersatzstücke (Prothesen) sowie orthopädische Hilfsmittel wie Rollstühle etc.

Hilfsmittel werden innerhalb des Bildungssystems für die personenbezogene Förderung von Menschen mit Beeinträchtigungen von Krankenkassen, Sozialhilfeträgern oder Schulträgern bereitgestellt und zunehmend auch als systemische Zuweisung, die nicht mehr ausdrücklich personenbezogen sind vorgenommen (vgl. Bosse 2019, 833). Es bestehen voneinander abweichende Klassifikationen von Hilfsmitteln, u. a. im Hilfsmittelverzeichnis der Gesetzlichen Krankenversicherung (GKV-Spitzenverband 2021) und in der Norm EN ISO 9999 »*Hilfsmittel für Menschen mit Behinderungen – Klassifikation und Terminologie*« (EN ISO 9999:2017-03, zitiert nach Haage & Bühler 2019, 207 f.).

In der technischen Bildung wird der Begriff der Hilfsmittel ebenfalls als Verkürzung des Begriffs *Fertigungshilfsmittel* verwendet. Hiermit werden passive Betriebsmittel bezeichnet, die direkt an der Fertigung beteiligt sind, wie unter anderem Maschinen, Werkzeuge, Vorrichtungen sowie Mess- und Prüfmittel.

Assistive Technologien

Im deutschsprachigen Raum wird der Begriff der »assistiven Technologien« teilweise synonym zum Begriff der Hilfsmittel verwendet.

3.4 Differenzierende Unterrichtsgestaltung im WAT-Unterricht

> **Assistive Technologien**
> Assistive Technologien und Hilfsmittel umfassen Produkte, »die von oder für Men-schen mit Behinderungen verwendet werden, um am öffentlichen Leben teilzuhaben; um Körperfunktionen/-strukturen und Aktivitäten zu schützen, zu unterstützen und zu ertüchtigen, zu messen oder zu ersetzen; oder um Schädigungen, Beeinträchtigungen der Aktivität und Einschränkungen der Teilhabe zu verhindern« (EN ISO 9999:2017-03, zitiert nach (EN ISO 9999:2017-03, zitiert nach Haage & Bühler 2019, 207 f.).

Die zentrale Funktion von assistiven Technologien besteht darin, die funktionellen Fähigkeiten eines Kinder mit Beeinträchtigung zu erhöhen, zu erhalten oder zu verbessern (vgl. IDEA o. J.). Das Ziel besteht in der Ermöglichung beziehungsweise Erleichterung der folgenden Aspekte:

- die selbstständige Mobilität,
- die eigenständige Nutzung von Lernmaterialien
- sowie die Kommunikation der betreffenden Person (vgl. Bosse 2019, 835).

Im Gegensatz zum Wirtschaftlichkeitsgebot des Sozialgesetzbuches, und damit in Abgrenzung zum Begriff Hilfsmittel, können assistive Technologien jeden Gegenstand, jedes Gerät oder Produktsystem mit dem soeben beschriebenen Zweck bezeichnen. Die Bezeichnung kann hierbei unabhängig davon genutzt werden, ob es gewerblich in dieser Form vertrieben wird, modifiziert, individuell angepasst oder entwickelt wurde (vgl. IDEA o. J.).

> **Praxis**
> **Formen assistiver Technologien**
> Die Bandbreite assistiver Technologien ist enorm und reicht von Hightech-Produkten, wie Spezialcomputern, bis hin zu Low-Tec, wie Kommunikationstafeln aus Pappe. Spezialisierte Lernmaterialien und Lehrplanhilfen zählen ebenso dazu wie spezialisierte Lernsoftware, Computer-Software oder Computer-Hardware. Dazu zählen spezielle Schalter, Tastaturen und Zeigegeräte. Lediglich medizinische Geräte, die implantiert sind, oder der Ersatz solcher Systeme werden hierunter nicht gefasst (vgl. ebd.).

> **Quellen und Hinweise Internet**
> In der Datenbank der Rehadat werden Hilfsmittel entsprechend der Norm EN ISO 9999 klassifiziert und vorgestellt: https://www.rehadat.de/themen/hilfsmittel-technische-arbeitshilfen/
>
> Hilfsmittelverzeichnis der Gesetzlichen Krankenversicherung https://hilfsmittel.gkv-spitzenverband.de/home

Klassifikation von Vorrichtungen

Vorrichtungen sind ein technisch geprägter Begriff. Vorrichtungen, wie beispielsweise ein Maschinenschraubstock, dienen dazu, Werkstücke zu positionieren, sie festzuspannen oder ihre Lage zu fixieren. Manchmal werden auch Werkzeuge über Vorrichtungen geführt. Sie werden zu den Fertigungs(hilfs)mitteln (nach DIN 6300) gezählt, ebenso wie zu den Arbeitsmitteln und Betriebsmitteln. Vorrichtungen dienen u. a. der Verkürzung von Nebenzeiten, der maßgenauen Fertigung und können zur Arbeitserleichterung durch geringeren körperlichen Einsatz beitragen (vgl. Perović 2013, 3).

Im Rahmen des technischen Unterrichts sind diese Funktionen pädagogischen Zielstellungen nachgestellt. Hier sollen vor allem Barrieren abgebaut werden, um die Handlungsfähigkeit der Schülerinnen und Schüler zu erhöhen und ihre Partizipation zu fördern. So werden beispielsweise über eine Bohrvorrichtung für Kugeln, eine Sägelade für Rundhölzer oder über einen Schleifklotz, der das Schleifpapier fixiert und als Schleifhilfe ergonomisch in der Hand liegt (auch als »Schleifmaus« bekannt) (▶ Abb. 3.11), die Anforderungen gesenkt.

Daher sind Vorrichtungen als assistive Technologien zu verstehen (aber auch als Fertigungshilfsmittel). Im Rahmen des technischen Unterrichts wird unter anderem in den Vorgaben der RiSU (14.06.2019, 100) auch der Begriff »Schutz- und Hilfsvorrichtungen« verwendet, da der Einsatz neben weiteren Vorteilen vielfach zur Erhöhung der Unfallsicherheit beiträgt.

3.4 Differenzierende Unterrichtsgestaltung im WAT-Unterricht

Praxis Vorrichtungen

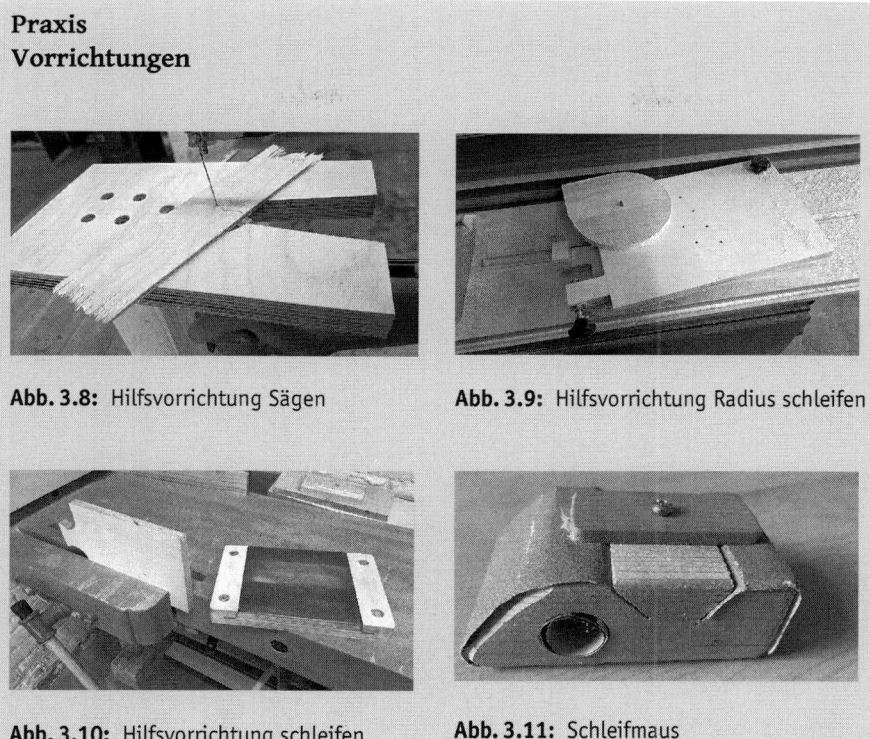

Abb. 3.8: Hilfsvorrichtung Sägen

Abb. 3.9: Hilfsvorrichtung Radius schleifen

Abb. 3.10: Hilfsvorrichtung schleifen

Abb. 3.11: Schleifmaus

Die im englischsprachigen Raum genutzte Einteilung in mainstream und assistive Technologien (vgl. Bosse 2019, 832), kann auf die Systematisierung für Vorrichtungen im technischen Unterricht übertragen werden. Gleichzeitig lassen sie sich nach ihrem Einsatz im Fertigungsprozess unterteilen (vgl. Perović 2013, 1).

In der nachstehenden Matrix werden beide Perspektiven zusammengeführt (siehe Tabelle 3.10). Eine trennscharfe Einteilung ist über diese Matrix sicherlich nicht möglich, da eine Bohrschablone beispielsweise sowohl eine Sondervorrichtung darstellt als auch als assistive oder maintream Vorrichtung eingesetzt werden kann. Die Matrix kann jedoch dazu dienen, eine Reflexion über den unterrichtlichen Einsatz von Vorrichtungen durchzuführen und zeigt die verschiedenen Schwerpunkte bei der Anwendung von Vorrichtungen auf.

Tab. 3.10: Klassifikation von Vorrichtungen (eigene Darstellung)

	Kompetenzförderung der Schülerinnen und Schüler	Einsatz im Fertigungsprozess
speziell	**Assistive Vorrichtung** Werden zur Förderung eines spezifischen Kompetenzniveaus gezielt eingesetzt mit dem übergeordneten Ziel, eine adäquate Unterstützung zur eigenständigen Fertigungsausführung zu gewährleisten. Mit einer Bohrschablone kann beispielsweise das Anforderungsniveau gesenkt werden, sodass ein Abmessen entfällt.	**Sondervorrichtung** (werkstückabhängige) Vorrichtungen; »Sondervorrichtungen werden speziell für ein bestimmtes Werkstück und für eine bestimmte Aufgabe konzipiert« (Perović 2013, S. 1). Eine Bohrschablone würde beispielsweise als Sondervorrichtung klassifiziert werden.
universell	**Mainstream Vorrichtung** Hierunter fallen alle Vorrichtungen, die grundsätzlich den im Fachraum Arbeitenden zur Verfügung stehen. Dazu zählen alle Hilfs-und Schutzvorrichtungen für Maschinen sowie Maschinenschraubstöcke u. ä.	**Standardvorrichtung** (auch universelle, werkstückunabhängige): »Standardvorrichtungen werden für verschiedene, jedoch geometrisch ähnliche Werkstücke verwendet« (Perović 2013, S. 1). Eine Standardvorrichtung ist beispielsweise ein Maschinenschraubstock.

Assistive Vorrichtungen

Die Lehrkraft hat insbesondere bei der Fertigungsaufgabe die Möglichkeit, Hilfsmittel, wie Vorrichtungen und Schablonen, für eine differenzierte Unterrichtsgestaltung einzusetzen (Henseler & Höpken 1996, 73). Dieses ist bei Schülerinnen und Schülern im SGE auch deshalb besonders relevant, weil der Schriftspracherwerb ebenso wie der Kompetenzerwerb zum Lesen technischer Zeichnungen eine besondere Herausforderung darstellt. Über Vorrichtungen kann man die kognitiven und die psychomotorischen Anforderungen an die heterogenen Voraussetzungen der Lerngruppe anpassen. Als aktive Sicherheitsmaßnahme können sie darüber hinaus dazu beitragen, das Unfallrisiko zu senken. Duismann (vgl. 1992, 6) schreibt Vorrichtungen folgende Funktionen zu:

- Kompensation kognitiver Einschränkungen
- Kompensation senso-motorischer Einschränkungen
- Erhöhung der Unfallsicherheit (Prävention)
- höhere Präzision der Arbeitsergebnisse
- Rationalisierung von Arbeitsprozessen

Während der letztgenannte, ökonomisch-rationelle Aspekt im Rahmen des schulischen Lernens nachrangig ist, jedoch als Reflexionsanlass zum Vergleichen zwischen schulischer handwerklicher Fertigung und industrieller Fertigung genutzt werden kann, können insbesondere die ersten Aufgaben zur Partizipation von Schülerinnen und Schülern beitragen. Einigen Lernenden werden erst mit dem Einsatz von Vorrichtungen bestimmte Produktionsschritte zugänglich gemacht. Dabei werden ihre Kompetenzen vor allem dann langfristig gefördert, wenn nach der sicheren Beherrschung von Werkzeug und Materialien der Unterstützungsgrad durch eine stufenweise Zurücknahme der Vorrichtung reduziert wird. Zentrales Anliegen ist es, dass die Lernenden gegebene Aufgaben auf unterschiedlichen Leistungsniveaus bewältigen können (vgl. ebd.). Das Verhindern jeglicher Fehler ist damit ebenso wenig intendiert, wie ein »›geistloser‹ Vollzug einfacher Operationen« (vgl. ebd.). Dieses Risiko besteht insbesondere dann, wenn der Schüler oder die Schülerin nur noch einen einzigen, stets gleichbleibenden Handgriff vollführen müssen.

In der Pädagogik bei intellektueller Beeinträchtigung zeigt sich diese Herausforderung auch beim »Prinzip der kleinsten Schritte«, bei dem nach Flury & Kobler (vgl. 2019, 578) ein Lernarrangement so getroffen werden soll, dass sich möglichst wenig Fehler einschleichen. Während die Unterteilung von bewältigbaren Handlungen in einzelne Schritte ein hohes Motivationspotenzial birgt und die Selbstständigkeit unterstützen kann, geht sie zugleich mit einem potenziellen Verlust der Sinnhaftigkeit einher. Daher sollte stets »das große Ganze« für die Lernenden erkennbar bleiben, sodass sie in jedem Falle erkennen, welche Bedeutung ihr Arbeitsschritt für die Fertigung des Produktes hat. Für einen lernförderlichen Einsatz von Vorrichtungen ist darüber hinaus die bereits angesprochene und immer wieder vorzunehmende (An-)Passung des Unterstützungsgrades der Vorrichtung zu den Voraussetzungen des Lernenden notwendig.

Vorrichtungen können vielfältig gestaltet werden und sowohl selbst konzipierte Hilfsmittel als auch käuflich erwerbliche umfassen, wie beispielsweise eine Gehrungslade. Werden Sondervorrichtungen entwickelt, die als assistive Vorrichtungen konzipiert sind, ist es wichtig, je nach Voraussetzungen der Lerngruppe unterschiedlichen Niveaustufen abzudecken. Anhand der Herstellung eines Würfelpuzzles wird dies in der folgenden Tabelle 3.11 für den Arbeitsschritt des Verleimens exemplarisch dargestellt:

Tab. 3.11: Niveaugestufte Vorrichtungen für das Verleimen (vgl. Duismann 1992)

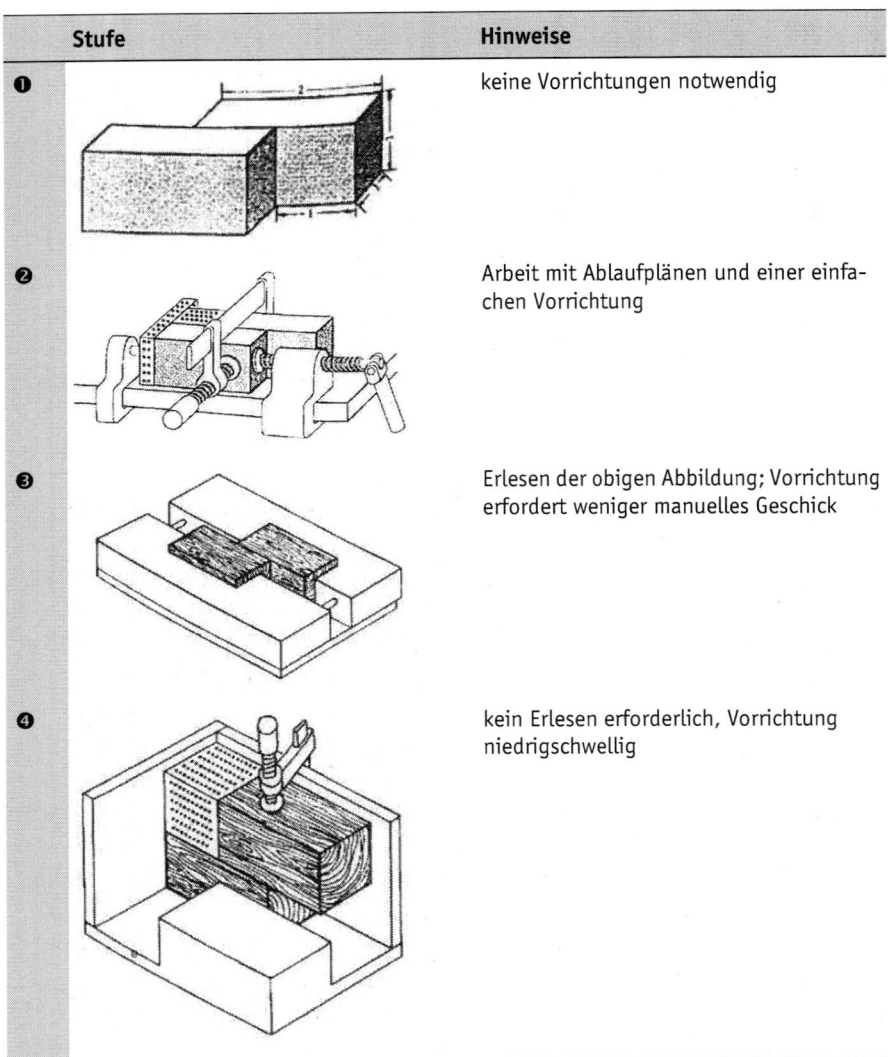

Stufe	Hinweise
❶	keine Vorrichtungen notwendig
❷	Arbeit mit Ablaufplänen und einer einfachen Vorrichtung
❸	Erlesen der obigen Abbildung; Vorrichtung erfordert weniger manuelles Geschick
❹	kein Erlesen erforderlich, Vorrichtung niedrigschwellig

Insbesondere bei der Gestaltung des Arbeitsplatzes ist der Übergang zwischen der Nutzung spezifischer Vorrichtungen und Maßnahmen des Gesundheitsschutzes, die sich ebenfalls positiv auf die Durchführung praktischer Tätigkeiten auswirken können, fließend. So können Begrenzungen und Führungsschienen als Vorrichtungen zur individuellen Arbeitserleichterung beitragen, aber auch die Sitz- und Tischhöhe sowie die Tischneigung sind auf die Nutzerin oder den Nutzer abzustimmen. Daher ist es notwendig, zum Beispiel Werkbänke, die mit einem Rollstuhl unterfahrbar sind, in den Fachraum zu integrieren.

Hydraulisch höhenverstellbare Werkbänke bieten den Vorteil, dass man diese auch kurzfristig in der Höhe anpassen kann. So kann die optimale Arbeitshöhe in Abhängigkeit von der Werkstückgröße realisiert werden. Damit bieten sie nicht nur beeinträchtigten Lernenden einen ergonomisch angepassten Arbeitsplatz, sondern ermöglichen auch ein Reagieren auf wachstumsbedingte Größenunterschiede oder unterschiedliche Modelle von Rollstühlen der Schülerinnen und Schülern. Als Hürden beim Einsatz von höhenverstellbaren Werkbänken erweist sich jedoch nach Schaubrenner (vgl. 2018b, 8)

- die Nutzung durch unterschiedliche Lerngruppen, die stets eine Neueinstellung mit sich bringt,
- die mit der jeweiligen Einstellung erforderliche Sicherheitsbewertung sowie
- die Nutzung eines Arbeitsplatzes (zum Beispiel einer Werkbank) durch mehrere Lernende.

Die genannten Aspekte zum Einrichten des Arbeitsplatzes verdeutlichen, dass stets didaktisch-methodische Entscheidungen mit technischen Erfordernissen einhergehen. Während im schulischen Einsatz die Förderung der Partizipation der Schülerinnen und Schüler mit diesen mechanischen, pneumatischen, hydraulischen, elektrischen oder digitalen Hilfsmittel im Vordergrund steht, werden »Assistenzsysteme« auch in der industriellen Fertigung und Montage eingesetzt. Hier kommen beispielsweise *Exoskelette* als äußere Stützstrukturen zum Einsatz, um die Gelenke und Muskulatur von Arbeitenden zu schonen. Ebenso werden visualisierte Arbeitsanweisungen eingesetzt, um Montagefehler zu verringern, die Qualität der Produkte zu steigern und die Produktivität des Unternehmens zu sichern. In diesem Zuge wird Potenzial in VR- (virtuell reality) und AR- (augmented reality) Technologien vermutet, die bereits jetzt zum Anlernen von Mitarbeitenden genutzt werden. Inwiefern und inwieweit diese zum Teil noch sehr kostspieligen Technologien langfristig auch in Werkstätten für behinderte Menschen Einzug halten, gilt es abzuwarten.

> **Quellen und Hinweise Internet**
> Eine interessante Übersicht über Vorrichtungen (hier bezeichnet als Hilfsgeräte) und Hinweise zu ihrem Einsatz bietet die von Stuber et al. herausgegebene Homepage zur gleichnamigen Lehrmittelreihe Technik und Design https://www.tud.ch/

3.4.3 Visualisierungen

Visualisierungen von Handlungsabläufen tragen gerade bei Kindern und Jugendlichen mit einer intellektuellen Beeinträchtigung dazu bei, die eigenständige Arbeitsweise der Lernenden zu fördern. Gerade bei produktionsorientierten Unterrichtsmethoden in den technischen Fachräumen, wie beispielsweise der Fertigungsaufgabe (▶ Kap. 4.5) und dem Lehrgang (▶ Kap. 4.4) helfen Visualisierungen dabei, das Handlungsziel und die Ablaufschritte im Blick und im Fokus der Aufmerksamkeit zu behalten und somit die selbstständige Durchführung durch die Lernenden zu fördern. Visualisierungen erfüllen daher verschiedene Funktionen (vgl. Terfloth & Cesak 2016, 49):

- Sicherheit und Orientierung bei Gedächtnisproblemen geben,
- Konzentration auf einen Sinneskanal,
- Förderung der Selbstständigkeit (indem sie stets zugänglich sind und eine Alternative zur abstrakt-begrifflichen Erklärung anbieten).

Die Art der Visualisierung orientiert sich an den kognitiven Fähigkeiten in Bezug auf das Symbolverständnis und die visuellen Fähigkeiten, die sich beispielsweise in der differenzierten Wahrnehmung von Teilen und dem Ganzen manifestieren (vgl. Terfloth & Cesak 2016, 49). Arbeitsablaufpläne, die bei der Fertigungsaufgabe zur Anwendung kommen, können dementsprechend beispielsweise auf unterschiedlichen Repräsentationsebenen visualisiert werden:

- Eine wirklichkeitsgetreue Abbildung der einzelnen Arbeitsschritte, benötigter Materialien und Werkzeuge kann über *Fotos* realisiert werden (wie beim Unterrichtsmaterial von Troll & Engelhardt, 2012, in welchem zwar keine Fertigungsaufgaben enthalten sind, aber einzelne Arbeitstechniken und Werkstoffkunde visualisiert werden).
- Eine weitere Möglichkeit, Arbeitsschritte zu visualisieren, stellen *Bilder, Zeichnungen und Piktogramme* dar, deren Verständlichkeit durch den Grad der Ikonizität geprägt wird. Solche »Schritt für Schritt Anleitungen« können auch digital aufbereitet werden, sodass die Lernenden beispielsweise an einem mobilen Endgerät die Arbeitsschritte entsprechend ihres eigenen Tempos aufrufen können. Der Baukastenhersteller Lego bietet dieses beispielsweise für verschiedene seiner Projekte an, wobei es sich hierbei um Montageaufgaben anstelle von Fertigungsaufgaben handelt.
- Auch die gegenständliche Darstellung der einzelnen Teilprodukte der Fertigung stellt eine Möglichkeit der Visualisierung dar. Dieses Vorgehen wird auch als »didaktische Reihe« oder »Bauteiletafel oder Baustufentafel«

bezeichnet. Dabei werden die einzelnen Teilprodukte auf großen Tafeln fixiert und ggf. weitere Informationen, wie z. B. zur anzuwendenden Fertigungstechnik, ergänzt. Die Lernenden haben hierbei die Möglichkeit, ihr eigenes Bauteil durch Auflegen auf das Original zu vergleichen. Je nach Leistungsstand der Zielgruppe kann die Anzahl der dargebotenen Tafeln variieren und von einer Schritt-zu-Schritt-Anleitung über eine komplexere Darstellung, bei der mehrere Bauteile gleichzeitig präsentiert werden, reichen. Dabei können über Markierungen wichtige Aspekte hervorgehoben werden, wie z. B. über Pfeile oder farbliche Hinterlegung der zu bearbeitenden Stelle am Werkstück (Abb. 3.12).

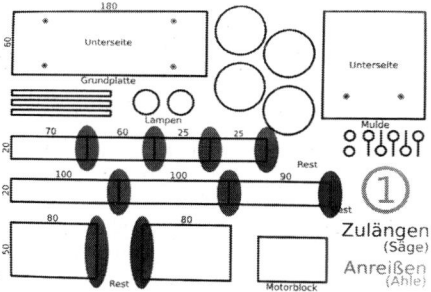

Abb. 3.12: Beispiel für Bauteiletafeln zur Fertigung eines Fahrzeugs (Teil 1 – Zulängen und Anreißen) (eigene Darstellung)

Praxis
Visualisierungen
Bei der Gestaltung der Visualisierungen sollte u. a. darauf geachtet werden, dass der Fokus auf den wichtigen Elementen liegt und nicht durch irrelevante Details gestört wird (dies ist insbesondere bei Schülerinnen und Schülern mit Schwierigkeiten in der visuellen Wahrnehmung bedeutsam).

Sollen beispielsweise Fertigungsschritte an einer Maschine fotografisch festgehalten werden, können unwichtige oder störende Gegenstände entfernt oder abgedeckt werden.

Das Symbolsystem zur Unterstützten Kommunikation »METACOM« enthält auch viele für den WAT-Unterricht relevante Symbole: https://www.metacom-symbole.de/

3 Unterricht im Fach Wirtschaft-Arbeit-Technik

> **Weiterführende Literatur**
> Der TEACCH Ansatz bietet zahlreiche Anregungen zur Strukturierung von Lernumgebungen, die auch sehr gut für die Förderung von Handlungskompetenzen im WAT-Unterricht genutzt werden können
>
> Häußler, A. (2016): Der TEACCH Ansatz zur Förderung von Menschen mit Autismus. Einführung in Theorie und Praxis. Dortmund: verlag modernes lernen.

3.5 Praxiskontakte und außerschulische Lernorte

Primärer Lernort zur Umsetzung des allgemeinbildenden Bildungsauftrags ist die Institution Schule. Aber gerade die Forderungen nach Lebensnähe, nach realitätsnahem Lernen und nach Anwendungs- und Kontextbezug lassen sekundäre Lernorte, die auch als außerschulische Lernorte bezeichnet werden, als sinnvolle Ergänzungen erscheinen. Zahlreiche Lehr-Lernlabore laden Lerngruppen ein, technisch-naturwissenschaftliche Experimente durchzuführen und zeugen zusammen mit weiteren umwelt-, erlebnis- und museumspädagogischen Angeboten von dem Zuwachs an außerschulischen Lernorten mit pädagogisch-didaktischen Konzepten in den letzten 20 Jahren (vgl. Baar & Schönknecht 2018, 13). Diese Bedeutung spiegelt sich ebenfalls in den zahlreichen unterrichtspraktischen Publikationen wider, wohingegen in der fachdidaktischen Forschung die Relevanz je nach Fachbezug und Fachkultur variiert (vgl. Baar & Schönknecht 2018, 12).

In der ökonomischen Bildung und für ihr Anwendungsfeld der Beruflichen Orientierung wird die Einbindung außerschulischer Lernorte insbesondere zusammen mit der Kooperation mit externen Partnern unter dem Schlagwort »Praxiskontakte Schule-Wirtschaft« diskutiert und gefordert. Und auch in der Arbeitslehre wurden »Praxis-Lernorte« als zentraler Bestandteil angesehen (vgl. Dedering 2000, 211 ff.).

Der Realitätsbezug über Praxis-Kontakte kann sowohl innerhalb als auch außerhalb der Schule umgesetzt werden. Sowohl bei der Einbindung von außerschulischen Lernorten als auch bei Praxiskontakten geht es darum, eine »Öffnung von Schule« zu realisieren und ein realitätsnahes Lernen zu ermöglichen. Im Folgenden werden diese beiden Konzepte, die durchaus Überschneidungen aufweisen, erläutert und ihre Relevanz für den Wirtschaft-Arbeit-Technik Unterricht aufgezeigt.

3.5.1 Praxiskontakte

> **Praxiskontakte**
> Praxiskontakte beschreiben aus der Perspektive der Fachdidaktik Methoden mit der Intention, Schule und Wirtschaft miteinander zu vernetzen, um fachliche Lehr-Lernprozesse zu fördern. Sie können sowohl in der Institution Schule als auch an außerschulischen Lernorten realisiert werden.

Praxiskontakte werden sowohl als Makro-Methode der ökonomischen Bildung bezeichnet als auch als handlungsorientiertes Lehr-Lernkonzept (vgl. Loerwald 2011b). Die Umsetzung von Praxiskontakten lässt sich über verschiedene Methoden realisieren. Diese lassen sich nach ihrem Zugang zur Realität in drei Gruppen klassifizieren (vgl. Kaiser & Kaminski 2012, 247):

1. *Die Realität kann von den Lernenden erfahren werden*: Diese Form von Praxiskontakten werden auch als »Realbegegnungen« bezeichnet (Schiller 2001, 76) und sie kennzeichnet, dass die Lerngruppe außerschulische Lernorte aufsucht. Hierzu zählen die Methoden Betriebsbesichtigung, Betriebspraktikum, Betriebserkundung sowie technische Erkundung.
2. *Die Realität kann von Experten vermittelt werden*: Dazu bieten sich Expertengespräche an, die vor Ort, oder mit digitaler Übertragung durchgeführt werden können, sowie der weiter gefasste Informationsaustausch via IT (also auch Kommunikation über Social Media, Foren, Mails etc.).
3. *Die Realität kann von der Lerngruppe simuliert werden*: Hierbei spricht man auch von Handlungsmodellen, die insbesondere dann zur Anwendung kommen, wenn der Zugang zur Realität erschwert oder unmöglich ist (vgl. Schiller 2001, 74 f.). Hierzu zählen die Methoden Rollenspiel, Planspiel oder Schülerfirmen.

Das lerntheoretisch fundierte Potenzial von Praxiskontakten für die Erschließung von Fachkompetenz ist für die ökonomische Bildung aufgeschlüsselt. So stellt Loerwald (2011b) anhand des Beispiels Stadtwerke den Bezug zu den Kernkompetenzen der DeGÖB heraus (vgl. Loerwald 2011b, 83). Kaiser & Kaminski (vgl. 2012, 244) formulieren zweiteilig untergliederte Kenntnisse, die erforderlich sind für (a) den Perspektivwechsel zwischen Praxispartner und anderen Interessen oder (b) den Perspektivwechsel um Mikro-Makro-Zusammenhänge zu durchdringen.

3 Unterricht im Fach Wirtschaft-Arbeit-Technik

Praxiskontakte können folglich Kenntnisse vermitteln:

a)

- »zu ökonomischen Zielsetzungen der am Wirtschaftsprozess Beteiligten und Interessenkonflikten
- zur Stellung des Verbrauchers im Wirtschaftsgeschehen
- zu grundlegenden rechtlichen Regelungen des wirtschaftlichen Geschehens
- zu Interdependenzen zwischen den ökonomischen, sozialen, politischen und ökologischen Teilsystemen der Gesellschaft

b)

- zu den Anforderungen des Arbeitslebens und den Veränderungen der Arbeitswelt durch neue Technologien und neue Unternehmensorganisationen
- zur Organisierbarkeit von wirtschaftlichen Interessen
- zu den Ursachen möglicher Diskrepanzen zwischen individuellem ökonomischem Verhalten und gesamtgesellschaftlichen Zielsetzungen
- zu ordnungspolitischen Rahmenbedingungen für wirtschaftliches Handeln« (Kaiser & Kaminski 2012, 244)

Eine Herausforderung stellt die curriculare Integration von Praxiskontakten dar. Aus fachdidaktischer Sicht können diese nur dann ihr volles Potenzial entfalten, wenn sie in den regulären Fachunterricht eingebettet werden und nicht parallel zu diesem oder diesen unterbrechend verlaufen (vgl. Loerwald 2011b, 86). So sind Praxiskontakte beispielsweise der Gefahr unzulässiger Verallgemeinerungen ausgesetzt, die unter dem Begriff der »Mikro-Makro-Probleme« mit verschiedenen Ausprägungen beschrieben werden (vgl. ebd., 84). Das bedeutet, dass Praxiskontakte fundiert vor- und nachbereitet werden müssen, damit sie fachliche Lehr-Lernprozesse unterstützen und nicht Lernprozess und -ergebnis der Beliebigkeit unterliegen und der Kontakt als reines »Event mit Ausflugscharakter« fungiert.

Es gilt Praxiskontakte anhand spezifischer Kriterien zu gestalten (vgl. hierzu den nachfolgenden Exkurs), um damit auch dem Vorwurf der Manipulation durch die Wirtschaft konstruktiv zu begegnen, deren Geltung für die Zielgruppe von Menschen im SGE gesondert diskutiert werden sollte.

3.5 Praxiskontakte und außerschulische Lernorte

> **Exkurs**
> **Qualitätsanforderungen an Praxiskontakte**
>
> 1) »Fokussierung der für die jeweilige Zielgruppe relevanten Lern- und Bildungsziele
> 2) Problemorientierte Planung eines Praxiskontakts
> 3) Fachdidaktisch professionelle Vorbereitung eines Praxiskontakts
> 4) Transparenz über beidseitige Interessenlagen
> 5) Kooperative Durchführung des Praxiskontakts
> 6) Reflexiv-kritische und fachlich fundierte Nachbereitung von Praxiskontakten
> 7) Einbettung in übergeordnete Sach- und Sinnzusammenhänge
> 8) Fachlich und fachdidaktisch fundiert ausgebildete Lehrkräfte« (wigy e. V.).

Loerwald (vgl. 2011b, 81) verweist darauf, dass die Beziehung zwischen Schule und Wirtschaft lange Zeit durch Distanz und gegenseitige Skepsis geprägt war, was sich aus der Perspektive der Pädagogik durch das Schlagwort »Lobbyismus« an Schule widergespiegelt hat. Mittlerweile werden Praxiskontakte in der ökonomischen Bildung und Beruflichen Orientierung jedoch konsensfähig als Bereicherung wahrgenommen und haben mit Blick auf die berufliche Integration von Schülerinnen und Schüler mit intellektueller Beeinträchtigung eine besondere Bedeutung: Häufig sind es Praxiskontakte wie Betriebspraktika, die nicht zuletzt durch die persönlichen Kontakte dazu führen, dass Arbeitgebende Vorbehalte oder Berührungsängste gegenüber dieser Zielgruppe abbauen und das Potenzial des individuellen Menschen erleben. Zudem können auch durch den Kontakt mit dem Integrationsfachdienst im Praxisfeld konkrete Unterstützungsmöglichkeiten (bspw. über das Budget für Arbeit) sowie die Kontakte mit den Reha-Beraterinnen und -Beratern initiiert werden.

Folglich sind Kooperationen zu Unternehmen bedeutsam für das Finden individueller Lösungen und die Integration auf den ersten Arbeitsmarkt, die bislang erst in Einzelfällen gelingt. Der zeitliche und hohe organisatorische Aufwand von Praxiskontakten setzt jedoch entsprechende personelle und sächliche Ressourcen voraus, sodass eine entsprechende kontinuierliche und systematische Einbeziehung in den Unterricht gewährleistet sowie gesamtschulische Strukturen entwickelt werden müssen.

3.5.2 Außerschulische Lernorte

Lernorte lassen sich vielfältig klassifizieren. Zunächst kann man unterscheiden zwischen primären Lernorten wie Schulen, Universitäten, Lehrwerkstätten oder Ausbildungsbetrieben und sekundären Lernorten wie Wälder, eine Gemeinde oder ein Einkaufszentrum (vgl. Baar & Schönknecht 2018, 20 f). Während die erstgenannten allesamt Orte sind, die mit pädagogisch-didaktischen Intentionen eingerichtet und methodisch gestaltet sind, dienen die sekundären Lernorte primär außerpädagogischen Zwecken. Erst durch den Einbezug in den Unterricht werden sie zu Lernorten.

> **Außerschulische Lernorte**
> Außerschulische Lernorte sind all jene Orte jenseits der Institution Schule, die für die Umsetzung des schulischen Bildungsauftrags aufgesucht werden. Zu ihnen zählen sowohl Orte mit Bildungsauftrag, wie beispielsweise Museen, Lehr-Lernlabore und Umweltzentren, als auch solche ohne Bildungsauftrag, wie beispielsweise die Natur oder Orte der Arbeitswelt, des gesellschaftlichen und politischen Lebens oder kulturelle Orte und Begegnungsstätten.

Unabhängig vom Bildungsauftrag stellt sich die Frage, ob beim Besuch eines außerschulischen Lernortes ein didaktisches Konzept vorliegt und ob dieses genutzt wird. So kann beispielsweise ein Museum als Ort mit Bildungsauftrag »auf eigene Faust« besucht werden oder ein museumspädagogisches Angebot wie eine Führung genutzt werden (vgl. Baar & Schönknecht 2018, 18).

Und anders herum kann auch ein außerschulischer Lernort ohne Bildungsauftrag mit einem pädagogisch-didaktischen Konzept kombiniert werden, wenn beispielsweise Mitarbeitende eines Handwerksbetriebs einen schülerorientierten Workshop zur Holzbearbeitung anbieten. Entsprechend dieser Systematisierung benennen Baar & Schönknecht (ebd.) zahlreiche Beispiele für außerschulische Lernorte, die mit eigenen Beispielen für den Bereich WAT erweitert wurden (▶ Abb. 3.13).

Für die Klassifikation als außerschulischer Lernort entscheidend ist, dass diese Lernorte in Bezug zum schulischen Bildungsauftrag und zum Unterricht gesetzt werden (vgl. Baar & Schönknecht 2018, 19). Ausschlaggebend ist daher die Intention, mit der die Orte in den Unterricht einbezogen werden und die dazu führt, dass der Ort mit einer spezifischen Fragestellung, Inhalts- oder thematischen Auswahl aufgesucht wird. Es gilt gleichermaßen wie bei Praxiskontakten, dass die unterrichtliche Vor- und Nachbereitung von

3.5 Praxiskontakte und außerschulische Lernorte

besonderer Bedeutung ist, um die Potenziale für das fachliche Lernen für die Schülerinnen und Schüler im SGE zu nutzen (Schäfer 2014b).

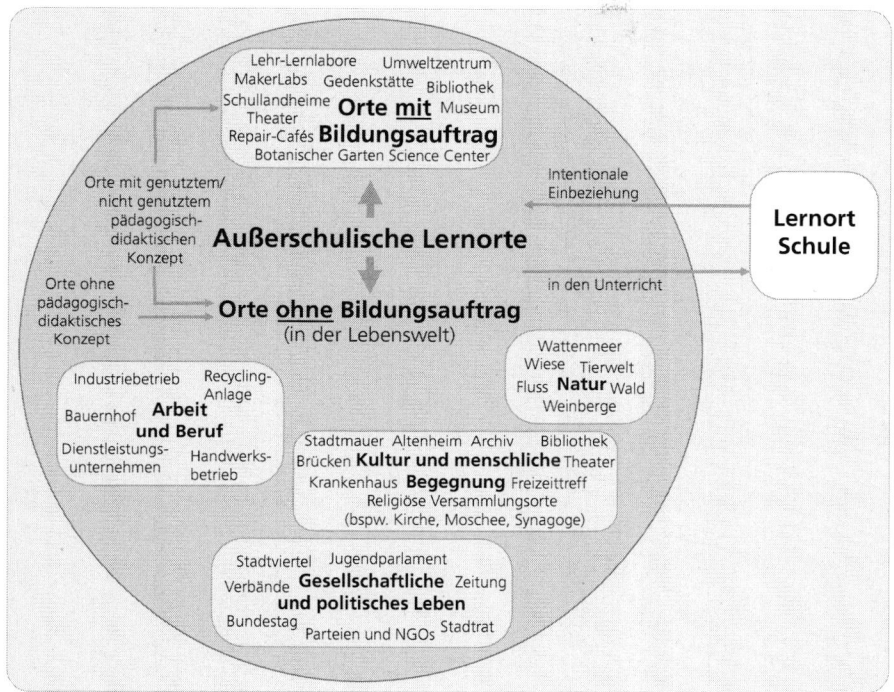

Abb. 3.13: Klassifikation außerschulischer Lernorte (erweiterte eigene Darstellung nach Baar & Schönknecht 2018, 23)

Qualitätskriterien außerschulischer Lernorte

Um die Qualität außerschulischer Lernorte beurteilen zu können, existieren verschiedene Kriterienkataloge, wie z.B. vom Niedersächsischen Kulturministerium (o. J.) oder des didacta Verbands (o. J.). Diese sind anwendbar auf außerschulische Lernorte mit Bildungsauftrag und umfassen z.B. folgende Kriterien

- »Ein außerschulischer Lernort hat ein Bildungskonzept mit didaktischer und methodischer Umsetzung
- er gestaltet Lernarrangements, schafft originale Begegnungen und ermöglicht Primärerfahrungen, kurz: ›Lernen mit allen Sinnen‹

- er ist wissenschaftlich vernetzt
- er beschäftigt geschultes Personal
- er regt zu Interaktion und/oder eigenem Handeln an und fördert und erweitert so die Handlungskompetenz der Besucher
- er bietet Möglichkeiten zur Vor- und Nachbereitung der Exkursion
- er bietet umfassende Beratung von Gruppen vor der Exkursion
- er sichert die Qualität seines Personals durch kontinuierliche, verbindliche Schulungs- und Entwicklungsmaßnahmen und deren Dokumentation
- er verpflichtet sich zur Evaluation/Selbstevaluation« (Didacta Verband e. V. o.J.)

Die Bedeutung von außerschulischen Lernorten für den WAT-Unterricht oder seine Teildisziplinen wurde bislang erst teilweise theoretisch oder empirisch untersucht.

Wiepcke erörtert beispielsweise das theoretische Potenzial des außerschulischen Lernortes Museum für die ökonomische Bildung (Wiepcke 2018b) und bereitet dieses unterrichtspraktisch auf (Wiepcke & Heydt).

Im Sammelband von Bünning (2016) werden relevante Konzepte außerschulischer Lernorte für die technische Bildung dargestellt und hinsichtlich ihrer Effekte untersucht. Ergänzend wäre es interessant, außerschulische Lernorte im Hinblick auf eine inklusive Bildung zu untersuchen und konzeptionell weiter zu entwickeln. Bislang bleiben die Potenziale außerschulischer Lernorte im SGE oft ungenutzt, da bauliche/strukturelle Hindernisse und hinderliche Einstellungen von Mitarbeitenden außerschulischer Lernorte einen Besuch erschweren (Weyers 2019). Die Checkliste von Schäfer (2014 b) hilft beim Überprüfen rechtlich-formaler Vorgaben, dem Identifizieren möglicher Barrieren und einer Analyse des Mehrwertes des außerschulischen Lernortes für die Lerngruppe im Vorfeld eines Besuches.

Lehr-Lernlabore als außerschulische Lernorte

Schülerlabore sind außerschulische Lernorte mit Bildungsauftrag, die etabliert sind und vor allem naturwissenschaftliche Bildungsprozesse unterstützen (vgl. Euler, Schüttler & Hausamann 2015, 760). Schülerlabore folgen konzeptionell dem Ansatz des forschenden Lernens, in dem sie Experimente, praktische Aktivitäten und projektartige Arbeitsformen kombinieren (Kirchner & Penning 2020, 53). Dabei werden die Lernenden mit Personen aus einem Forschungsbereich konfrontiert und zur aktiven Auseinandersetzung mit authentischen und lebensweltbezogenen Fragestellungen aus Forschung und Entwicklung aufgefordert (vgl. Euler, Schüttler & Hausamann 2015, 762).

Mit Blick auf Lehr-Lernangebote für die technische Bildung gilt es nach Röben (2018), das Verhältnis zwischen Technik und Naturwissenschaft kritisch zu prüfen, da bei spezifischen Angeboten wie an dem von ihm untersuchten Beispiel des Schülerlabors der Deutschen Luft- und Raumfahrt naturwissenschaftliche Aspekte im Vordergrund stehen.

In der ökonomischen Bildung existieren Schülerlabore erst vereinzelt und werden erst seit kurzem methodisch umgesetzt und erprobt. So berichten Allbauer & Loerwald (2019) vom OX-Lab Lehr-Lernlabor, dem bundesweit ersten ökonomischen Experimentallabor, das als Lehr-Lern-Labor konzipiert ist. Während Schülerlabore ausschließlich schulische Bildungsanliegen unterstützen, sind Lehr-Lern-Labore in die Lehramtsausbildung implementiert und sind somit zugleich ein praxisbezogener Teil der Ausbildung. Das besondere Potenzial des vorgestellten Labors besteht darin, dass wirtschaftliche Entscheidungssituationen in einem geschützten Rahmen erprobt und analysiert werden (vgl. Allbauer & Loerwald 2019, 40). Ökonomische Theorien können so mit wirtschaftlicher Praxis verknüpft werden.

> **Exkurs**
> **MakerSpace als außerschulische Lernorte**
> MakerSpaces sind offene Werkstätten, die Privatpersonen und einzelnen Gewerbetreibenden den Zugang zu modernen Fertigungsverfahren für die Produktion von Einzelteilen und Prototypen ermöglichen sollen. Die Ausstattung von MakerSpaces soll universell sein, sodass vielfältige technische Probleme unter Verwendung diverser Materialien gelöst werden. Sie umfasst beispielsweise 3D-Drucker, Laser-Cutter, CNC-Maschinen sowie Pressen zum Tiefziehen oder Fräsen. Makerspaces (auch FabLabs oder MakerLab bezeichnet), verstanden als offene Werkstätten, sind Orte ohne Bildungsauftrag. Jedoch ist der Sharing-Gedanke in der MakingSzene stark verbreitet, sodass vielfach auch offene Workshops oder Angebote speziell für Kinder und Jugendliche angeboten werden. Das Konzept wird zunehmend mit Bildungsanliegen im Sinne einer MakerEducation verbunden und entsprechend entstehen Angebote von Institutionen mit ausgewiesenen Bildungsauftrag, wie zum Beispiel MakerAktivitäten von Bibliotheken oder Museen.
>
> Da auch in Schulen MakerSpaces eingerichtet werden, wird das Konzept sogar in den primären Lernort Schule integriert (vgl. z. B. Schön & Ebner März 2017). In MakerSpaces spielen digitale Medien eine zentrale Rolle und sie werden als Ermöglichungsräume verstanden (vgl. Ulmer 2019, 31 f.). Ihr didaktisches Potenzial wird im »cocreativen Lernen« gesehen, welches zur Förderung der in der KMK Strategie »Bildung in der digitalen Welt«

ausgewiesenen Kompetenzen kooperieren, kollaborieren, kritisches Denken und Kreativität beitragen soll (KMK 2016). Mit MakerEducation wird dabei eine andere Gestaltungslogik verfolgt als bei vielen Lehr-Lernlaboren: Hier geht es nicht darum, naturwissenschaftliche Experimente nachzuvollziehen, sondern technisches Problemlösen zu erfahren. Gleichermaßen können sie jedoch als Lernort verstanden werden, der forschendes Lernen intendiert (vgl. Kirchner & Penning 2020, 53).

Weiterführende Literatur

Baar, R. & Schönknecht, G. (2018): Außerschulische Lernorte: didaktische und methodische Grundlagen. Weinheim, Basel: Beltz.
Bünning, F. (2016): Konzepte und Effekte außerschulischer Lernorte in der technischen Bildung. Bielefeld: wbv.
Loerwald, D. (2011b): Praxiskontakte Wirtschaft. In: Retzmann, T. (Hrsg.): Methodentraining für den Ökonomieunterricht (81–100). Schwalbach/Ts: Wochenschau Verlag.
Schäfer, H. (Hrsg.) (2014a): Raus in die Welt – außerschulische Lernorte im Förderschwerpunkt geistige Entwicklung. Lernen konkret Heft 3. Braunschweig: Westermann.
Wiepcke, C. (2018b): Ökonomische Bildung in Museen. In: Arndt, H. (Hrsg.): Intentionen und Kontexte ökonomischer Bildung. Berlin: Wochenschau Verlag. 84–96

Quellen und Hinweise Internet
Verschiedene Bildungsserver und Schulportale der Bundesländer unterhalten Datenbanken regionaler auserschulischer Lernorte, z. B.

- Berlin und Brandenburg: https://bildungsserver.berlin-brandenburg.de/
- Hamburg: https://bildungsserver.hamburg.de/
- Thüringen: https://www.schulportal-thueringen.de/
- Niedersachsen: https://www.nibis.de/
- Portal des Bundesverbands der Lehr-Lernlabore: https://www.lernortlabor.de/

3.6 Unterrichtsmedien

Medien spielen als analoge und digitale Kommunikationsmittel sowohl im Alltag als auch in der Bildung eine bedeutsame Rolle. Im SGE werden Medien zur Unterstützten Kommunikation (UK) eingesetzt, aber auch auf vielfältige andere Weise, um Lehr-Lernsituationen fachspezifisch zu gestalten. Der Einsatz von Arbeitsablaufplänen, Arbeitsblättern, Videos oder Tonaufnahmen, Modellen und vielem mehr gehört dazu. In der technischen Bildung stehen darüber hinaus auch Werkzeuge, Werkstoffe, Halbzeuge, Baukästen, Zeichengeräte und Maschinen (vgl. Schmayl 2019, 223) zur Verfügung.

> **Unterrichtsmedien**
> Unterrichtsmedien sind Kommunikationsmittel, die in Lehr-Lernsituationen zu didaktischen Zwecken eingesetzt werden. »Der Einsatz von Unterrichtsmedien ist stets auf die Veranschaulichung sowie die Transparenz, ggf. die Vereinfachung und die Erklärung von Unterrichtsinhalten sowie auf die Motivierung der Lernenden und damit die Auslösung von Lernhandlungen gerichtet« (Hüttner 2009, 99).

Unterrichtsmedien kommt eine mehrfache Mittlerfunktion zu, die sich zwischen Realität und Unterricht aufspannt und in der Vermittlung zwischen den Unterrichtsbeteiligten (als Kommunikationsmittel zwischen den Lernenden untereinander oder mit der Lehrkraft) sowie den Unterrichtselementen (Zielen, Inhalten, Methoden und Sozialformen) zum Tragen kommt (vgl. ebd., 79). Grundsätzlich kann mit, an und über Medien gelernt werden. So dienen Medien einerseits als Hilfsmittel (▶ Kap. 3.4.2) und zur Anschaulichkeit, andererseits können sie auch selbst zum Gegenstand der Betrachtung werden, wenn beispielsweise analysiert wird, wie ein Smartphone funktioniert. Als Hilfs- oder Arbeitsmittel werden Medien dann gefasst, wenn sie vor allem als »Mittel zum Erreichen eines definierten Ziels sind« und nicht selbst Gegenstand des Unterrichts (denn dann werden sie zu Unterrichtsmedien) (Bienhaus 2018, 182).

Im WAT-Unterricht besteht ein enger Zusammenhang zwischen Medien und der Fachraumausstattung: »Ein Großteil des Fachrauminventars fungiert im Technikunterricht entweder als Hilfsmittel beim Herstellen von Medien oder ist selbst Unterrichtsmedium« (Schmayl 2019, 244). Da Medien nur ein didaktisches Element unter anderen sind, steht ihr Einsatz und die Wirksamkeit in Wechselwirkung mit weiteren Unterrichtsfaktoren, wie den angestrebten Kompetenzerwartungen, den Inhalten, den Sozialformen und Unterrichtsmethoden.

3.6.1 Klassifikation von Medien

Medien lassen sich unterschiedlich definieren und klassifizieren (für eine begriffliche Klärung und Systematisierung aus der Perspektive der Technikdidaktik sei verwiesen auf Schmayl (2019, 223–245) und Hüttner (2009, 78–99), für die ökonomische Bildung auf Arndt (vgl. 2017, 17 ff.). Medien lassen sich voneinander »insbesondere hinsichtlich der angesprochenen Sinnesmodalität und der Codierung, aber auch im Hinblick auf die Darstellungsformen, Ablaufstrukturen und Gestaltungstechniken« unterscheiden (Arndt 2017, 17).

In der Diskussion werden beispielsweise »digitale Medien« oder »moderne Medien« von »analogen« oder »tradierten Medien« unterschieden. Klassifiziert man ein gedrucktes Schulbuch als »tradiertes Medium« und ein digitales Schulbuch als »digitales Medium«, wird deutlich, dass diese Unterscheidung im Einzelfall im Hinblick auf die fachdidaktischen Implikationen nur begrenzt aussagekräftig ist. Trotz grundsätzlicher Ähnlichkeiten in der Mittlerfunktion von Medien weisen digitale Medien spezifische Merkmale und Funktionalitäten auf und erweitern bisherige Muster der Mediennutzung (vgl. Herzig & Martin 2019, 71). Digitale Medien basieren auf den schnellen, technologischen Entwicklungen, die unter dem Megatrend der Digitalisierung gefasst werden. Hierdurch entstehen immer wieder neue Kommunikationsmittel, deren didaktisches Potenzial erst erhoben werden muss. In diesem Zuge ist die Medienbildung als fachübergreifendes Bildungsanliegen stärker in den Fokus gerückt. Interessante Erkenntnisse am Schnittfeld zwischen Medienpädagogik und Inklusion finden sich zum Beispiel im Handbuch »Inklusion und Medienbildung« (Bosse, Schluchter & Zorn 2019) oder in der stark an der Praxis ausgerichteten und sehr umfassenden Publikation »Diklusive Lernwelten« (Schulz et al. 2022)

Für die Planung, Bewertung und Evaluation von Unterricht erscheinen Klassifikationen zweckmäßig, bei denen der Realitätsbezug, die Wahrnehmungsdimension sowie der Einsatzzweck unterschieden wird. Für die Technikdidaktik legt Schmayl (2019, 237) eine entsprechende Matrix vor, in der die Repräsentationen mit den Aneignungsmodi verbunden werden. Bienhaus (2018) greift diese Matrix auf, um sie mit beispielhaften Medien-Zusammenstellungen zu verknüpfen und im Hinblick auf notwendige Ordnungsstrukturen zu analysieren (ebd., 181 ff.). Die Lernformen und Aktionen, über die sich die Lernenden die Inhalte erschließen, werden als rezeptive, reproduktive und produktive Aneignungsmodi klassifiziert und entsprechenden Medientypen zugeordnet (vgl. Schmayl 2019, 237).

Rezeptives Lernen mit Präsentationsmedien (auch Rezeptionsmedien): »Rezeptives Lernen findet dort statt, wo ein technischer Sachverhalt vorgestellt wird, entweder als ganzer oder schrittweise im Verlauf des Unterrichts, und die Schüler ihn zur Kenntnis nehmen und zu verstehen suchen« (ebd., 234). Präsentationsmedien sollen zur Veranschaulichung und ggf. Vereinfachung beitragen und zum »inneren Nachvollzug vorfindlicher Denkergebnisse« (ebd.) beitragen. Beispiele für solche Präsentationsmedien sind Realsituationen wie eine Baustelle oder eine Recyclinganlage. Aber auch Realobjekte wie Schautafeln mit Werkstoffen, eine Maschine in Industrie oder Haushalt oder Werkzeuge gehören ebenso dazu wie ein Architekturmodell oder ein Schnittmodell einer Fahrradnabe.

Reproduktives Lernen mit Reproduktionsmedien: »An Reproduktionsmedien wird ein vorgegebener, im Unterrichtsmedium eingeschlossener Inhalt nachvollzogen« (Bienhaus 2018, 181). Beim reproduktiven Lernen folgen die Schülerinnen und Schüler vorgegebenen Fragestellungen, zu denen sie selbst Hypothesen entwickeln. Sie setzen sich selbsttätig, d. h. aktiv handelnd mit den Repräsentationen auseinander, untersuchen diese oder fertigen sie an. Zu dieser Medienart zählen u. a. Demontage- und Analyseobjekte wie beispielsweise ein Fahrrad, ein Radio, mechanisches Spielzeug mit verschiedenen Antrieben und Realobjekte für vergleichende Analysen (z. B. Korkenzieher, Leuchtmittel, Verpackungen) (vgl. weitere Beispiele bei Bienhaus 2018, 191).

Produktives Lernen mit Genesemedien (auch Produktionsmedien): Das produktive Lernen wird als selbsttätiges Lernen verstanden, das mit Selbstständigkeit gekoppelt ist. Genesemedien »entstehen in einem produktiven Prozess, an dessen Ende das Unterrichtsmedium in Form selbst entwickelter und gefertigter technischer Gegenstände (z. B. ein Gebrauchsgegenstand oder ein Modell) oder selbst gefertigter, technischer Darstellungen (z. B. in Form von Skizzen, Fotos, Videofilmen) steht« (ebd., 182). Es handelt sich um ein problemorientiertes Lernen, da es hierbei darum geht, dass die Lernenden eine Problemlösung eigenständig erarbeiten. Das dabei erzielte Ergebnis ist das Genesemedium, welches vielfältige Erscheinungsformen aufweisen kann. Beispiele sind Gebrauchsgegenstände und Funktionsmodelle wie Getriebe, Kupplungen oder Brücken, aber auch audio-visuelle Medien wie selbst produzierte Videos oder technische Zeichnungen als visuelles Ergebnis.

Eine weitere Unterteilung ergibt sich durch die Gliederung der Medientypen in Realobjekte und technische Darstellungen, die in der folgenden Übersicht weiter ausdifferenziert und mit kursiv gedruckten Beispielen hinterlegt ist (Abb. 3.14).

3 Unterricht im Fach Wirtschaft-Arbeit-Technik

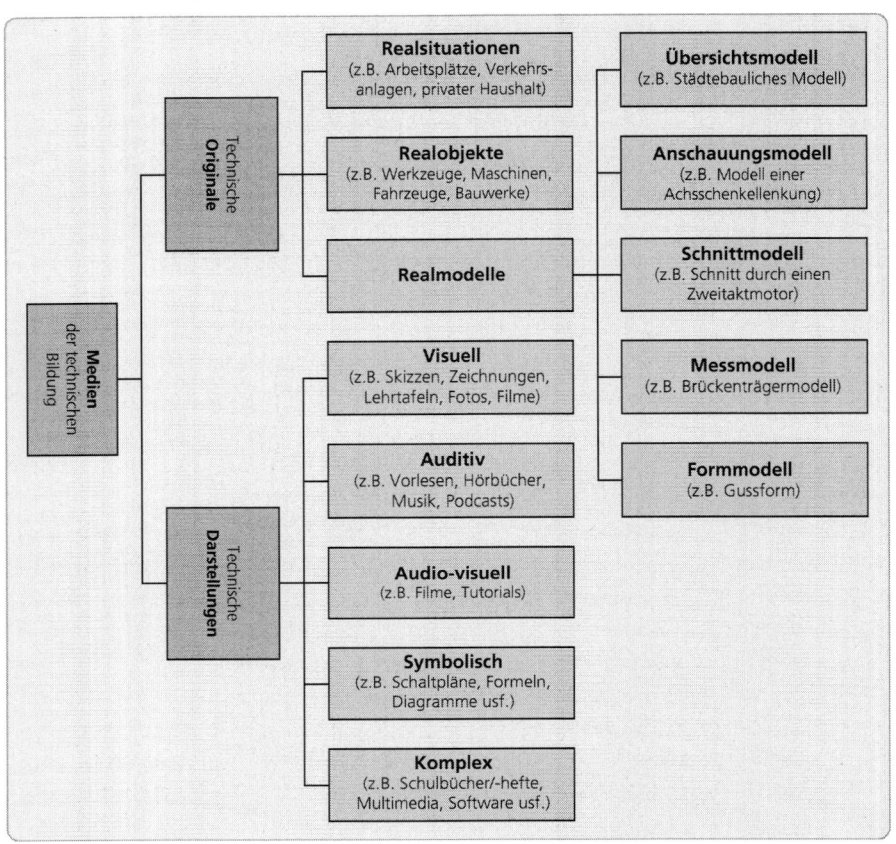

Abb. 3.14: Klassifikation technischer Originale und Darstellungen (angelehnt an Bienhaus 2018, 182 ff., eigene Darstellung)

Über die gezielte Auswahl und den Einsatz von Medien kann im Unterricht auch differenziert werden. Im Kapitel *Visualisierungen* wird auf Darstellungen besonders eingegangen, da diese vor allem bei handlungsorientierten Unterrichtsansätzen eine besondere Rolle spielen (▶ Kap. 3.4.3). Die besonderen Potenziale und Umsetzungsmöglichkeiten von medialer Differenzierung in Kontext digitaler Bildung könnten bei Schulz et al. (2022) nachgelesen werden.

Die Entwicklung von Unterrichtsmedien ist vielfach zeitintensiv, sodass diese Arbeit je nach Medientyp nicht immer von den Lehrkräften selbst geleistet werden kann. Daher ist das Zurückgreifen auf vorhandene Medienangebote naheliegend. Dafür ist es grundsätzlich sowie im Besonderen für die differenzierte Nutzung im SGE notwendig, dass man die zugrundeliegende Konzeption aus fachdidaktischer Perspektive bewerten und in Verbindung mit sonderpädagogischen Fragestellungen einordnen kann. Gerade durch die zunehmende Fülle der print oder digital veröffentlichten Unterrichtsmaterialien durch unterschiedliche Akteure ist die intensive Auseinandersetzung mit Qualitätsanforderungen für Lehrkräfte unabdingbar, um die Angebote zielgruppengerecht selektieren und auswählen zu können. Daher sei hier auf die Aspekte zur Analyse von Unterrichtsmaterialien von Kaminksi & Loerwald (2015) verwiesen.

> **Weiterführende Literatur**
>
> Arndt, H. (2017): Medien des Wirtschaftsunterrichts. Opladen, Berlin, Toronto: Verlag Barbara Budrich.
> Hüttner, A. (2009): Technik unterrichten. Methoden und Unterrichtsverfahren im Technikunterricht (78–98). Haan-Gruiten: Verl. Europa-Lehrmittel Nourney Vollmer.

3.6.2 Konstruktions- und Experimentierkästen

Ein Medienangebot, das im Bereich der technischen Bildung angeboten und genutzt wird, sind Baukästen. Dieses Medium scheint mit seinem fachspezifischen Fokus auf das Konstruieren und Experimentieren auch jenen Lehrkräften den Einsatz zu erleichtern, die eine unzureichende (oder keine) fachspezifische Ausbildung haben oder deren Fachraumausstattung ungenügend ist. Im Folgenden soll daher auf Konstruktions- und Experimentierkästen eingegangen werden, um eine Basis für die fachdidaktische Reflexion zu liefern.

Es existieren eine Reihe von Konstruktions- und Experimentierkästen, die entweder als Kinder- und Jugendspielzeug oder explizit für den Einsatz im Bildungsbereich angeboten werden. Während in den 1970er und 1980er Jahren die fachdidaktische Auseinandersetzung mit Baukästen vermehrt stattfand (ein Zeugnis ist beispielsweise die ausführliche Monografie von Sachs & Fies 1977) und ein breites Angebotsspektrum vorhanden war (vgl. Bienhaus 2018, 185), ist das Angebot mittlerweile eingeschränkter. Gleichwohl scheinen gerade Angebote, welche klassische Konstruktionsbaukästen mit digitalem Lernen verbinden, zuzunehmen.

Baukästen im WAT-Unterricht
Baukästen als Unterrichtsmedium lassen sich unterscheiden in Konstruktions- und Experimentierkästen.

- *Konstruktionsbaukästen* dienen der (nachvollziehenden) Konstruktion von technischen Modellen. Vorgefertigte, genormte und wiederverwendbare Elemente werden dabei von den Schülerinnen und Schülern montiert, um das von ihnen konstruierte Objekt zu modellieren.
- *Experimentierkästen* werden vor allem im naturwissenschaftlichen Bereich angeboten, z. B. zu Themen wie Magnetismus oder Elektrizität oder im Bereich der Materialkunde, wie z. B. ein Kunststoff-Experimentierkasten.

In der vorliegenden Publikation wird der Begriff *Baukasten* als Oberbegriff für spezifische Lehr-Lernmittel verwendet und im Hinblick auf die fachspezifische Verwendung im WAT-Unterricht reflektiert. Darüber hinaus sind Baukästen jedoch auch als Kinderspielzeug bekannt und im freien Spiel werden verschiedene Entwicklungsphasen durchlaufen, die zum sogenannten »Konstruktionsspiel« führen (▶ Kap. 4.6.2).

Baukästen im technischen Unterricht

Mit Baukästen lassen sich verschiedene Aufgabentypen realisieren, z. B. das Bauen nach Anleitung, der »Nachbau« eines Modells, Bauen mit vorgegebenen Bauteilen (unter Umständen auch unter vorgegebener Zeit), freies Bauen (aber mit festgelegtem Ziel), kreatives Bauen (vgl. Hansmann et al. 2019, 34 ff.). Fast (2008, 53) führt vielfältige Ziele auf, die mit dem Einsatz von Baukästen verfolgt werden können. Dazu zählen u. a.

- *Fachkompetenzen*: Maschinentechnik, Elektrotechnik, Bautechnik, Steuern/Regeln, Produktionstechnik, Pneumatik
- *Methodenkompetenz*: Problemlösen (Funktion, Funktionszusammenhänge, Optimieren, Stabilisieren), Bauen nach Vorlage, Fertigkeit im Montieren, Bewerten
- *Selbst- und Sozialkompetenz*: Teamarbeit, Bewältigung von Frustration, Ausdauer, Selbsttätigkeit/Selbstständigkeit

Beim unterrichtlichen Einsatz von Baukästen werden diese unter anderem für »Montageaufgaben mit Baukastenelementen« (vgl. Henseler & Höpken 1996,

67) eingesetzt und stellen somit eine modifizierte Ablaufphase der Konstruktionsaufgabe dar. Der Einschränkung von Konstruktionsmöglichkeiten durch vorfabrizierte und damit definierte Baukastenelemente steht die vermeintlich intensivere Auseinandersetzung mit dem Problemlöseprozess gegenüber, da die Herstellung von Teilen und Verbindungen entfällt (vgl. Henseler & Höpken 1996, 67). Daraus geht auch eine zeitliche Entlastung einher und gerade Konstruktions- und Funktionszusammenhänge können so zeitsparend erforscht werden. Es gilt jedoch abzuwägen, ob der Einsatz von Baukästen nur einen Zwischenschritt in der Entwicklung darstellt, um eben solche Zusammenhänge zu erproben, oder auch das Endprodukt der Aufgabe darstellt. Wenn letzteres angewendet wird, d. h. die Modellkonstruktion über die Baukästen realisiert wird, ist dies durch die Wiederverwendung der Baukastenelemente ressourcenschonend, aber vermutlich für die Lernenden weniger motivierend, als wenn ihr Artefakt dauerhaft Bestand hat. Durch den hohen Aufforderungscharakter von Baukästen besteht die Gefahr, dass die geistig antizipierenden Schritte, die für eine Konstruktionsaufgabe kennzeichnend sind, verkürzt oder gar weggelassen werden.

Inwiefern sich die oben gelisteten mit Baukästen verbundenen Kompetenzerwartungen empirisch bestätigen lassen, ist bislang kaum untersucht. Eine Ausnahme stellt die Studie von Kuhl dar (vgl. Kuhl 2011; Kuhl & Ennemoser 2013), bei der ein Konstruktionstraining in drei Gruppen im SGE empirisch evaluiert wurde. Die Ergebnisse deuten darauf hin, dass ein Training mit Lego die Konstruktionskompetenz der Teilnehmenden kurzfristig fördert, längerfristige Trainingseffekte jedoch nicht nachgewiesen werden konnten (vgl. Kuhl 2011, 128).

Unterscheidungsmerkmale von Baukästen

Fast (2008, 53) entwickelt Kriterien zur Beschreibung und Unterscheidung von Baukastensystemen. Unterscheidungskriterien sind sowohl die verwendeten Materialien und Verbindungsprinzipien, der Geltungsbereich und Umfang (z. B. Konzeption als Einzelbaukasten oder System), der Zeitumfang, der Preis und die Jahrgangsstufe. Daneben ist es sinnvoll, die Kompatibilität mit anderen Produkten und die Langlebigkeit zu überprüfen, sowohl im Hinblick auf die Haltbarkeit der Einzelteile und die Ersatzteilbeschaffung als auch im Hinblick auf die Herstellerangaben zu Softwareupdates.

Bienhaus (2018) spricht von einem *Systemzwang*, der sich aus der Art, Form und Dimension der Bau- und Verbindungselemente ergibt und nicht nur die Kompatibilität einschränkt (vgl. ebd., 185), sondern auch dazu führt, dass die Abbildung technischer Realität nicht eins-zu-eins gelingt. Grundsätzlich gilt es neben fachspezifischen Auswahlkriterien auch die haptischen Eigenschaften der Baukästen zu analysieren, um ein System auszuwählen, welches die damit arbeitenden Schülerinnen und Schüler motorisch bewältigen können. Einfache Holzklötze können beispielsweise durch ihre glatte Oberfläche als herausfordernder wahrgenommen werden als Stecksysteme. Je kleiner die Bauteile sind, desto höhere feinmotorische Fähigkeiten benötigen die Schülerinnen und Schüler. Auch die Ordnungs- und Aufbewahrungsprinzipien von Baukästen (vgl. hierzu ausführlich Bienhaus 2018, 185 ff.) gilt es zu berücksichtigen, da die Pflege des Baukastensystems grundsätzlich eine Herausforderung darstellt. Schülerinnen und Schüler müssen am Ende der Unterrichtseinheit ihre Modelle demontieren, was demotivierend wirken kann, und die Bauteile einordnen. Dies ist zeitintensiv, setzt ein Erkennen der Ordnungsstruktur von Seiten der Lernenden voraus und sollte gegengeprüft werden, um die Vollständigkeit beim nächsten Einsatz zu gewährleisten.

Praxis
Beispiele Technikbaukästen
Fischer Technik: Fischer Technik bietet ein breit gefächertes Baukastensortiment für alle Schulstufen basierend auf einem Stecksystem an. Die Aufgabenvielfalt ist sehr groß und umfasst auch Programmierungsaufgaben und Maker-Aufgaben
https://www.fischertechnik.de/de-de/
LEGO® Education: Die für den Bildungsbereich entwickelten Baukästen von Lego basieren auf den altbekannten Lego-Steinen, die auch als Kinderspielzeug vertrieben werden. Die Angebotspalette umfasst Produkte für den Kindergartenbereich, die Grundschule sowie für weiterführende Schulen. Während mit dem Mindstorms Robotik-System das Aufbauen und Programmieren komplexer Modelle realisiert wird, wird insgesamt ein sehr umfassendes didaktisches Begleitmaterial mit zahlreichen Aufgabenstellungen auf verschiedenen Niveaustufen angeboten.
https://education.lego.com/de-de/
HEWA: HEWA bietet Konstruktionsbaukästen für die Bereiche Mechanik, Maschinen und Getriebetechnik, Elektrotechnik, Elektronik an. Die Verbindungen werden über Gewindeschrauben und Muttern realisiert.
http://hewa-lehrmittel.de/
Eitech: Von Eitech werden Metallbaukästen angeboten, die ebenfalls auf einem Schraubprinzip beruhen. Hier gibt es u. a. einige universell einsetzbare Baukästen, wie einen Basisbaukasten oder einen zu Getriebevarianten, aber auch viele Modellbaukästen, die dazu dienen ein spezifisches Modell

(z. B. den Eiffelturm) aufzubauen. Darüber hinaus bietet Eitech auch Elektronik-Baukästen an sowie unter dem Markennamen teifoc Steinbaukästen, bei denen aus Ziegeln Bauten errichtet werden können.
https://www.eitech.de/

Matador: Matador bietet zahlreiche Konstruktionsbaukästen aus Holz an. Hierbei werden die Bausteine mit Stäbchen verbunden, die eingehämmert werden müssen. Neben einem breiten Angebot für den Kinderbereich https://www.matador.at/, wird auch ein Schulbaukasten mit Lehrerhandreichung und Bauanleitung angeboten.
https://austro-tec.at/shop/matador/40103.222.002?id=3930

Baufix: Baufix bietet ebenfalls Konstruktionsbaukästen aus Holz an, was vorwiegend Kinder im Alter von 3–6 Jahren adressiert, aber auch im SGE eingesetzt wird (vgl. z. B. Kuhl 2011). Hierbei werden u. a. Lochplatten angeboten, die mit Schraubverbindungen verbunden werden.

Verwandt mit Baukästen sind Halbzeugsysteme. Im Unterschied zu Baukästen, in denen die Konstruktionselemente selbst in der Regel nicht verändert werden, sondern die montiert und später wieder demontiert werden, werden bei Halbzeugsystemen Materialien mit Fertigungsverfahren auch dauerhaft verändert. Als Halbzeuge werden grundsätzlich Erzeugnisse bezeichnet, die schon eine bestimmte Form haben, aber noch keine fertigen, verwendbaren Produkte sind (vgl. Schlagenhauf 2020, 55).

Ein bekanntes Halbzeugsystem, das mit einem umfangreichen didaktischen Begleitmaterial angeboten wird, ist das System *UMT*. Hier werden nicht nur Halbzeuge wie Lochschienen, Flach- und Rundprofile, Achsen, Räder und Verbindungsmittel angeboten, sondern auch passende Vorrichtungen zur Bearbeitung, spezielle Werkzeuge und Aufbewahrungssysteme für den mobilen Einsatz. Während Halbzeugsysteme noch eine vergleichsweise große Varianz an Konstruktionsmöglichkeiten zulassen, sind Bausätze (auch »Werkpackungen« genannt) in der Regel für die Fertigung eines spezifischen Produktes vorgesehen. Hierbei wird »ein mehr oder weniger vorgerichtetes Material zum Bau von technischen Modellen« (Bienhaus 2018, 184) zur Verfügung gestellt, dessen didaktische Qualität variiert.

Die Gefahr bei einer unreflektierten Verwendung von Bausätzen besteht darin, dass sie zum »bloßen Tun«, also zur reinen »Handarbeit« und zum »Zusammenbauen« anregen und damit dem Verständnis eines mehrperspektivischen Technikunterrichts nicht genügen.

Quellen und Hinweise Internet

- Bausätze https://www.opitec.de/werkpackungen/holzbausaetze-/; https://www.aduis.de/werken-technik-werkpackungen-pg1; https://www.edunikum.de/bauen-und-konstruieren

Weiterführende Literatur

Bienhaus, W. (2018): Das Fachraumsystem des allgemeinbildenden Technikunterrichts. Hinweise zur Planung – Anlage – Einrichtung - Ausrüstung. Konstanz: Dr.-Ing. Paul Christiani GmbH & Co. KG. (Hier Kapitel 9.4 Technische Konstruktionsbaukästen und Kapitel 9.5 Ordnungssysteme für technische Baukästen. 184-189)

Fast, L. (2008): Zur Genese von Baukästen im Technikunterricht. Neue Akzente für Technische Bildung. Karlsruher pädagogische Beiträge 68, 50–53.

4

Methoden des WAT-Unterrichts

Um die mit dem WAT-Unterricht adressierte Kompetenzförderung zu realisieren (▶ Kap. 2) und fachspezifische Inhalte zu vermitteln, bedarf es fachspezifischer Unterrichtsmethoden. In diesem Kapitel werden daher nach einer allgemeinen Einführung die Methoden Schülerfirmen, Betriebspraktikum, Persönliche Zukunftsplanung, Konstruktionsaufgabe, Fertigungsaufgabe und Lehrgang dargestellt.

> **Unterrichtsmethoden**
> »Unterrichtsmethoden sind Formen und Verfahren, mit denen Lehrende und Lernende die sie umgebende natürliche und gesellschaftliche Wirklichkeit im Unterricht vermitteln und sich aneignen« (Jank & Meyer 2014, 54).

Der Begriff Methoden ist dabei nicht trennscharf definiert und umfasst nach Meier (vgl. 2013, 232) sowohl Konzepte als auch Methoden im engerem Sinne und Techniken. Bei der folgenden Darstellung wird von einem engen Methodenbegriff ausgegangen, der gleichzusetzen ist mit dem Begriff der Unterrichtsverfahren (vgl. Hüttner 2009, 131 ff.; Henseler & Höpken 1996, 47) und der Aktionsformen (vgl. Kaiser & Kaminski 2012, 101 ff.).

Im WAT-Unterricht kann man dabei auf ein breites Methodenspektrum zurückgreifen. Fachspezifische Methoden, die vorwiegend in dem jeweiligen Unterrichtsfach zur Anwendung kommen und eine fachspezifische Charakteristik aufweisen, werden als besonders geeignet für fachliche Lehr-Lernprozesse angesehen. Fachspezifische Methoden weisen je nach fachlicher Verortung dementsprechend Affinitäten zu bestimmten technischen Handlungen (vgl. Henseler & Höpken 1996, 55) oder dem ökonomischen Denkansatz als Heuristik (vgl. Kirchner 2015, 42) auf. Dadurch sind sie geeignet, um fachspezifische Inhalte und Denkweisen zu transportieren. In der folgenden (alphabetisch sortierten) Übersicht werden für den WAT-Unterricht relevante Methoden aufgelistet.

Tab. 4.1: Methoden für den WAT-Unterricht

Methoden für den WAT-Unterricht		
• Betriebs- und Arbeitsplatzerkundungen • Betriebspraktika • Erkundung (Arbeitsplatz-, Betriebs-, technische) • EscapeRoom • Experimente (ökonomisches, technisches, naturwissenschaftliches, ernährungsphysiologisches) • Expertenbefragung • Fallstudie	• Fertigungsaufgabe • Instandhaltungsaufgabe • Konstruktionsaufgabe • Lehrgang • Leittext-Methode • Nutzwertanalyse • Persönliche Zukunftsplanung • Planspiele • Potenzialanalyse • Pro & Contra-Debatte • Produktlinienanalyse • Projekte	• Recyclingaufgabe • Rollenspiele • Schülerfirmen • Schülerwettbewerbe • SeriousGame • Szenario-Technik • Technische Analyse • Vergleichende Dienstleistungs- und Warentests • Webquest • Wikis

Bei vielen der dargestellten Methoden lassen sich verschiedene Aneignungsmöglichkeiten realisieren, die insbesondere im SGE relevant sind. Niedrigschwellige Angebote, die auf basal-perzeptiver oder konkret-gegenständlicher Aneignungsebene stattfinden, lassen sich insbesondere bei Handlungen in lebensnahen Situationen realisieren. Mühl (2004b) nennt »Werk- und Arbeitsprojekte, Lehrgänge, Betriebs- und Arbeitsplatzerkundungen und Betriebspraktika« als Beispiele für Unterrichtsmethoden, die eine handelnde Auseinandersetzung mit konkreten Situationen und Sachverhalten ermöglichen. Weitere handlungsorientierte Methoden des WAT-Unterrichts sind u. a. die Fertigungsaufgabe, die vergleichenden Dienstleistungs-

und Warentests und die Schülerfirmen. Die Durchführung von Simulationsmethoden setzt jedoch eine Lernausgangslage voraus, bei der anschauliche Zugänge und/oder abstrakt-begriffliche Aneignungsmöglichkeiten angewendet werden können. Daher werden beispielsweise Planspiele und Fallstudien als weniger geeignet bewertet und lediglich ihr gelegentlicher Einsatz empfohlen (vgl. Mühl 2004b).

In den folgenden Unterkapiteln (siehe Kapitel 4.1 bis 4.6) werden eine Auswahl jener Unterrichtsmethoden dargestellt, die für den SGE als geeignet herausgestellt wurden und die gleichfalls eine fachspezifische Bedeutung für den WAT-Unterricht haben. Diese Bedeutung wurde über die mehrfache Nennung in fachdidaktischen Publikationen abgelesen. Diese ausgewählten Methoden und ihre Modifikationen werden den fünf von Pitsch & Thümmel (vgl. 2017, 157) entwickelten Anforderungsstufen zugeordnet. Die rein berufsbezogene Klassifikation wurde dafür aus fachbezogener Perspektive verändert, woraus eine leicht modifizierte Stufenbezeichnung und eine veränderte Einordnung des »Konstruierens« als fachspezifische Methode resultieren.

Tab. 4.2: Anforderungsstufen und unterrichtliche Verfahren (in Anlehnung an Pitsch & Thümmel 2017, 157)

	Anforderungsstufen	Unterrichtliche Verfahren (innerhalb dieses Buches)
❶	Sinnlich erfahren und Reaktionen zeigen	/
❷	Handeln in einfachen Bezügen, spezifische Einzelkompetenzen	4-Stufen-Methode (als Variante des Lehrgangs)
❸	Handeln in komplexeren Bezügen; Anwenden in Teilbereichen	Montagetätigkeiten (siehe Baukästen im technischen Unterricht), Lehrgang
❹	Handeln in spezifischen fachbezogenen Bezügen; Anwenden in berufsbezogenen Bezügen	Betriebspraktikum, Fertigungsaufgabe (▶ Kap. 4.4)
❺	Reflektiertes, gedankliches Handeln; Werten, Begründen, Schlussfolgern	Schülerfirma (▶ Kap. 4.1), Konstruktionsaufgabe, persönliche Zukunftsplanung (▶ Kap. 4.6)

Auffallend bei dieser empirisch zu überprüfenden Zuordnung (Tab. 4.2) ist, dass die niedrig schwelligste Tätigkeitsstufe »sinnlich erfahren und Reaktionen zeigen« (Pitsch & Thümmel 2017, 157) bei den beschriebenen Methoden dieses Buches nicht enthalten ist, da sich diese tendenziell den höheren Anforderungsstufen zuordnen lassen.

Da aber, auch nach langjähriger Schulbildung, vor allem Schülerinnen und Schüler mit umfänglichen, schwersten Beeinträchtigungen diese Anforderungsniveaus nicht immer erreichen, sind sie dennoch »im Rahmen ihrer Möglichkeiten in die komplexen lebens- und arbeitsvorbereitenden Lernarrangements einzubinden« (Pitsch & Thümmel 2017, 157). Dies gilt gleichermaßen für die Integration in fachspezifische Lernarrangements im Unterrichtsfach WAT.

Weiterführende Literatur

Hüttner, A. (2009): Technik unterrichten. Methoden und Unterrichtsverfahren im Technikunterricht. Haan-Gruiten: Verl. Europa-Lehrmittel Nourney Vollmer. 131–228

Pitsch, H.-J. & Thümmel, I. (2015b): Methodenkompendium für den Förderschwerpunkt geistige Entwicklung. Band 2: Lernen in der Schule. Oberhausen: Athena.

Pitsch, H.-J. & Thümmel, I. (2017): Methodenkompendium für den Förderschwerpunkt geistige Entwicklung. Band 3: Lernen in der Sekundarstufe II. Oberhausen: Athena.

Retzmann, T. (2011): Methodentraining für den Ökonomieunterricht. Schwalbach/Ts: Wochenschau Verlag.

Retzmann, T. (2011): Methodentraining für den Ökonomieunterricht II. Schwalbach/Ts.: Wochenschau Verlag.

4.1 Schülerfirmen

Schülerfirmen sind eine handlungsorientierte Simulationsmethode, mit der unternehmerische Strukturen und Handlungsabläufe abgebildet werden und in der Schülerinnen und Schüler möglichst eigenverantwortlich tätig werden. Sie stellen eine Möglichkeit dar, um ökonomisches Lernen mit der Beruflichen Orientierung und je nach Betätigungsgebiet auch mit technischer oder haushaltsbezogener Bildung zu verbinden.

> **Schülerfirma**
> Bereits die Methodenbezeichnung deutet auf zwei zentrale Merkmale der Schülerfirmenarbeit hin: zum einen geht es bei der »Firma« um die Nachbildung unternehmerischer Strukturen und Handlungsabläufe, zum anderen sollen in der »**Schüler**firma« die Lernenden selbst die zentralen Akteure sein, indem sie als Mitarbeitende und Verantwortungsträger und -trägerinnen tätig werden.

In der Definition von Weber (2011) werden darüber hinaus noch das wirtschaftliche Risiko angesprochen sowie der anonyme Markt herausgestellt: »Schülerfirmen sind von Schülerinnen und Schülern organisierte ökonomisch agierende Einrichtungen, die Produkte und Dienstleistungen für einen anonymen Markt anbieten und dabei mindestens Kostendeckung, in der Regel aber Gewinne anstreben und ein gewisses Risiko tragen« (ebd., 191). In Schülerfirmen stehen pädagogische Zielstellungen im Zentrum weshalb das Gewinnstreben diesen nachgestellt sein sollte.

Die Methode ist von Lernbüros und Übungsfirmen abzugrenzen und ihr Alleinstellungsmerkmal besteht in dem hohen Realitätscharakter, der sich u. a. durch die reale Leistungserstellung sowie reale Außenkontakte ergibt (vgl. Gramlinger & Tramm 2006, 2). Das bedeutet, dass die Schülerinnen und Schüler

- mit echtem Geld hantieren,
- Produkte herstellen und/oder vermarkten bzw. Dienstleistungen erbringen und dabei
- mit Kundschaft interagieren müssen.

Dennoch gelten Schülerfirmen als Simulationsmethode, da sie als schulisches Lernarrangement die unternehmerische Wirklichkeit nicht eins-zu-eins abbilden, sondern ausgerichtet auf spezifische, variierende Zielstellungen didaktisch rekonstruiert werden (vgl. Penning 2015). Schülerfirmen grenzen sich als schulisches Lernarrangement ebenfalls von sogenannten Juniorenfirmen ab, die als rechtlich eigenständige Unternehmen generell steuerpflichtig sind und beispielsweise im Rahmen der dualen Ausbildung von Unternehmen genutzt werden, um Auszubildende zu fördern.

Bei der Realisierung von Schülerfirmen ist das geltende Umsatzsteuerrecht in seiner aktuellen Fassung zu beachten, um eine Steuerbefreiung zu bewirken. Seit den Änderungen zum Jahresbeginn 2020 ist neben der umsatzsteuerlichen Befreiungsgrenze ein besonderes Augenmerk auf jene Schülerfirmen zu legen, die von der Schule getragen und organisiert werden. Das Betreiben von Schülerfirmen wird als »unternehmerische Tätigkeit« betrachtet, deren Umsätze der Schulträger nachweisen muss. Dabei werden die Schülerfirmen aller Schulen des jeweiligen Schulträgers addiert, sodass das Einhalten der Geringfügigkeitsgrenze herausfordernd ist und somit auch die Schülerfirmen umsatzsteuerpflichtig werden könnten. Wird die Schülerfirma als nichtrechtsfähiger Verein unabhängig von der Schule realisiert, sind die Anforderungen des Gemeinnützigkeitsrechts anwendbar und damit eine Umsatzsteuerbefreiung möglich (vgl. IW JUNIOR 13.05.2020).

4.1.1 Angestrebte Ziele und Kompetenzerwartungen

Obwohl Schülerfirmen eine etablierte Methode darstellen, existieren bislang keine repräsentativen empirischen Erhebungen zur Verbreitung von Schülerfirmen. Die ältere Bestandsaufnahme von de Haan et. al (vgl. 2009, 20) deutet darauf hin, dass Schülerfirmen vor allem an Sekundarschulen und dort hauptsächlich an Haupt- und Realschulen sowie Förderschulen angeboten werden (27,8 % der Sonderschulen geben an, eine Schülerfirma zu führen).

Für den SGE zeigt die auf Baden-Württemberg bezogene Studie von Frank, Sansour & Zentel (vgl. 2015, 12), dass 43 % der Förderschulen im SGE eine Schülerfirma oder ein vergleichbares Angebot aufweisen. Eine direkte Übertragbarkeit auf die aktuelle und bundesweite Verbreitung ist unzulässig, dennoch lässt sich die Bedeutung dieser Methode für die Praxis im SGE ablesen.

Schülerfirmen werden u. a. im Pflichtbereich, Wahlpflichtbereich, in Form von freiwilligen Arbeitsgemeinschaften oder im offenen Wahlpflichtbereich realisiert. Auch die fachliche Anbindung variiert und wird durch die curricularen Vorgaben der einzelnen Bundesländer mit den jeweiligen Unterrichtsfächern beeinflusst. Schröder geht davon aus, dass insbesondere aus dem Zusammenspiel zwischen Schülerfirmenarbeit, Beruflicher Orientierung und Entrepreneurship positive Wirkungen hervorgehen (vgl. Schröder 2016, 100).

Je nach Schwerpunktsetzung variieren auch die Motive zur Gründung von Schülerfirmen, die vielfältig sind (Weber 2011):

- »Förderung eines unternehmerischen Geistes als wirtschaftspolitisches Ziel,
- Orientierung in der Berufs- und Arbeitswelt,
- Förderung persönlicher Selbstständigkeit,
- Institutionelle Reformen in Schulen« (ebd., 185 f.).

Schülerfirmen im sonderpädagogischen Bereich werden vor allem im Hinblick auf die Berufliche Orientierung und die damit intendierte Förderung arbeitsrelevanter Basiskompetenzen geschätzt. Dementsprechend heben praktizierende Lehrkräfte vor allem die Förderung allgemeiner Kompetenzen anstelle von ökonomischen hervor. Grundsätzlich lassen sich nach Gamache & Knab (vgl. 2008, 10) Lernmöglichkeiten in vier Bereichen identifizieren:

Tab. 4.3: Lernmöglichkeiten in Schülerfirmen (vgl. Gamache & Knab 2008, 10; übersetzt von *IP*)

Bereich	Beispiele
Betriebswirtschaftliche Fähigkeiten	Umgang mit Geld (Finanzierung; Kostenplanung), Marketing, Produktentwicklung, Kalkulation, Werbung, Logistik etc.
Analytische Fähigkeiten	Organisieren und Prioritäten setzen, Entscheidungen treffen unter Berücksichtigung von Sachzwängen, mehrere Lösungsmöglichkeiten für ungewohnte Situationen entwickeln etc.
Soziale und kommunikative Fähigkeiten	Aufbau von Beziehungen, Verhandeln und Kompromisse finden, Streitschlichtung, Leitung und Beratung, Verständnis von Autorität und Delegation, Öffentliches Sprechen und Beteiligen etc.
Persönliche Fähigkeiten	Selbstständigkeit, Selbstwertgefühl, Selbstvertrauen, Verstehen von Verantwortung, Selbstbestimmung etc.

Frank, Sansour & Zentel (2015, 15) stellen fest, dass »ökonomische Strukturen für viele der Schülerfirmen im SGE weniger im Vordergrund stehen. Vielmehr wird das Potenzial des Lernarrangements im Erwerb von *Schlüsselqualifikationen* gesehen«. Die analytischen, sozialen und kommunikativen sowie persönlichen Fähigkeiten erweisen sich daher für diese Zielgruppe als besonders bedeutsam. Entsprechend der dargestellten Schwerpunkte wird die Methode folglich der Zielgruppe angepasst. Dies zeichnet sich auch in den Betätigungsfeldern ab, die theoretisch nahezu unbegrenzt sind, sich in der Sonderpädagogik vorwiegend auf einige wenige konzentrieren. So scheint das Tätigkeitsfeld Nahrungsmittel/Gastronomie sowohl im Förderschwerpunkt Lernen (vgl. Meschenmoser 2009, 174 f.) als auch im SGE (vgl. Sansour et al. 2014, 10) stark verbreitet zu sein. Im letztgenannten spielt des Weiteren auch die Produktion von Gebrauchsgegenständen eine große Rolle (vgl. ebd.).

Über Erhebungen an Förderschulen mit dem Schwerpunkt Lernen konnte Meschenmoser (vgl. 2009, 188) feststellen, dass das Potenzial von Schülerfirmen noch nicht vollends ausgeschöpft wurde. Auch Schröder (2016) verweist mit dem Titel »Schülerfirmen: eine Methode zwischen universalpädagogischem Heilsversprechen und fachdidaktischer Überforderung« auf die Diskrepanz zwischen der theoretischen Methodenbeschreibung und der Unterrichtspraxis hin. Gerade für die sonderpädagogischen Förderung scheint die Diskrepanz besonders groß zu sein. Das indikatorengestützte Qualitätsraster von Meier & Meschenmoser (2009) kann dabei helfen, zentrale Aspekte bei der Gestaltung von Schülerfirmen im Blick zu behalten. Eine fachliche Einbettung der Schülerfirmenarbeit ist notwendig, um die Tätigkeiten im Rahmen der Schülerfirma fachlich einordnen und reflektieren zu können. Dabei sollte ein Lernen im Modell, aber auch ein Lernen am Modell realisiert werden (vgl. Penning 2018, 106 ff.). Neben der Reflexion des persönlichen Lern- und Arbeitsverhaltens und der Firmenentwicklung gehört dazu ebenfalls die fachliche Einbettung der Lehr-Lernerfahrungen in einen größeren Kontext. So können Fehlübertragungen vermieden werden, die sich daraus ergeben, dass die Schülerinnen und Schüler ihre im spezifischen Kontext gesammelten Erfahrungen verallgemeinern (vgl. Penning 2018, 108). Bei der Schülerfirmenarbeit verfälschen veränderte beziehungsweise wettbewerbsbegünstige Marktbedingungen beispielsweise die Gewinnermittlung (vgl. Weber 2011, 188).

Praxis
Schülerfirmenbeispiel
»School dog & kids«: Die Schülerfirma der »Börde Schule« (Förderschule Lernen) in Klein-Oschersleben produziert und vertreibt Produkte rund um den Hund und bietet ein Unterhaltungsprogramm im Seniorenheim an. Neben den mitarbeitenden Schülerinnen und Schüler gehören zwei Therapiehunde mit zum Team (vgl. Börde-Schule)
https://www.youtube.com/watch?v=vWyeJnvHzLg
 Weitere Schülerfirmenbeispiele werden auf der folgenden Website beschrieben: https://www.fachnetzwerk.net/einblicke.html oder auch bei Pitsch & Thümmel (2017, 165 ff.).

4.1.2 Ablauf einer Schülerfirmengründung

Eine Schülerfirma durchläuft nach Weber fünf Phasen (Weber 2011, S. 191):
 In der *Planungsphase* wird u. a. eine Geschäftsidee entwickelt, die Produktion und Arbeitsorganisation geplant und Ansprechpersonen für verschiedene

Formen von Fragen ausfindig gemacht, wie beispielsweise Verbände, Unternehmen und Banken (vgl. König et al. 2013, 21). Als Endprodukt steht hier ein Businessplan, der im schulischen Kontext die Lernenden dazu anhalten soll, ihre Ideen systematisch zu durchdenken, zu dokumentieren und gemeinsam mit anderen zu diskutieren.

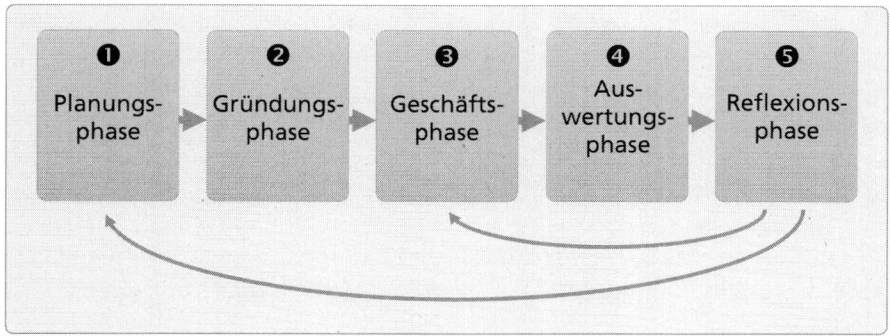

Abb. 4.1: Phasen der Schülerfirmenarbeit (eigene Darstellung)

In der *Gründungsphase* wird die Betriebseröffnung vollzogen. Hier gilt es, Marketingstrategien zu entwickeln und die Aufbauorganisation des Unternehmens festzulegen. Ausgewählte Schülerinnen und Schüler übernehmen dabei leitende Positionen als Abteilungs- oder Geschäftsleitung, und die Abteilungen Marketing, Vertrieb, Produktion werden definiert und besetzt. Ebenso wichtig ist es, den Kapitalbedarf zu decken. Vielfach wird die Finanzierung über Sponsorengelder oder Einlagen erzielt. Da die Schülerfirma aus pädagogischen Gründen bereits in der Planungsphase eine Rechtsform wählen sollte, kann diese beispielsweise durch angepasste Stammeinlagen oder den Aktienverkauf realisiert werden.

Die *Geschäftsphase* ist durch die Güter- bzw. Dienstleistungserstellung und -verwertung gekennzeichnet, die arbeitsteilig stattfindet. Hierbei sollen die Lernenden anfallende Aufgaben weitestgehend selbstständig bearbeiten, wie beispielsweise die Auftragsakquise und den Kundenkontakt. Im »Alltagsgeschäft« müssen die Lernenden auftretende Probleme lösen und den Geschäftsbetrieb weiterentwickeln. Während dies einerseits die Erprobung und Anpassung der geplanten Aufbau- und Ablauforganisation umfasst, kann auch die Entwicklung und Einführung von Innovation, das Anstreben von Kostensenkung und Umsatzerhöhung oder eine Orientierung an den Zielen für nachhaltige Entwicklung dazugehören (vgl. Weber 2011, 192). Als nachfolgender Schritt werden in der *Auswertungsphase* die Unternehmensergebnisse im Rahmen einer Versammlung dargestellt und diskutiert und weiterführende Entscheidungen abgeleitet. Dies kann in Form einer Betriebs-, Abteilungs-, Gesellschafter- oder Aktionärsversammlung geschehen (vgl. König, et al. 2013, 22). Im Geschäftsbericht wird u. a. die Gewinn- und Verlustrechnung aufgezeigt und nachfolgend über die Verwendung von Gewinnen entschieden. Neben der Reinvestition nutzen viele Schülerfirmen ihre Gewinne für die Durchführung gemeinsamer Aktivitäten.

Die als fünfte und damit als letzte Phase gekennzeichnete *Reflexion* erfolgt auf drei Ebenen: inhaltlich, methodisch und persönlich. Hierbei sollen z. B. Kompetenzen überprüft und der Vergleich zur Realität gezogen werden (inhaltlich), die Methode Schülerfirma als solche beleuchtet (methodisch) sowie das persönliche Lern- und Arbeitsverhalten betrachtet und auf die Berufliche Orientierung bezogen werden (persönlich) (vgl. König, et al. 2013, 23). Zielführender als eine nachgeordnete Phase, erscheint es, die Reflexionen im Verlauf der Schülerfirmenarbeit kontinuierlich einzubetten (vgl. Penning 2018, 16).

4.1.3 Differenzierte Gestaltung und Varianten von Schülerfirmen

Weber spricht sich dafür aus, dass Schülerfirmen nach dem vollständigen Handlungsablauf durchgeführt werden, der dem Durchlaufen aller dargestellten Phasen entspricht (vgl. Weber 2011, 191) und insbesondere in der beruflichen Bildung Anwendung findet (vgl. König et al. 2013, 23).

In der schulischen Praxis werden Schülerfirmen ganz unterschiedlich umgesetzt und neben Schülerfirmen, die sich auf ein Schuljahr konzentrieren und innerhalb dieses Zeitrahmens die Phasen durchlaufen, sind vielfach Schülerfirmen vorzufinden, die in der Geschäftsphase verweilen (vgl. Penning 2018, 375). Dies mag verschiedene Gründe haben. Aber gerade wenn man bedenkt, dass mit Schülerfirmen vielfach auch ein Beitrag zum schulischen Zusammenleben geleistet werden soll, wie beispielsweise über die Sicherstellung einer Pausenversorgung, ist dies nachvollziehbar. Darüber hinaus wird auch der beträchtliche Zeitaufwand für die Gründungsphase sowie das damit verbundene Risiko minimiert und die im SGE häufig verbundene Schwerpunktsetzung der Förderung überfachlicher Kompetenzen kann auch in der Geschäftsphase umgesetzt werden.

So bewerten beispielsweise Pitch & Thümmel (2017, 164) es als »eleganteste und risikoärmste Lösung«, eine Schülerfirma als Dauerprojekt durchzuführen. Steht diese Geschäftsphase primär im Fokus, besteht jedoch die Gefahr, dass die Schülerinnen und Schüler anfallende Aufgaben lediglich routiniert abarbeiten und der Lernerfolg geringer ausfällt. Die Durchführung wechselnder Tätigkeiten, die (Weiter)Entwicklung der Firma sowie die begleitende Reflexion bieten jedoch gute Ansatzpunkte, um einer »blinden Betriebsamkeit« entgegen zu wirken.

Eine weitere Möglichkeit, die mit Schülerfirmen verbundenen Potenziale zu nutzen, ohne den enormen Zeitaufwand zu investieren, besteht neben der Fokussierung auf einzelne Phasen darin, Mini- oder Übungsfirmen zu simulieren (vgl. Weber 2011, 197). Gerade im SGE bieten sich die von Lehrkräften vielfach als »Verkaufsprojekte« bezeichneten Vorhaben an, bei denen zu einem spezifischen Zeitpunkt im Jahr (z. B. auf einem saisonalen Schulfest) Dienstleistungen oder Waren angeboten werden. Oder die »Erfüllung einer Auftragsarbeit in einer zeitlich begrenzten Minifirma« (vgl. Weber 2011, 197). Dies kann beispielsweise ein Catering sein, das von einer Schülergruppe übernommen wird, die Konstruktion und Fertigung von Sitzgelegenheiten für den Schulhof oder ähnliche Aufträge, die von den Lernenden übernommen werden.

> **Praxis**
> **Beratungs- und Unterstützungsstellen**
> Für die Durchführung von Schülerfirmen sind fundierte fachliche Kenntnisse und Kompetenzen unerlässlich. So müssen beispielsweise rechtliche Aspekte wie Gewerbesteuer, Versicherungsschutz, Finanzen, Hygienebestimmungen und die Berücksichtigung von Namens- und Logorechten beachtet und fundiert beantwortet werden.
>
> Folgende etablierte Beratungsstellen bieten verschiedene Formen der Unterstützung an, schaffen die Möglichkeit zur Vernetzung und öffentlichkeitswirksamen Präsentation der Schülerfirmenarbeit über Portale und bieten über Wettbewerbe und Qualitätssiegel Anreize zur systematischen Weiterentwicklung:
>
> - Das *Fachnetzwerk »Schülerfirmen«* der Deutschen Kinder- und Jugendstiftung unterstützt die Arbeit von Schülerfirmen bundesweit und wird durch regionale Kooperationspartner (wie z. B. in Brandenburg kobra.net) unterstützt. Das Angebot ist vielfältig und reicht von der Durchführung von Veranstaltungen für Schülerfirmen, über die Durchführung des Wettbewerbs »Klasse unternehmen« bis hin zur Bereitstellung von Unterrichtsmaterialien.
>   https://www.fachnetzwerk.net/home.html

- Auch das *JUNIOR Programm des Deutschen Instituts für Wirtschaft* unterstützt mit ihren klar definierten Programmen die Arbeit von Schülerfirmen.
  https://www.junior-programme.de/startseite
- Weitere kleinere und zum Teil regional wirkende Initiativen können über die Seiten »Unternehmergeist macht Schule« recherchiert werden: https://www.unternehmergeist-macht-schule.de

Weiterführende Literatur

König, H., Hilbert, B., Mittelstädt, E. & Wiepcke, C. (2013): Die Schülerfirma. Schwalbach am Taunus: Wochenschau Verlag.

Weber, B. (2011): Schülerfirmen als Gegenstand und Methode ökonomischer Bildung. In: Retzmann, T. (Hrsg.): Methodentraining für den Ökonomieunterricht (185–204). Schwalbach/Ts: Wochenschau Verlag.

Zentel, P. & Sansour, T. (2014): Fit für die Schülerfirma. Einführung ins Thema. In: Lernen konkret 1 (33), 4–7.

Quellen und Hinweise Internet

- Die Deutsche Kinder- und Jugendstiftung stellt kostenlose cc-lizensierte Unterrichtsmodule für die Schülerfirmenarbeit in der Sekundarstufe I zur Verfügung: https://www.fachnetzwerk.net/unterrichtsmodule.html
- Vielfältige Materialien (Infografiken, E-Trainings u. a.) für Lehrpersonen und Schülerinnen und Schüler sind auf dem Portal »Unternehmergeist macht Schule« zu finden: https://www.unternehmergeist-macht-schule.de
- Gemeinnützige Deutsche Kinder- und Jugendstiftung GmbH (DKJS) (2019): Firmensitz 9b. In zehn Schritten zur Schülerfirma. Berlin. (https://startup-zukunft.de/wp-content/uploads/2022/09/Firmensitz9b_Schuelerfirma.pdf)

4.2 Betriebspraktikum

Das Betriebspraktikum ist ein verpflichtender Bestandteil der Orientierung in der Berufs- und Arbeitswelt, der von nahezu allen Schülerinnen und Schülern mindestens einmal absolviert wird (vgl. Loerwald 2011a, 125). Das Betriebspraktikum ist eine spezifische Form des Praxiskontaktes (▶ Kap. 3.5.1), bei dem die Schülerinnen und Schüler Realität erfahren (vgl. Kaiser & Kaminski 2012, 83).

Betriebspraktika sind abzugrenzen von Betriebserkundungen, die als weitere Form der Realbegegnung nur einen zeitlich punktuellen Einblick in ein Unternehmen geben. Ebenso abzugrenzen sind sogenannte Praxistage: Während das Betriebspraktikum immer außerschulisch umgesetzt wird, kann der Praxistag sowohl außerschulisch als auch innerschulisch organisiert werden.

> **Betriebspraktikum**
> Betriebspraktika gelten als Realbegegnungen und damit als spezifische Form von Praxiskontakten. Bei einem Betriebspraktikum halten sich die Schülerinnen und Schüler über einen längeren Zeitraum in einem Unternehmen auf, übernehmen dort Aufgaben beziehungsweise führen Arbeitstätigkeiten durch (vgl. Arndt 2013, 265). Das Potenzial der Methode ergibt sich dann, wenn Vorbereitung, Begleitung und Nachbereitung als zentrale Bestandteile des Praktikums betrachtet werden (ebd.)

Betriebspraktika stellen, durch die Freistellung der Schülerinnen und Schüler für die zwei- bis vierwöchige betriebliche Durchführung, eine zeitintensive Methode dar, mit der hohe Erwartungen verbunden werden, die sich in der Wirklichkeit nur eingeschränkt bestätigen lassen (vgl. Loerwald 2011a, 125). Hierüber können die Jugendlichen Einblicke in betriebliche Organisationsformen, in Verhaltensmuster, das Denken und Verhalten von Arbeitnehmenden und -gebenden sowie betriebsspezifische Wertvorstellungen erhalten (vgl. Fischer & Pfriem 2011, 339). Insgesamt sollen Betriebspraktika dazu beitragen, dass die Schülerinnen und Schüler ihre Berufswünsche besser reflektieren und den Berufswahlprozess systematischer planen können (vgl. Loerwald 2011a, 125).

Beinke (vgl. 2020, 430 f.) zeigt jedoch, dass die Auswirkungen auf die tatsächliche Berufswahl von Schülerinnen und Schülern systematisch überschätzt wird und bestenfalls getroffene Entscheidungen bestärkt werden. Auch die Lernwirksamkeit eigener Erfahrungen, die sich als gestückelte und unsystematische Eindrücke charakterisieren lassen, gilt es zu hinterfragen und ihnen mit einer curricularen Einbindung zu begegnen (vgl. ebd.). Nur so kann sichergestellt werden, dass die Lernvoraussetzungen für ein Betriebspraktikum erfüllt sind, die nach Loerwald (vgl. 2011a, 140) unter anderem darin bestehen, dass die Lernenden über grundlegende Kenntnisse über die Arbeits- und Wirtschaftswelt verfügen, wofür eine vorausgehende Unterrichtseinheit zur Berufsorientierung notwendig ist.

4.2.1 Angestrebte Ziele und Kompetenzerwartungen

Das übergeordnete Bildungsziel von Betriebspraktika liegt in der Vorbereitung auf betriebliche Lebenssituationen, die über Primärerfahrungen in der Arbeitswelt realisiert werden (vgl. Loerwald 2011a, 126). Die Förderung von Berufswahlkompetenz, mit der Schülerinnen und Schüler in die Lage versetzt werden, ihre Berufswahlentscheidung zu treffen und kritisch zu reflektieren, ist nach wie vor ein wesentliches Ziel, das mit Betriebspraktika verfolgt wird (vgl. Schudy 2002, 192). Diese Kompetenz beinhaltet (vgl. Loerwald 2011a, 126):

- Im Rahmen der Berufswahl eigene Interessen und Fähigkeiten einschätzen
- Unterschiedliche Bildungswege, Berufsfelder, Berufsvoraussetzungen und -anforderungen kennen
- Zugangsmöglichkeiten zu berufsrelevanten Informationen kennen und nutzen
- Berufssuche mit Motivation, Engagement und Willenskraft durchführen
- Eigene Erfahrungen in der Berufs- und Arbeitswelt reflektieren können
- Berufliche Kenntnisse erweitern
- Prozess der Berufswahl selbst planen, organisieren und durchführen.

Durch die Verzahnung von ökonomischer Theorie und betrieblicher Praxis (vgl. Loerwald 2011a, 140) kann zum Aufbau zentraler Kompetenzen der ökonomischen Bildung beigetragen werden: Dazu gehören vor allem die Kompetenzen, Entscheidungen ökonomisch zu begründen, Handlungssituationen ökonomisch zu analysieren und (innerbetriebliche) ökonomische Systemzusammenhänge zu erklären. Inwiefern diese fachliche Kompetenzförderung gleichermaßen wie die Förderung der Berufswahlkompetenz im SGE verfolgt wird, ist fraglich.

Neben dieser fachlichen Zielsetzung werden weitere Ziele mit der Methode verknüpft, die sich in verschiedene Dimensionen unterteilen lassen: »Das Schülerbetriebspraktikum kann eine Orientierung über die Berufs- und Arbeitswelt geben (berufsorientierende Dimension), Fähigkeiten vermitteln und Einblicke in die betriebliche Arbeits- und Produktionsprozesse liefern (instrumentelle Dimension), unterrichtliche Erkenntnisse mit wirtschaftlicher Erfahrung anreichern (curriculare Dimension) und zum Aufbau von Sekundärtugenden und Schlüsselqualifikationen beitragen (soziale Dimension)« (ebd., 140)

4.2.2 Ablauf von Betriebspraktika

Ein wesentliches Gestaltungsmerkmal des Betriebspraktikums, das dazu führt, dass die Beschäftigung im Betrieb nicht auf die bloße Tätigkeit reduziert wird, ist die Vorbereitung, Begleitung und Nachbereitung (vgl. Arndt 2013, 265). Das Praktikum lässt sich entsprechend konzeptionell nach Loerwald (vgl. Loerwald 2011a, 132 f.) in die folgenden Phasen einteilen

Tab. 4.4: Konzeptionelle Phasen von Betriebspraktika (in Anlehnung an Loerwald 2011a, S. 131 ff.) (eigene Darstellung)

Phasen	Zentrale Tätigkeiten/Aufgaben/Erkenntnisse
Vorbereitungsphase (Inhaltliche Fokussierung)	• Beobachtungsaufgaben als Orientierungs- und Strukturierungshilfen (allgemeine branchenspezifische oder themenbezogene Beobachtungsaufgaben) • Organisatorische Vorbereitung (u. a. Elterninformation, Kommunikation und Abstimmung zwischen Schule und Unternehmen; Wahl des Praktikumsplatzes)
Durchführungsphase (Betreuung, Beratung und Prozessevaluation)	• Organisation der Durchführung durch den Betrieb • Betreuung durch Lehrkraft: u. a. Ermöglichung von individuellen Rücksprachen, einer wöchentlich stattfindenden Prozessevaluation, Besuche der Schülerinnen und Schüler
Auswertungsphase (Einbettung in übergeordnete Sach- und Sinnzusammenhänge)	• Rückbindung selektiver Erfahrung an bewährtes Wissen • Protokollierung des Praktikumsverlaufs in Form einer Mappe oder eines Berichts • Zusammenführung von Erfahrung und Erkenntnis • Offenlegung: Zusammenhänge und Diskrepanzen zwischen einzel- und gesamtwirtschaftlicher Perspektive

Mühl (vgl. 2004b) verweist auf spezifische Herausforderungen bei der Einarbeitung für Schülerinnen und Schüler im SGE hin, zu denen eine relative soziale Isolierung am Arbeitsplatz, ein Mangel an Ausdauer und Selbstkorrektur von Arbeitsfehlern, die anfänglich fehlende Orientierung in den Betriebsräumen sowie die Umstellung des Tagesablaufes gehören. Neben einer realitätsnahen Vorbereitung schlägt er ein konkretes Mitarbeiten durch die Lehrperson in der Anfangszeit vor (vgl. Mühl 2004b). Inwiefern dieses Vorgehen mit den personellen Ressourcen möglich ist, ist fraglich. So bezeichnen Pitsch und Thümmel (vgl. 2017, 146) es bereits als Schwierigkeit, mehrere Schülerinnen und Schüler in verschiedenen Betrieben zu betreuen (ohne den Umfang der Betreuung zu konkretisieren), und empfehlen die Aufteilung einer Gruppe auf mehrere Abteilungen eines gleichen Betriebs (▶ Kap. 4.2.3). Beinke (vgl. 2020, 432) rät zu dem Praktikum vorangehenden Betriebserkundungen, um eine einführende Übersichtlichkeit zu erzielen, welche die Betriebsabläufe während des Praktikums transparenter wirken lassen.

4.2.3 Organisationsformen von Betriebspraktika

Betriebspraktika können als Praktikumstage durchgeführt werden, bei denen einmal pro Woche der Betrieb aufgesucht wird (sogenannte Praxistage), oder als Blockpraktika. Ein Vorteil der Praktikumstage als Organisationsform liegt nach Pitsch & Thümmel (2017, 146) in der »engeren Verzahnung von theoretischer Vorbereitung, praktischer Arbeit und wiederum theoretischer Aufbereitung«, die u. a. dazu genutzt werden kann, festgestellte Lernbedarfe innerhalb der gleichen Woche aufzuarbeiten. Die Einblicke in die Binnenstrukturen von Betrieben und Arbeitsplätzen und auch das Erleben sozialer Probleme im Kollegium sind jedoch weniger intensiv (ebd.).

Darüber hinaus können Praktika als sogenannte »Stundenpraktika« auch auf bestimmte Tageszeiten begrenzt werden (vgl. Loerwald 2011a, 129). Dies ist insbesondere mit Blick auf die Belastbarkeit der Lernenden im SGE eine zu berücksichtigende Organisationsform. Beinke (2020, 433) spricht sich deutlich für die Durchführung von Blockpraktika aus, da Tagespraktika nicht in gleichem Maße geeignet sind, die Anforderungen zu erfüllen. Darüber hinaus ist eine Systematisierung nach der Zielstellung des Praktikums möglich (vgl. Loerwald 2011a, 129):

- Als *Orientierungspraktikum* soll es dazu dienen, einen Überblick über die zunächst unbekannte Arbeitswelt zu ermöglichen,

- über ein *Erprobungspraktikum* kann ein ganz spezifischer Berufswunsch geprüft werden,
- und über ein *Kontrastpraktikum* werden Alternativen zum bisherigen Berufswunsch erprobt.

Bezieht man noch die Gruppengröße ein, die von Einzelpraktika, über Gruppenpraktika hin zu Klassenpraktika variieren kann, erhält man drei Ordnungssystematiken mit jeweils drei Varianten (Abb. 4.2).

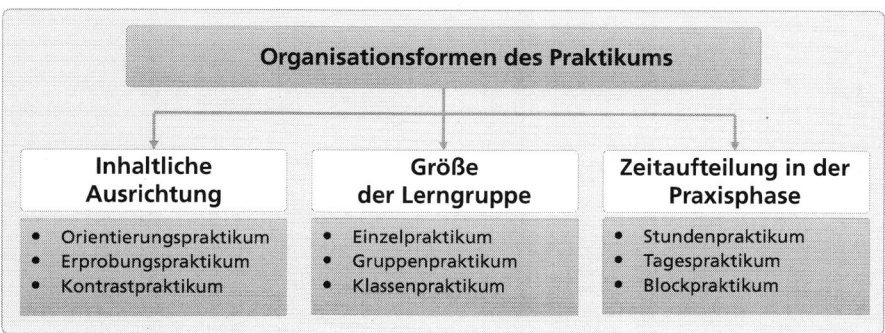

Abb. 4.2: Organisationsformen des Schülerbetriebspraktikums (eigene Darstellung in Anlehnung an Loerwald 2011a, 129)

Der Forderung entsprechend, Menschen mit umfänglicheren Beeinträchtigungen die Teilhabe am Berufs- und Arbeitsleben zu ermöglichen (vgl. Mühl 2004a; Marzini & Sansour 2019), sind diese grundsätzlich bei der Umsetzung des Betriebspraktikums einzubeziehen. Insbesondere ein Praktikum in der Werkstatt für behinderte Menschen kann dazu beitragen, dass sie in diese integriert werden (vgl. Mühl 2004b). Je nach Beeinträchtigungsgrad können auch Praktika in den Tagesförderstätten im Sinne einer Übergangsvorbereitung angedacht werden. Durch in der Regel begrenzte Platzzahlen empfiehlt es sich hier frühzeitig in der Planung anzufragen sowie grundsätzlich zu diesen Betrieben kooperative Strukturen vorzuhalten.

> **Weiterführende Literatur**
>
> Beinke, L. (2020): Das Betriebspraktikum als Instrument der Berufsorientierung. In: Brüggemann, T. & Rahn, S. (Hrsg.): Berufsorientierung (427–434). Münster, New York: Waxmann.

> Loerwald, D. (2011a): Das Schülerbetriebspraktikum – Betriebe als außerschulische Lernorte. In: Retzmann, T. (Hrsg.): Methodentraining für den Ökonomieunterricht II. Schwalbach/Ts.: Wochenschau Verlag, 125–140.
> Rauhut, J.-U., Born-Frontsberg, D. & Buß, G (2012): Das Schülerbetriebspraktikum im Land Brandenburg. Beitrag zu einer gelungenen Berufs- und Studienorientierung. Ludwigfelde-Struveshof.

4.3 Persönliche Zukunftsplanung

Die persönliche Zukunftsplanung ist ein »wertebasierter und menschenrechtsbezogener Ansatz« (Doose 2019, 176), der sowohl im schulischen Kontext als auch in der außerschulischen Arbeit zum Einsatz kommt und zur selbstbestimmten Lebensplanung beitragen soll. Verstärkt eingesetzt wird das Konzept gemeinsam mit Menschen im SGE, wobei es grundsätzlich für alle Menschen geeignet ist (vgl. Müller, Finkbohner & Emrich 2020, 6). Während die unter dem Begriff der persönlichen Zukunftsplanung gefassten Methoden variieren, ist die Grundkonzeption verbindend.

> **Persönliche Zukunftsplanung**
> Bei der persönlichen Zukunftsplanung steht das Individuum mit seinen Interessen, Wünschen und Zielen im Zentrum, und über einen Unterstützerkreis wird eine personenzentrierte Unterstützung mit dem Ziel der gleichberechtigten Teilhabe realisiert. Im Zentrum des gemeinsamen Nachdenkens steht die Frage nach dem wünschenswerten Leben und dessen Realisierung. Dabei tritt die planende Person (auch Hauptperson genannt) ins Gespräch mit Freunden, Familienangehörigen und Fachpersonal. Veränderungsprozesse sollen auf der Ebene der *Person*, der *Organisation* und des *Gemeinwesens* realisiert werden (vgl. Doose 2018, 283)

4.3.1 Angestrebte Ziele der Zukunftsplanung

Die persönliche Zukunftsplanung soll das Individuum dazu befähigen, selbst die Form der Hilfe und Unterstützung zu bestimmen und somit zu einer selbstbestimmten Lebensplanung beizutragen. Die Ermöglichung von Teilhabe ist dabei ein wesentlicher Grundsatz, der über drei Perspektiven realisiert wird (vgl. Doose 2019, 176):

- Mit der *Personenorientierung* wird die planende Person zum zentralen Akteur und Bezugspunkt für die persönliche Zukunftsplanung. Um eine passgenaue Unterstützung zu verwirklichen, ist ein Unterstützerkreis notwendig, der die Stimme der planenden Person ernst nimmt und ihr auf Augenhöhe begegnet.
- Über die *Sozialraumorientierung* werden Möglichkeiten im Umfeld, d. h. in der Gemeinde oder in der Stadt, eruiert und entwickelt. Die Ressourcen der Menschen vor Ort werden in erster Linie genutzt, um die Interessen und Wünsche der planenden Person umzusetzen. Daraus ergeben sich aber auch positive Effekte für den Ort selbst, der über erweiterte Teilhabechancen zur Steigerung der Lebensqualität für alle beitragen kann.
- Bei der *Beziehungsorientierung* geht es um die Gestaltung von gelingenden, liebevollen und wertschätzenden Beziehungen. Die Unterstützung soll die planende Person beim Beziehungsaufbau und -erhalt stärken, der natürlich auch nichtbezahlte Beziehungen einschließt und auf beidseitiger Wertschätzung beruht.

4.3.2 Ablauf der Zukunftsplanung

Verschiedene Methoden personenzentrierten und sozialräumlichen Denkens und Planens mit unterschiedlichem zeitlichem Umfang (von einer Stunde bis hin zu einem Tag) werden zur Realisierung der persönlichen Zukunftsplanung verwendet, wie beispielsweise Arbeitsblätter/Poster, Kartensets, Portfolios, Planungsordner und verschiedene Formate zur Planung von Unterstützerkreisen (vgl. Doose 2018, 284). Zu den etablierten zählen die Persönliche Lagebesprechung (Sanderson & Goodwin 2010), MAPS oder PATH (O'Brien, Pearpoint & Kahn 2010).

Die Methode »MAPS« ist die Abkürzung von »Making Action Plans«, wobei heute meist nur noch die Kurzform genutzt wird: das englische Wort »map« bedeutet Landkarte, und verweist somit auf die »Orientierung«, die über die Methode erzielt werden soll, bei der es darum geht, die Vision zu klären (vgl. Doose 2021a).

Bei der PATH-Methode steht die Umsetzung stark im Fokus. Die Abkürzung steht für »Planning Alternatives Tomorrows with Hope« und bedeutet so viel wie »Mit Hoffnung ein alternatives Morgen, eine alternative Zukunft planen« (vgl. Doose 2021b). Die Abkürzung ergibt das englische Wort »path«. Dies bedeutet Weg und benennt damit das Kernelement der Methode, bei der es um das »Wie« zum Erreichen des Ziels, also um den Weg dahin, geht. Bei der Methode werden acht Schritte durchlaufen (vgl. Doose 2020, 113 ff.; vgl. O'Brien, Pearpoint & Kahn 2010, 63 ff.):

1. *Den Nordstern lokalisieren:* Die Metapher, die diesen Schritt bezeichnet, deutet auf seine Bedeutung hin. Es geht darum, einen Fixpunkt für die Orientierung auszumachen, auf den bei der Navigation Bezug genommen werden kann. Leitgebende Werte, Ziele und Ideale der planenden Person sollen festgehalten werden, sodass deutlich wird, was ihre persönliche Lebensqualität ausmacht. (Vgl. Doose 2020, 114)
2. *Die Vision von einer positiven, möglichen Zukunft erschaffen:* Mit einer »Zeitmaschine« werden die planende Person und ihr Unterstützerkreis ein bis zwei Jahre in die Zukunft versetzt. Von dort aus blickt man auf ein erfolgreiches Jahr zurück und sammelt alle Aspekte, die dieses Jahr ausmachen. So entsteht eine konkrete Vision von den Möglichkeiten, die realisierbar sind, und von den Schritten, die dazu notwendig sind (vgl. ebd.).
3. *Die Gegenwart beschreiben:* Die Gruppe kehrt ins Jetzt zurück und beschreibt die Gegenwart mit Begriffen und Bildern. Hierüber wird die Diskrepanz zwischen der aktuellen Situation und der Vision deutlich (vgl. ebd.).
4. *Unterstützer und Unterstützerinnen finden:* Sobald die planende Person entschieden hat, den Plan umzusetzen, steht die Frage im Zentrum, wen man zur Realisierung der Ziele einbinden kann. Hierbei werden sowohl anwesende als auch abwesende Personen mitbedacht und eingeladen (vgl. ebd.).
5. *Stärke entwickeln:* Gemeinsam wird analysiert, welche Potenziale bereits vorhanden sind und welche Ressourcen, Kompetenzen und Vernetzungen noch entwickelt werden müssen. Dabei geht es sowohl um eine professionelle als auch um eine persönliche Stärkenanalyse, bei welcher der achtsame Umgang mit der eigenen Energie und Gesundheit zentral ist (vgl. ebd., 115).
6. *Die wichtigsten Schritte herausfinden:* Zwei oder drei zentrale Schritte sollen identifiziert werden, die für den Erfolg entscheidend sind. Dazu kann aus der Perspektive von »nach drei Monaten« Rückschau gehalten werden (vgl. Boban 2012, 236) oder der Zeitraum halbiert werden (vgl. ebd).
7. *Die Arbeit des nächsten Monats organisieren:* Im vorletzten Schritt wird der Veränderungsprozess noch konkreter, indem der nächste Monat in den Fokus gerückt wird. Nun werden Ziele festgelegt und notwendige Absprachen festgehalten (vgl. ebd.).
8. *Sich auf die nächsten Schritte einigen:* In der letzten Phase geht es schließlich um den Beginn der Umsetzung zur Zukunftsvision. Hier werden Vereinba-

rungen getroffen, aus denen direkte Handlungen in den nächsten ein bis drei Tagen folgen. Die Zusammenarbeit zwischen der planenden Person und dem Unterstützerkreis beginnt. Nach Boban (2012, 236 f.) schließt die Zukunftsplanung mit der Wahl eines Agenten, der bei den Beteiligten nachfragt, ob sie die von ihnen zugesicherten Absprachen eingehalten haben und der sie ggf. hieran erinnert.

Doose (vgl. 2020, 116) beschreibt noch einen weiteren Schritt, den er als Abschluss betitelt: Dieser dient dazu, den Prozess in seiner Gesamtheit zu erfassen, mit einer Überschrift zu rahmen sowie der Reflexion des Prozesses. Dabei werden die Gefühle der Teilnehmenden erfasst und die Hauptperson hat die Möglichkeit, die persönliche Zukunftsplanung mit einem Schlusswort zu beenden.

4.3.3 Gestaltungskriterien zur Umsetzung der Zukunftsplanung

Aus dem Ablauf und den Grundannahmen wird bereits deutlich, dass die Umsetzung einer persönlichen Zukunftsplanung eine Methode ist, die einer professionellen Begleitung bedarf. Entsprechend wird eine erfahrene Moderation oder sogar ein Moderations-Tandem (vgl. Müller, Finkbohner & Emrich 2020, 4) empfohlen. Die Doppelbesetzung dieser Rolle setzt zwar ein gutes kollegiales Miteinander der beiden Moderatoren voraus, kann jedoch idealerweise zur gegenseitigen Unterstützung und Entlastung in dem meist langandauernden Prozess führen. Die zu verteilenden Aufgaben bestehen

- in einer *professionellen Gesprächsführung*, bei der alle Anwesenden zu Wort kommen und motiviert werden, ihre Träume zu kommunizieren sowie
- der *Gestaltung förderlicher Rahmenbedingungen* und
- der *Visualisierung des Prozesses*.

Die Visualisierungen sind stets abhängig von den Kompetenzen der zeichnenden Person, sollten jedoch auf die Kommunikationswege der planenden Person abgestimmt werden. Nur so können sie ihr Potenzial zur Dokumentation des Planungsprozesses für alle Beteiligten entfalten und damit eine wichtige Ergänzung zur verbalen Sprache bieten. Beim situationsgerechten Einsatz sind daher auch Audio-Mitschnitte, Fotos oder eine Anpassung des Wortschatzes eines Talkers möglich, welche die Nutzung der Ergebnisse im Alltag erleichtern (vgl. Müller, Finkbohner & Emrich 2020, 5).

Die Moderation setzt eine ausgebildete und mit der Herangehensweise der Persönlichen Zukunftsplanung vertraute Person voraus (vgl. ebd., 4). Um eine hohe Qualität zu erzielen, empfiehlt es sich, eine externe, unabhängige Person zu beauftragen, die im Vorfeld keinerlei Parteilichkeit zum Unterstützerkreis aufweist (vgl. ebd.). Im Rahmen der persönlichen Zukunftsplanung gehört es jedoch zu ihrer Funktion, Parteilichkeit für die planende Person einzunehmen, damit diese tatsächlich im Mittelpunkt steht. Dazu zählt unter anderem, dass die planende Persone selbstgewählte Fragen einbringt und der Prozess ergebnisoffen ist (vgl. ebd., 3). Tabus oder Herausforderungen können dabei angesprochen werden und die Lösungen kreativ und über schon bestehende Lösungsansätze hinausgehen. Nicht nur die individuellen Ergebnisse der Planung variieren stark, sondern auch die Dauer der Durchführung, die von einer Stunde bis zu einem »Zukunftsfest« von einem Tag reichen kann (vgl. Boban 2007, 175).

4.3.4 Berufswegekonferenzen als spezifische Variante

Aus den Darstellungen wird deutlich, dass die Durchführung einer persönlichen Zukunftsplanung zeitintensiv ist. Dies sowie das damit verbundene Postulat der Freiwilligkeit und die Einbettung zahlreicher, auch professioneller Akteure macht die Durchführung im schulischen Kontext und vor allem im Fachunterricht herausfordernd. Gleichwohl bietet der WAT-Unterricht die Möglichkeit, einzelne Aspekte fachlich einzubetten. Im Rahmen der Beruflichen Orientierung können Schülerinnen und Schüler ihre Stärken und Interessen erkunden und über ihre Träume reflektieren. Insbesondere die von Sanderson und Goodwin entwickelten »Mini-Methoden« personenzentrierten Denkens, Planens und Handeln scheinen geeignet, um diesen Prozess anzustoßen (Sanderson & Goodwin 2010). Darüber hinaus können Lehrkräfte den Prozess der persönlichen Zukunftsplanung anstoßen oder im Rahmen des Unterstützerkreises ihre Stärken einbringen. Daher ist eine grundlegende Methodenkenntnis für alle WAT-Lehrkräfte nützlich.

In curricularen Vorgaben und in der Unterrichtspraxis sind Berufswegeplanungen (BWP) oder Berufswegekonferenzen (BWK) stark verbreitet. Diese Methode gilt als Teil der individuellen Zukunftsplanung, ist jedoch auf den Bereich der Arbeits- und Berufswegeplanung beschränkt (vgl. Pitsch & Thümmel 2017, 114). Die Instrumente der Persönlichen Zukunftsplanung können jedoch auch für die Vorbereitung und in der Durchführung der Berufswegekonferenzen angewendet werden (vgl. Kragl & Sörgel 2015, 22).

Berufswegekonferenzen sind in verschiedenen Bundesländern curricular verankert, so zum Beispiel in Berlin und Brandenburg (vgl. SenBildWiss Berlin

& MBJS 2013, 17) und in Baden-Württemberg und Rheinland-Pfalz sogar verpflichtend (LS 2016). Während die curriculare Verankerung der Berufswegekonferenz zum einen begrüßenswert ist, da sie einen personenzentrierten Ansatz darstellt und zur beruflichen Integration beitragen kann, verletzt sie zum anderen auch eines der zentralsten Prinzipien der personenzentrierten Arbeit, nämlich das der Freiwilligkeit. Die Berufswegekonferenz folgt vergleichbaren Grundannahmen wie die persönliche Zukunftsplanung, fokussiert aber explizit den Übergang in die Berufs- und Arbeitswelt. Die individuelle Zukunftsplanung ist somit umfassender, da hier die Lebensbereiche Freizeit, Wohnen, Öffentlichkeit, aber auch Arbeit und Beruf im Fokus stehen und dementsprechend eine freiere Wahl des Unterstützerkreises möglich ist (vgl. Kragl & Sörgel 2015, 22). Für die Gestaltung von Übergängen und Schnittstellen der allgemeinbildenden Schule mit nachfolgenden Einrichtungen umfasst der eingerichtete Unterstützerkreis in der Regel die folgenden Akteure:

- der Schüler oder die Schülerin sowie deren Erziehungsberechtigte
- die Schulleitung mit dem Auftrag der Koordination bzw. auch delegiert an die Person der Berufswahlkoordination
- Fachpersonal der Schule (z. B. Klassen- oder Fachlehrkräfte, pädagogische Mitarbeitende, Koordinatoren der Beruflichen Orientierung)
- Mitarbeitende des Integrationsfachdienstes
- Mitarbeitende der Arbeitsagentur (in der Regel aus dem Bereich der Reha-Beratung)
- ggf. auch potenzielle Arbeitgebende.

Die Zielperspektive besteht in der »bestmöglichen Beruflichen Integration«, bei der unter Berücksichtigung der »individuellen beruflichen Perspektiven und Wünsche der Schülerinnen und Schüler der für sie am besten geeignete Bildungsweg und -ort festgelegt« wird (LS 2016, 13). Die Ergebnisse der Berufswegekonferenz sollen dokumentiert werden und sowohl die angestrebten Ziele als auch die dafür notwendigen Schritte und Maßnahmen enthalten. Über diese Dokumentation wird die Weitergabe relevanter Informationen an künftige Arbeitgeber und Entscheider sichergestellt, wie zum Beispiel zum Fachausschuss der Werkstatt für behinderte Menschen, den Integrationsfachdienst etc. (vgl. Pitsch & Thümmel 2017, 144). Diese benötigen darüber hinaus auch Ergebnisse aus standardisierten und informellen diagnostischen Verfahren als Basis für ihre Entscheidungen (vgl. Pitsch & Thümmel 2017, 144).

Kragl & Sörgel (2015, 22 f.) verdeutlichen durch eine Gegenüberstellung eine Diskrepanz zwischen dem idealen Ablauf einer Berufswegekonferenz und der unterrichtlichen Durchführung und identifizieren als Herausforderungen unter anderem die verschiedenen Vorgaben und Sichtweisen der beteiligen Institutionen, die Entscheidungsmacht der Arbeitsagentur als Kostenträger von Maßnahmen, die fehlenden Vorgaben zur inhaltlichen und methodischen Ausgestaltung sowie die zum Teil widersprüchlichen Rollen der Schule/Lehrkraft. Trotz dieser Herausforderungen haben sich Berufswegekonferenzen als Instrument zur Unterstützung von Jugendlichen auf dem Weg ins Arbeitsleben bewährt (vgl. Kragl & Sörgel 2015, 23), weil sie verbindlich die wesentlichen Akteure im Übergang Schule-Beruf zusammenbringen und die Optionen gemeinsam ausloten.

Weiterführende Literatur

Doose, S. (2020): »I want my dream!«. Persönliche Zukunftsplanung weitergedacht: neue Perspektiven und Methoden einer personenorientierten Planung mit Menschen mit und ohne Beeinträchtigungen. Neu-Ulm: AG SPAK Arbeitsgemeinschaft sozialpolitischer Arbeitskreise.

Kragl, K. & Sörgel, H. (2015): Berufswegekonferenzen am Förderzentrum mit dem Förderschwerpunkt geistige Entwicklung. In: Lernen konkret 1 (34), 21–23.

O'Brien, J., Pearpoint, J. & Kahn, L. (2010): The PATH & MAPS handbook. Person-centered ways to build community. Toronto: Inclusion Press.

Weiterführende Literatur (Praxismaterialien)

Doose, S. (2019): Paket »Persönliche Zukunftsplanung Kartenset« plus »I want my dream Ringbuch«. Kombination aus dem Ringbuch »I want my dream« (ISBN 9783-945959-43-5) und dem Kartenset »Persönliche Zukunftsplanung« (ISBN 978-3940865-71-7). Neu-Ulm: Verein zur Förderung der sozialpolitischen Arbeit.

Quellen und Hinweise Internet

- Grundlegende Methodeninformationen und Materialien sowie Verweise auf weiterführende Literatur: https://www.persoenliche-zukunftsplanung.eu/neuigkeiten.html
- Kompetenzinventar zur Berufswegekonferenz: https://www.ifd-bw.de/kompetenzinventar/
- Interview zur persönlichen Zukunftsplanung mit Stefan Doose https://youtu.be/fLXWVFj8T30

4.4 Lehrgang

Die Unterrichtsmethode Lehrgang ist eine stark lehrergesteuerte Unterrichtsmethode, die in ihrer Effizienz, also bezüglich des Verhältnisses von (Zeit-, Material-, Personal-) Aufwand und Lernertrag, als hoch einzuschätzen ist (vgl. Pitsch & Thümmel 2015a, 109).

Im SGE wird die Methode vor allem durch die Möglichkeit der kleinschrittigen Strukturierung komplexer Abläufe und der Integration von Demonstrations- und Übungsphasen geschätzt. Lehrgänge werden als Teil des handlungsorientierten Unterrichts betrachtet: »Im Rahmen eines Lehrgangs erwerben die Schülerinnen und Schüler Fertigkeiten, die ihnen die Bewältigung des Alltags und den Erwerb neuer Kompetenzen ermöglichen« (ISB 2019, 35).

Lehrgänge können in drei Kategorien unterteilt werden (vgl. Pitsch & Thümmel 2017, 170), die alle für den WAT-Unterricht relevant sind: Im WAT-Unterricht kommen handwerklich-motorisch orientierte Lehrgänge vor (z. B. die Bedienung der Bohrmaschine), aber auch kulturtechnisch orientierte Lehrgänge (z. B. das Schreiben einer Gebrauchsanweisung in einfacher Sprache) und mathematisch orientierte Lehrgänge (z. B. die Kosten- und Materialberechnung für ein Produkt) sind möglich.

> **Lehrgang**
> Ein Lehrgang stellt ein Unterrichtsverfahren dar, bei dem die Vermittlung von fachspezifischen Kenntnissen und Fertigkeiten im Vordergrund steht. Der Aufbau orientiert sich an der Fachsystematik des Inhalts, der meist in kleine Schritte untergliedert und für den Lehr-Lern-Prozess rekonstruiert wird.

Der Lehrgang ist eine im technischen Unterricht bewährte Methode, die mit folgenden Vorteilen einhergeht (vgl. Hüttner 2009, 133 f.)

- *Gute Planbarkeit für die Lehrperson*: Die Ablaufstruktur kann von der Lehrperson genau bestimmt werden, ebenso wie die Zeiträume für die Arbeitshandlungen vergleichsweise gut festgelegt werden können. In der Vorbereitungsphase kann die Lehrperson den Verlauf daher deutlich besser antizipieren als beispielsweise bei der Konstruktionsmethode oder beim Projektunterricht.
- *Demonstration praktischer Tätigkeiten*: Die Schülerinnen und Schüler lernen am Modell, indem sie die Ausführung einer praktischen Arbeit beobachten.

Dabei werden verschiedene Werkzeuge und deren Einsatz sowie unterschiedliche Werkstoffe kennen gelernt.
- *Einübung praktischer Fertigkeiten*: In der Regel umfasst ein Lehrgang Übungsphasen, die es dem Lernenden ermöglichen, praktische Tätigkeiten wiederholt auszuführen und so Fertigkeiten und Handlungsweisen zu entwickeln. Die Ausführung kann dabei durch eine Selbst- und Fremdeinschätzung bewertet und unsachgemäße Handlungen korrigiert werden, bevor sich diese verfestigen.

Exkurs
Formen von Lehrgängen

Tab. 4.5a: Grundtypen von Lehrgängen (in Anlehnung an Boensch 1995 mit eigenen Beispielen, 252) (eigene Darstellung)

Form	Beschreibung	Beispiel
Logisch-systematische Form	Den Stoff im Sinne der Elementarisierung in Elemente zerteilen, die einander bedingen (Erweiterung).	Bei der Einführung in das technische Zeichnen werden zunächst die Linienarten besprochen, bevor einzelne Symbole erläutert werden.
Genetische Form	Chronologisch-entwickelnde Darstellung des Stoffes.	Alle geschichtlichen Themen lassen sich so sachlogisch gliedern, z. B. die Einführung des Geldes oder die Entwicklung des Automobils.
Konzentrisch-erweiternde Form	Vom Nahen zum Ferneren.	Von der Stromversorgung eines einfachen technischen Gerätes zur Stromversorgung des Hauses, der Stadt usf.; vom privaten Haushalt, über Volkswirtschaft, zur globalen Wirtschaft.

4.4 Lehrgang

Tab. 4.5b: Grundtypen von Lehrgängen (in Anlehnung an Boensch 1995 mit eigenen Beispielen, 252) (eigene Darstellung) (Fortsetzung)

Form	Beschreibung	Beispiel
Ganzheitlicher Ausgangspunkt	Die Lebenswelt systematisiert sich.	Die Werkstatt, der Garten, die Küche werden als »Lebenswelt« wahrgenommen und relevante Fachaspekte herausgestellt.
Aufbau vom Elementaren her	Aus Elementaren heraus wird das Ganze verdeutlicht.	Der Stromkreis kann als elementares Element der Elektrizität verstanden werden.
Spiralcurriculum	Ein Stoffelement kehrt in ausgefalteten Stufen wieder.	Fertigungstechniken werden auf zunehmend komplexeren Niveau wiederholt (z. B. mit geringerer Fehlertoleranz, mit variierenden Materialien).
Additiver Lehrgang	Stoffe werden in geordneter Form aneinandergereiht.	Bei einer Einführung und dem sachgerechten Umgang mit Handwerkzeugen können verschiedene Werkzeuge nacheinander, additiv eingeführt werden.

4.4.1 Angestrebte Ziele und Kompetenzerwartungen

Ein Lehrgang wird als abgeschlossene Unterrichtssequenz definiert, »mit der überwiegend Kenntnisse und Grundlagen für Handfertigkeiten vermittelt werden, die für den weiteren Verlauf des Unterrichts notwendig sind« (Henseler & Höpken 1996, 60). Dementsprechend werden die einzelnen Teilschritte des Lehrgangs in der Regel mit einer Lern- und Leistungskontrolle abgeschlossen. Erst wenn die Lernenden eine Aufgabe erfolgreich bewältigt haben, wird die nächste Lernsequenz begonnen.

Trotz der dargestellten, vielfältigen Formen des Lehrgangs im Rahmen des WAT-Unterrichts wird diese Methode vor allem im Bereich der technischen Bildung beschrieben. Die entsprechenden Ausführungen lassen sich meist der logisch-systematischen Form zuordnen und das besondere Potenzial wird nach Hüttner (vgl. 2009, 134) in der Vermittlung von neuen, noch nicht eingeübten praktischen Lernhandlungen gesehen. Dies deckt sich mit der sonderpädagogischen Anwendung der Methode: Pitsch & Thümmel (2015b) verweisen darauf, dass Lehrgänge im SGE selten in »der extrem weiten Form des Schreib-Lese-Lehrgangs« eingesetzt werden, sondern »in kleinerer Form«, wie beim Erwerb motorischer Fähigkeiten (vgl. Pitsch & Thümmel 2015b, 94).

In der technischen Bildung kommen Lehrgänge vielfach zur Einführung in die Bedienung und Sicherheitsvorschriften von Werkzeugen und Maschinen zum Einsatz, wie z. B. bei der Ständerbohrmaschine. Die in diesem Zusammenhang häufig verwendete Bezeichnung »Bohrmaschinenführerschein« drückt aus, dass eine erfolgreiche Teilnahme erforderlich ist, um eine Bescheinigung für die Arbeit an der entsprechenden Maschine zu erwerben. Ähnlich wie in der Führerscheinprüfung der Prüfungssituation zahlreiche Pflichtfahrstunden vorausgehen, sind auch bei der Einarbeitung in das sicherheits- und sachgerechte Arbeiten an einer Ständerbohrmaschine umfassende Übungsphasen notwendig, in der zentrale Handlungskompetenzen erworben werden.

Dazu gehört z. B.

- »Die Maschine in Betrieb zu nehmen,
- den Bohrer und das Werkstück richtig einzuspannen,
- in Abhängigkeit vom zu bearbeitenden Material den entsprechenden Bohrer zu wählen,
- die exakte Drehzahl entsprechend des zu bohrenden Werkstoffes festzulegen,
- den Vorschub in Abhängigkeit vom Werkstoff und der Voreinstellung der Drehzahl zu bestimmen,

- den Bohrer richtig zu kühlen,
- die Sicherheitsvorschriften einzuhalten usw.« (Hüttner 2009, 135).

Durch den erfolgreichen Abschluss eines solchen Lehrgangs wird in der Regel auch dokumentiert, dass die sicherheitstechnische Unterweisung erfolgt ist. Auch technische Handlungen können Inhalt von Lehrgängen sein, wie beispielsweise das technische Zeichnen, die Montage oder Demontage von technischen Artefakten, ein noch nicht bekanntes Fertigungsverfahren oder ein Lehrgang zur Reparatur, Wartung und Pflege eines technischen Objektes, wie beispielsweise dem Fahrrad.

Durch ihre klare Begrenzung werden Lehrgänge auch in andere Unterrichtsverfahren integriert oder mit diesen kombiniert. So kann beispielsweise beim Projektunterricht aus dem Verlauf heraus identifiziert werden, dass spezifische Kompetenzen benötigt werden, die mithilfe eines Lehrgangs zeitökonomisch vermittelt werden können. Meier bezeichnet die Projektmethode als »Gegenentwurf zum Lehrgang« und stellt dabei die rationelle Vermittlung ausgewählter Lerninhalte im Rahmen des Lehrgangs dem Projekt gegenüber, bei dem sowohl der Arbeits- und Lernprozess als auch das Ergebnis relevante Aspekte darstellen (vgl. Meier 2013, 196).

4.4.2 Ablauf von Lehrgängen

Die Ablaufbeschreibungen der Methode Lehrgang variieren: so unterscheiden sich beispielsweise die Beschreibungen bei Hüttner (2009, 134), Stuber (2019, 60) und Henseler & Höpken (1996, 63) in Bezug auf die Anzahl der Phasen, deren Betitelung sowie die konkrete Ausgestaltung. Der Lehrgang wird als zwei-, drei- oder vierstufiges Verfahren beschrieben:

- zwei-stufiger Lehrgang: Bei der minimalsten Form erfolgt eine Beschränkung auf die Demonstration und den anschließenden Nachvollzug durch die Lernenden
- drei-stufiger-Lehrgang: Das Üben wird hier als eigenständiger Schritt ausgewiesen (vgl. Stuber 2019, 60)
- vier-stufiger Lehrgang: Hierbei wird die Anwendung unter veränderten Bedingungen als abschließende Phase gekennzeichnet (vgl. Hüttner 2009, 135).

Gerade bei der Integration des Lehrgangs im projektorientierten Unterricht kann die Anwendungsphase im Projektverlauf substituiert werden, da bei-

4 Methoden des WAT-Unterrichts

spielsweise die erlernte Fertigungstechnik hier bereits unter veränderten Bedingungen projektbezogen angewendet wird. Die »4-Stufen-Methode« kennzeichnet darüber hinaus eine planmäßige Form der Arbeitsunterweisung in der beruflichen Bildung, um manuelle Fertigkeiten und praktische Tätigkeiten einzuüben. Diese etablierte Methode wird im Gegensatz zum Lehrgang ausschließlich bei der Vermittlung praktischer Handlungsabläufe genutzt. Solche Abläufe setzen hochgesteuerte Bewegungsabläufe voraus und werden u. a. beim Arbeiten in Werkstätten für behinderte Menschen gefordert (vgl. Pitsch & Thümmel 2015b, 100). Die 4-Stufen-Methode ist geeignet, um die Vermittlung motorischer Abläufe anzubahnen und die dabei zunehmend selbstständige Durchführung bei gleichzeitig allmählich abnehmender Hilfe zu realisieren (vgl. ebd.). Die Methode ist daher durch das wechselseitige Zusammenwirken der am Unterricht beteiligten Personen gekennzeichnet (vgl. Hüttner 2009, 134).

Während Pitsch & Thümmel die 4-Stufen-Methode als Vermittlungsform innerhalb des Lehrgangs betiteln (vgl. Pitsch & Thümmel 2015b, 100), bezeichnet Hüttner die »Vierstufen Lehr-Lernmethode« als »methodische Gesamtstrategie« des Lehrgangs (Hüttner 2009, 134). Diese Bezeichnung wird den vielfältigen, möglichen Ausgestaltungsformen nicht gerecht, sie verweist jedoch auf die hohe Bedeutung der 4-Stufen-Methode im Rahmen der technischen Bildung. Aus diesem Grund lehnt sich der folgende Ablauf punktuell an die Darstellung von Hüttner an (vgl. Hüttner 2009, 134 ff.).

Tab. 4.6: Ablauf eines Lehrgangs als vier-stufige-Methode

Phase	Kennzeichen	Angestrebtes Ergebnis
Eröffnungs- und Informationsphase	◆ Vorstellung der Ziele, Inhalte und des Ablaufs des Lehrgangs ◆ Erläuterung der zu bearbeitenden Aufgabe ◆ Erklären des Vorgehens zur Aufgabenlösung ◆ Kriterien zur Beurteilung der Qualität der sachgerechten Ausführung ◆ Offene Aussprache, Problemdiskussion, beantworten der Fragen.	Die Lernenden sind über die Zielstellung des Lehrgangs und der Aufgabe informiert und kennen das Verfahren sowie die Qualitätskriterien zur sachgerechten Aufgabenlösung. Sie sind motiviert, lernbereit und dokumentieren zentrale Erkenntnisse.
Demonstrationsphase	◆ Die Lösungshandlung wird demonstriert	Die Lernenden beobachten praktische Handlungen, die

Tab. 4.6: Ablauf eines Lehrgangs als vier-stufige-Methode – Fortsetzung

Phase	Kennzeichen	Angestrebtes Ergebnis
	• Meist wird die Demonstration durch die Lehrperson durchgeführt. Es können jedoch auch Externe oder kundige Schülerinnen und Schüler Handlungen vormachen. Ebenso können videografisch dokumentierte Tutorials das praktische Handeln verdeutlichen.	ihnen demonstriert werden, und stellen Rückfragen.
Übungsphase	• Die Handlungen werden schrittweise durch die eigene Handlungspraxis von den Lernenden nachvollzogen. • Nach den ersten stärker begleiteten Versuchen durch die Lehrperson werden die praktischen Handlungen durch Übungsphasen vertieft.	Die Lernenden machen die praktische Handlung nach und üben diese ein. Die Lehrkraft hilft, beobachtet und liefert ggf. wiederholende Erläuterungen.
Anwendungsphase	• Die neu erlernte praktische Handlung wird unter neuen Bedingungen oder in einem neuen Zusammenhang angewendet. • Dabei sollen die Lernenden die Ausführung der Handlung und die Qualität des Handlungsergebnisses eigenständig reflektieren und bewerten. • Die Selbstbewertung der Lernenden wird durch das Feedback der Lehrperson ergänzt.	Eigenständige Anwendung und Reflexion der erlernten Kenntnisse, Fertigkeiten und Ausführungsqualität beim Transfer auf neue Werkstoffe, Fertigungsaufgaben u.ä., mit dem Ziel der flexiblen Anwendung der Kenntnisse und Fertigkeiten.

4.4.3 Differenzierte Gestaltung und Varianten des Lehrgangs

Eine Herausforderung bei der Nutzung von Lehrgängen ist sicherlich die Ausgestaltung, da die Methode die Übertragung und Erklärung einer Lernaufgabe für alle Lernenden gleichzeitig, »in gleicher Front« (Hüttner 2009, 133), intendiert. Die Sachlogik des Inhalts wird beim Lehrgang auch auf die Lernsequenzen übertragen und dominiert somit auch das Lehren und Lernen. Der Chance eines strukturierten und systematischen Wissenserwerbs steht der

Zwang der Lernenden gegenüber, sich dieser »Struktur« zu unterwerfen, mit der Gefahr, dass der individuelle Lernweg mit der Struktur nicht konform geht und der Lernende den Anschluss verliert (vgl. Boensch 1995, 252). Obwohl auch Lehrgänge methodenvariabel sind, dominieren lehrerzentrierte Vermittlungs- sowie Lernmethoden (vgl. Pitsch & Thümmel 2015b, 94).

Dies trifft in Bezug auf den dargestellten Ablauf (vgl. Tab. 4.6) vor allem auf die ersten beiden Phasen des Lehrgangs, der Informations- und der Demonstrationsphase zu, da hier methodisch mit Darbietungen, Demonstrationen und Unterrichtsvorträgen gearbeitet wird, die in ein Unterrichtsgespräch übergehen. Dies bedeutet, dass ein besonderer Fokus auf die mediale Aufbereitung der Informationsübermittlung, auf der Geschwindigkeit und Sequenzierung der demonstrierten Arbeitsschritte sowie auf die Möglichkeit der Einbindung der Schülerinnen und Schüler gelegt werden sollte.

Durch die Einbindung digitaler Technologien, wie beispielsweise videografisch dokumentierte Demonstrationen, haben Lernende die Möglichkeit, sich Arbeitsschritte wiederholt, mit bewussten Unterbrechungen und in ihrem gewünschten Sprechtempo anzusehen. Dies kann eine sinnvolle Ergänzung zur etablierten Demonstration durch die Lehrperson am realen Material darstellen.

Bei den Übungs- und Anwendungsphasen besteht die Möglichkeit, diese nach den individuellen Bedürfnissen u. a. in Zeit und Umfang anzupassen, wenn man die Charakteristik des Lehrgangs als »abgeschlossene Unterrichtssequenz« kompetenzorientiert auffasst und weniger als zeitliche Begrenztheit. Der erfolgreiche Abschluss der Unterrichtssequenz »Lehrgang« wird von den Lernenden individuell, zu unterschiedlichen Zeitpunkten erreicht, sobald der festgelegte Kompetenzerwerb über die Lern- und Leistungskontrolle erhoben wurde.

Weiterführende Literatur

Hüttner, A. (2009): Technik unterrichten. Methoden und Unterrichtsverfahren im Technikunterricht (133–137). Haan-Gruiten: Verl. Europa-Lehrmittel Nourney Vollmer

Pitsch, H.-J. & Thümmel, I. (2015b): Methodenkompendium für den Förderschwerpunkt geistige Entwicklung. Band 2: Lernen in der Schule (93–102). Oberhausen: Athena.

4.5 Fertigungsaufgabe

Die Fertigungsaufgabe, auch Herstellungsaufgabe genannt (vgl. z. B. Henseler & Höpken 1996, 73 ff.), zählt neben der Konstruktionsaufgabe zu den am häufigsten in der technischen Bildung der Sekundarstufe I eingesetzten Unterrichtsmethoden an Regelschulen (vgl. Bleher 2008; Straub 2017). Im SGE wird diese Methode darüber hinaus in der Berufsschulstufe angewendet.

> **Fertigungsaufgabe**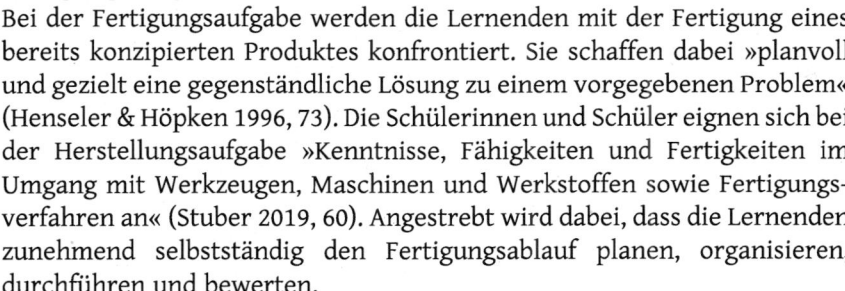
> Bei der Fertigungsaufgabe werden die Lernenden mit der Fertigung eines bereits konzipierten Produktes konfrontiert. Sie schaffen dabei »planvoll und gezielt eine gegenständliche Lösung zu einem vorgegebenen Problem« (Henseler & Höpken 1996, 73). Die Schülerinnen und Schüler eignen sich bei der Herstellungsaufgabe »Kenntnisse, Fähigkeiten und Fertigkeiten im Umgang mit Werkzeugen, Maschinen und Werkstoffen sowie Fertigungsverfahren an« (Stuber 2019, 60). Angestrebt wird dabei, dass die Lernenden zunehmend selbstständig den Fertigungsablauf planen, organisieren, durchführen und bewerten.

4.5.1 Angestrebte Ziele und Kompetenzerwartungen

Nach Hüttner (vgl. 2009, 184) beschränken sich Fertigungsaufgaben meistens auf elementare Fertigungstechniken und sind stärker der handwerklichen Fertigung angenähert als der industriellen. Diese didaktische Rekonstruktion des Produktionsprozesses ist auf Basis der damit einhergehenden Potenziale legitimierbar und der einseitigen Ausrichtung lässt sich durch eine entsprechende fachliche Reflexion und Vertiefung begegnen. Hierzu lassen sich beispielsweise über die Methode der Betriebserkundung industrielle Fertigungsarten betrachten und mit der selbst durchgeführten Fertigung in Beziehung setzen.

Zu den Vorzügen der Fertigungsmethode zählen die folgenden: Die Schülerinnen und Schüler

- lernen Werkstoffe, Werkzeuge und Fertigungshandlungen kennen und sicherheitsgerecht durchzuführen
- fertigen das Werkstück durch selbstständiges theoretisches und praktisches Handeln oder durch Handeln im Team

- entwickeln elementare Fertigungsfähigkeiten und zugleich Schlüsselqualifikationen
- entwickeln ihr Technikverständnis und werden mit der Fertigungspraxis vertraut gemacht
- gewinnen Einblicke in Fertigungsberufe. (vgl. Hüttner 2009, 184).

Auch das ressourcen- und materialschonende Fertigen ist als wichtige Kompetenzerwartung zu integrieren. Hier können die Schülerinnen und Schüler beispielsweise mit folgenden Fragen konfrontiert werden: Wie gehe ich mit dem Werkzeug so um, dass es möglichst lange hält? Wie zeichne ich an, damit ich möglichst wenig Material verschwende?

4.5.2 Ablauf von Fertigungsaufgaben

In Anlehnung an die Fertigung in Industrie und Handwerk werden die erste bis vierte Phase durchlaufen. Die abschließende, von der Autorin ergänzte Reflexionsphase stellt eine fachdidaktische Erweiterung dar, bei der die Reflexion der durch die Fertigungsaufgabe gesammelten Einzelerfahrungen in übergeordnete fachliche Konzepte intendiert ist.

- *Informationsphase*: hier wird der Fertigungsauftrag vorgestellt, erläutert und »zum Problem des Schülers gemacht« (Henseler & Höpken 1996, 77). An dieser Stelle gilt es, Qualitätskriterien für die Produkte, aber auch Bewertungskriterien für überfachliche Kompetenzerwartungen mit den Lernenden zu thematisieren/gemeinsam zu erarbeiten, die als Referenzrahmen für die begleitende und abschließende Bewertung genutzt werden können.
- *Planungsphase* (in Anlehnung an die Fertigungsvorbereitung): Unter Berücksichtigung des zuvor festgelegten Ziels wird in dieser Phase die Fertigung geplant. Die zur Verfügung stehenden Ressourcen beispielsweise im Hinblick auf die personelle Unterstützung, die Materialien und die materielle Ausstattung der Fachräume wird dabei einbezogen. Ablauf und Organisation werden in dieser Phase festgelegt (vgl. ebd.).
- *Umsetzungsphase* (rekonstruiert die Fertigungsphase): In dieser Phase wird das Objekt entsprechend der Ablaufplanung gefertigt. Dabei sind Sicherheitsvorschriften im Umgang mit Maschinen und Werkzeugen zu beachten. Werden Fehler in der Planung erkannt, werden diese korrigiert und dokumentiert.
- *Auswertungsphase* (in Anlehnung und als didaktisch erweiterte Fertigungskontrolle): Basierend auf den in der Informationsphase festgelegten

Kriterien wird die Qualität des Produktes bewertet sowie die in der zweiten Phase entwickelte Fertigungsplanung kritisch reflektiert. Somit kann die Fertigungskontrolle mögliche Rückwirkungen auf die Erarbeitung der Fertigungstechnologie haben (vgl. Hüttner 2009, 183).

- *Reflexionsphase* (als didaktisch ergänzte Phase): Die Reflexion der eigenen Kompetenzentwicklung und des individuellen Interesses an den durchgeführten Tätigkeiten können in dieser Phase Bestandteil der Reflexion werden und somit als Anknüpfungspunkte für die Berufliche Orientierung genutzt werden. Darüber hinaus sollte die exemplarisch durchgeführte Fertigung und die daraus gewonnenen Erkenntnisse aufgegriffen und mit fachlichen Konzepten verknüpft werden. So können beispielsweise die Kriterien der Technikbewertung vom konkreten Beispiel ausgehend verallgemeinert und der Fertigungsprozess mit der industriellen Fertigung verglichen werden.

4.5.3 Differenzierte Gestaltung von Fertigungsaufgaben

Die Fertigungsaufgabe kann in ihrer Komplexität den Lernvoraussetzungen der Schülerinnen und Schüler angepasst werden, indem der Umfang der gegebenen Informationen variiert wird (ebd. Hüttner 2009, 185 f.).

Als minimale Informationen müssen die Aufgabenstellung, die Sicherheitsvorschriften und das Fertigungsmuster an die Lernenden gegeben werden. Damit sind die Lernenden gefordert, die technische Zeichnung, die Stückliste und die Fertigungstechnologie eigenständig zu erarbeiten und zu dokumentieren. Diese Variante der Fertigungsaufgabe erfordert vergleichsweise viele Voraussetzungen und verknüpft nach Hüttner (vgl. 2009, 186) Aspekte des Konstruierens mit der Fertigung.

Bei einem niedrigeren Kompetenzniveau bietet es sich daher an, den Lernenden zunächst alle Fertigungsunterlagen und umfassende Informationen bereitzustellen und die Umsetzung kleinschrittig aufzubauen und zu begleiten. Schrittweise können nachfolgend einzelne Unterlagen ausgelassen werden, um den Lernenden die eigenständige Erarbeitung zu ermöglichen und so neben dem Fertigungsaspekt die Planung des Fertigungsablaufs verstärkt in die Zielstellung einzubeziehen.

Für Schülerinnen und Schüler im SGE ist die Fertigung häufig durch weitere Differenzierungsformen zu begleiten, wie beispielsweise über personelle Unterstützung, über Ablaufpläne auf verschiedenen Abstraktionsniveaus oder den Einsatz von Vorrichtungen (▶ Kap. 3.4).

Tab. 4.7: Differenzierungsmöglichkeiten durch die die variierende Bereitstellung von Fertigungsunterlagen und Informationen (in Anlehnung an Hüttner 2009, 186) (eigene Darstellung)

Bereitstellung folgender Informationen	zunehmend eigenständigere Fertigung			
	❶	❷	❸	❹
Aufgabenstellung	■	■	■	■
Sicherheitsvorschriften	■	■	■	■
Muster des gefertigten Werkstückes (oder einzelner Bauteile)	■	■	■	■
technische Zeichnung	■	■	■	□
Fertigungstechnologie (Arbeits- und Ablaufpläne)	■	■	□	□
Stückliste	■	□	□	□
Demonstration der Fertigung (z. B. über Video, Tutorials, Lehrperson, Peers)	■	□	□	□

Legende: ■ bereitgestellte Unterlagen   □ fehlende Fertigungsunterlagen

Über die Wahl der Fertigungsart können weitere Formen der Differenzierung vorgenommen werden: Während bei der Einzelfertigung jeder Schüler und jede Schülerin alle Produktionsschritte durchführt, können bei der Serienfertigung Lernende entsprechend ihrer individuellen Kompetenzen bewusst einzelnen Fertigungsschritten zugeordnet und somit eine individuelle Förderung realisiert werden. Die wiederholte Durchführung des gleichen Fertigungsschrittes durch eine Person bietet dabei ein besonderes Potenzial zum Üben. Die eingesetzten Fertigungsmittel ermöglichen es ebenfalls, Aufgaben mit unterschiedlichem Kompetenzerwartungen zu formulieren (vgl. Stuber 2019, 60). Hierbei ist beispielsweise denkbar, dass die Wahl der zu bearbeitenden Werkstoffe nach Vorerfahrungen der Schülerinnen und Schüler getroffen wird, aber auch die Fertigungsverfahren, die zur Anwendung kommen und ggf. bereits zuvor über einen Lehrgang eingeführt wurden.

4.5 Fertigungsaufgabe

Praxis
Arbeitsprojekte als verwandte Methode im SGE
Im SGE wird im Kontext der Vorbereitung auf Arbeit und Beruf die Methode »Arbeitsprojekte/Werkprojekte« verwendet (vgl. Pitsch & Thümmel 2017, 159). Hierbei werden Produkte unter »Ernstcharakter« gefertigt, die einer nützlichen Verwendung zugeführt werden. Die von Pitsch & Thümmel (2017) beschriebenen Fertigkeiten und Fähigkeiten zur Herstellung der Produkte umfassen unter anderem

- Materialkunde und Kenntnisse zu Fertigungsverfahren,
- die Anwendung von Werkzeugen und Maschinen sowie
- Materialeinkauf und Kostenkalkulation.

Darüber hinaus wird jedoch stark der Projektcharakter der Methode betont, der sich in der Partizipation der Schülerinnen und Schüler zeigt: »Arbeitsprojekte sind (...) mit den Schülern beschlossen, geplant, durchgeführt, überwacht und im Ergebnis kontrolliert« (ebd.).

Dementsprechend deutet der Begriff der »Werkprojekte« bereits auf zwei wesentliche Merkmale hin: Die *Projektorientierung* und die *Orientierung an der Werkaufgabe*. Die Werkaufgabe zielt primär auf die Herstellung von Produkten ab und reduziert damit das oben beschriebene Methodenverständnis, mit dem eine mehrperspektivische Auseinandersetzung mit Technik intendiert ist.

Um auch die Schülerinnen und Schüler mit umfänglicheren Beeinträchtigungen sowie auch Lernende mit Autismus-Spektrum-Störungen auf berufliche und persönliche Herausforderungen vorzubereiten, werden »strukturierte Arbeitskisten« angeboten (vgl. Wittkop, Brokamp & Brinkrolf 2012). Diese in Holzkisten präsentierten Aufgaben, die durch die Aufbewahrung auch einen äußeren Ordnungsrahmen für die Schülerinnen und Schüler bieten, umfassen vielfach Montagetätigkeiten. Bei diesen Tätigkeiten werden Elemente zusammengefügt, gehandhabt, geprüft, justiert und gegebenenfalls Hilfsoperationen ausgeführt (wie zum Beispiel das Auspacken von Teilen oder das Reinigen). So werden beispielsweise Muttern entsprechend ihrer Größe auf eine in einer Bodenplatte fixierten Gewindestange gedreht bis ein Anschlag spürbar ist. Das Material ermöglicht, das (wiederholte) Handeln in einfachsten Bezügen umzusetzen und spezifische Einzelkompetenzen zu fördern.

Im Rahmen der technischen Bildung können vergleichbare Montagetätigkeiten aus der Fertigungsaufgabe abgeleitet werden und beinhalten damit einen größeren Sinnzusammenhang. Die Montage einer Schraube auf eine Gewindestange trägt dann als einzelner Fertigungsschritt zum gesamten Fertigungsprozess bei. So kann eine fachspezifische Lernsituation in kleinen Schritten realisiert werden, bei der der Sinnzusammenhang gegeben ist.

Weiterführende Literatur

Hüttner, A. (2009): Technik unterrichten. Methoden und Unterrichtsverfahren im Technikunterricht (182–193). Haan-Gruiten: Verl. Europa-Lehrmittel Nourney Vollmer.

Weiterführende Literatur (Praxis und Materialien)
In der Reihe »Werken in Bildern« werden Themenhefte für die Werkstoffe Holz, Metall, Papier und Ton angeboten. Die Hefte eignen sich zur Einführung in die Materialkunde und Fertigungstechniken, beinhalten jedoch keine Herstellungsaufgaben:
https://www.auer-verlag.de/sekundarstufe/werken/arbeits-gestaltungstechniken.html z. B.

Troll, C. & Engelhardt, M. (2012): Werken in Bildern. Holz. Donauwörth: Auer.

Beispiele für Fertigungsaufgaben, bei denen die Lernenden stärker an die eigenständige Planung und Durchführung einbezogen werden, bietet der folgende Band:

Somazzi, M., Jensen, H. & Weber, K. (2012): Handlungskompetenz im technischen und textilen Gestalten. Beschreiben, Aufbauen, Einschätzen: Ein Kompetenzraster für die Unterrichtspraxis. Bern: Schulverl. plus.

4.6 Konstruktionsaufgabe

Die Konstruktionsaufgabe ist eine stark verbreitete Methode der technischen Bildung (vgl. Straub 2017), welche von der gleichnamigen technischen Handlung, dem Konstruieren, abgeleitet wurde.

4.6 Konstruktionsaufgabe

> **Konstruktionsaufgabe**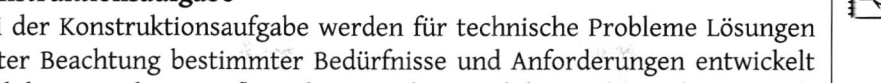
> Bei der Konstruktionsaufgabe werden für technische Probleme Lösungen unter Beachtung bestimmter Bedürfnisse und Anforderungen entwickelt und diese in »ihrem Aufbau, ihrer Struktur und der Funktion ihrer Einzelteile« geistig antizipiert (Hüttner 2009, 182).

Während Hüttner (2009) die Methode eng auslegt und die Konstruktionsaufgabe ausschließlich als geistige Antizipation versteht, bei der die »Realisierung in der Objektebene« (Henseler & Höpken 1996, 71) ausbleibt, wird die prototypische Fertigung der Artefakte bei anderen Autoren inkludiert und somit ein weiter gefasstes Begriffsverständnis geprägt (vgl. Henseler & Höpken 1996, 66 ff.; Stuber 2019, 61). So ist die Konstruktionsaufgabe nach Stuber (2019) folgendermaßen gekennzeichnet: »Das Entwickeln technischer Objekte nach funktionalen, konstruktiven und formalen Kriterien sowie deren Herstellung stehen im Zentrum« (ebd., 61). Die Herstellung ermöglicht es den Schülerinnen und Schülern, eine Überprüfung ihres Lösungsansatzes am realen Objekt durchzuführen (Henseler & Höpken 1996, 71).

Straub (2017, 10) betont die besondere Beziehung zwischen Mensch und Technik, die in der Konstruktionsaufgabe impliziert ist: »Insbesondere die Konstruktionsaufgabe leistet einen Beitrag zur Selbstwirksamkeit des Menschen in der Realisierung von Technik.« Möglicherweise wird das Erleben von Selbstwirksamkeit gefördert, wenn die Schülerinnen und Schüler durch die Fertigung eines Prototyps erleben, dass die von ihnen konstruierte Lösung funktioniert. Die Motivation, sich einer komplexen Konstruktionsaufgabe zu widmen, könnte dadurch gesteigert werden. Dies könnte einer der Gründe sein, weshalb Lehrkräfte die Fertigung als festen Bestandteil der Konstruktionsaufgabe begreifen (vgl. Straub 2017, 14). Kennzeichnend für die didaktisch-methodische Umsetzung sollte jedoch sein, dass der Prozess des Konstruierens im Fokus liegt und fachlich aufbereitet wird. Ist dieser gleichermaßen wie die Fertigung Bestandteil der methodischen Ausgestaltung, sprechen Henseler & Höpken (1996, 67) von »Konstruktions- und Fertigungsaufgaben«, die sich als eigenständige Methode jedoch nicht etabliert hat. Aus den dargelegten Gründen wird im Folgenden das weitere Methodenverständnis, der das Herstellen inkludiert, aufgegriffen.

4.6.1 Angestrebte Ziele und Kompetenzerwartungen

Die Konstruktionsaufgabe wird als fachspezifische Methode betrachtet, die es ermöglicht, die Sachdimension der Technik zu erschließen und ein genetisch-produktives Lernen umzusetzen, bei dem die Mitwirkung der Schülerin oder des Schülers beim Erarbeiten des Unterrichtsinhalts zentral ist (vgl. Schmayl 2019, 214 f.). Da den Schülerinnen und Schülern zur Lösung der Aufgabe eine große Selbstständigkeit eingeräumt wird, wird sowohl ihre Kreativität als auch ihre Selbstständigkeit gefördert (vgl. Henseler & Höpken 1996, 66 ff.).

Die Konstruktionsaufgabe erfordert, ebenso wie der ihr zugrundeliegende technische Realprozess, theoretische und praktische Handlungen. Durch den Nachvollzug des Konstruktionsprozesses technischer Produkte eignen sich die Lernenden dabei nach Hüttner (vgl. Hüttner 2009, 176) spezifische Fachkenntnisse, konstruktive Fertigkeiten sowie Schlüsselqualifikationen an. Zu diesen zählen Exaktheit beim Erstellen der Konstruktionsunterlagen, Kreativität, Beharrlichkeit, Verantwortungsbewusstheit und Willensstärke (vgl. ebd.).

Konstruieren ist ein anspruchsvoller Prozess, der folgende Aspekte umfasst:

- das Analysieren einer technischen Problemstellung,
- das Ermitteln von Informationen,
- die Durchführung von Berechnungen und
- die Erstellung von technischen Kommunikationsformen, wie Skizzen, normgerechten technischen Zeichnungen und Stücklisten.

Je nachdem, wie die Konstruktionsaufgabe umgesetzt wird (ob und über welche Medien die Erstellung eines Prototyps inbegriffen ist), werden noch Kompetenzen gefördert, die sich aus der Fertigung oder der Montage mithilfe von Baukästen ergeben. Aufgrund der Komplexität der Methode müssen die Lernenden schrittweise herangeführt werden und über elementare sowie komplexe Aufgaben im Rahmen von Übungen ihre konstruktiven Fähigkeiten erweitern (vgl. Hüttner 2009, 176).

Die Unterrichtsmethode Konstruktionsaufgabe wird von Kirchner & Penning (vgl. 2020) auch als methodische Umsetzungsmöglichkeit des forschenden Lernens betrachtet. »Forschendes Lernen wird sowohl als eine spezifische Haltung bzw. Herangehensweise an die Auseinandersetzung mit Fachinhalten verstanden als auch als ein methodischer Zugang, der sich u. a. durch die Ermöglichung von Selbständigkeit, Problemorientierung und eine projektorientierte Arbeitsweise mit reflexiven Anteilen auszeichnet« (ebd., 44). Bei der Konstruktionsaufgabe zeigt sich ein Zusammenwirken aus Erforschen, im Sinne einer experimentellen Ergründung naturwissenschaftlicher Gesetzmäßigkeiten, und selbst konstruieren, als Ausgestaltung neuer technischer Anwendungen oder Artefakte (vgl. Mammes & Graube 2017, 6). Der iterative Prozess des unterrichtlichen Konstruierens wird daher von Kirchner & Penning (2020, 48) analog zu den Phasen des Forschungsprozesses aufgeschlüsselt. Die mit dem forschenden Lernen intendierte überfachliche und fachliche Kompetenzförderung kann folglich mit Konstruktionsaufgaben umgesetzt werden.

Tab. 4.8: Übungen zur Förderung von konstruktiven Fähigkeiten (vgl. Hüttner 2009, 176) (eigene Darstellung)

Einfache Übungen	Übungen mit komplexer Aufgabenstellung
• Messen eines Werkstücks • Eintragen der Messdaten in eine technische Zeichnung • Durchführen von Berechnungen • Skizzieren des Werkstückes	• Technische Zeichnungen lesen • Konstruktionsaufgaben analysieren, Detailaufgaben ableiten und formulieren • Zusätzliche Informationen sammeln und Bewertungskriterien erarbeiten • für die Konstruktion eines Werkstückes Lösungsideen erarbeiten, kritisch prüfen und selbst bewerten • die Abfolge des Konstruierens planen • Konstruktionsunterlagen (Berechnungen, technische Zeichnungen, Stücklisten und Ablaufpläne erarbeiten)

4.6.2 Ablauf der Konstruktionsaufgabe

Bei der Durchführung der Konstruktionsaufgabe hat sich eine aufeinander bezogene Abfolge von sechs Planungs- und Handlungsschritten als zweckmäßig erwiesen (vgl. Hüttner 2009, 177 f.). Die letzten beiden Schritte inkludieren das Herstellen eines Prototyps und bieten somit die Möglichkeit, die grundlegenden Phasen der Konstruktionsaufgabe optional zu erweitern.

Tab. 4.9: Ablauf einer Konstruktionsaufgabe (bei Schritt 1 bis 6 vgl. Hüttner 2009, 177 f.) (eigene Darstellung)

	Kennzeichen	Angestrebtes Ergebnis
1. Eröffnungsphase	• Übergabe der Aufgabenstellung an die Lernenden • Erklären der Aufgabe • Bereitstellen notwendiger Informationen • Motivieren der Lernenden • Offene Aussprache und Problemdiskussion • Beantworten auftretender Fragen	Die Lernenden akzeptieren die Aufgabe. Sie sind motiviert und lernbereit.
2. Analyse	• Analyse der Aufgabe durch die Lernenden • Durchsicht und Erschließen der Konstruktionsaufgabe • Bestimmen der Gebrauchseigenschaften des Werkstückes • Ableiten von Teilaufgaben, die konstruktiv zu lösen sind • Ermitteln von Informationsdefiziten • Analyse der bereitgestellten Unterrichtsmedien	Die Schülerinnen und Schüler haben die Lernaufgabe und notwendige Teilaufgaben in ihrer Struktur aufgedeckt. Mögliche Schwierigkeiten sind erkannt. Es besteht das Bedürfnis zur Aussprache.
3. Beratung	• Stellen von Fragen an die Mitlernenden und an die Lehrperson • Aktive Teilnahme am Unterrichtsgespräch • Vertiefende Selbstinformation durch Auswertung des Unterrichtsgespräches	Die Lernenden nutzen die neuen Informationen, verwerten sie und stellen sie für das nachfolgende Lernhandeln bereit.
4. Entwurf	• Entwerfen und Skizzieren des Konstruktionsgegenstandes • Prüfen der Richtigkeit der Skizzen • Selbstständiges Korrigieren möglicher Fehler durch erneutes Skizzieren	Die Lernenden skizzieren das Werkstück unter Beachtung der Standards des technischen Zeichnens.
5. Konsultation	• Präsentieren/Erklären der Skizzen durch einzelne Lernende	Die Lernenden verfügen über eine fertigungsgerechte Skizze. Sie ist normgerecht und dient als Vorlage

Tab. 4.9: Ablauf einer Konstruktionsaufgabe (bei Schritt 1 bis 6 vgl. Hüttner 2009, 177 f.) (eigene Darstellung) – Fortsetzung

	Kennzeichen	Angestrebtes Ergebnis
	• Prüfen und Bestätigen der Entwürfe durch die anderen Lernenden und durch die Lehrperson Selbstständige Verbesserung der Entwürfe durch die Lernenden	für die Erarbeitung der weiteren Konstruktionsunterlagen.
6. Realisierung	• Selbstständiges Erarbeiten der Konstruktionsunterlagen durch die Lernenden • Kontrollieren der technischen Zeichnung auf standardgerechte und saubere Ausführung, Selbstkontrolle durch die Schülerinnen und Schüler, Peer-Feedback und Fremdkontrolle durch die Lehrperson	Die von den Lernenden erarbeiteten Konstruktionsunterlagen liegen vor. Die Lehrperson ist in der Lage, auf Basis dieser Unterlagen sowie basierend auf begleitenden Beobachtungen während des Prozesses, den Lern- und Leistungsstand individuell zu beurteilen.
7. Prototypen	• Fertigen eines Prototyps/eines vollständigen Modells: Gestalten von Teilen, Baugruppen und Verbindungen, Prozessen • Testen der technischen Entwicklung durch systematische Datenerfassung und -auswertung; Erprobung und Beurteilung	Der Prototyp des Produktes wurde gefertigt. Dieser und seine Fertigung werden kritisch geprüft. Änderungen an der Konstruktion oder im Fertigungsprozess und der Ablaufplanung werden ggf. vorgenommen.
8. Auswertung	• Bewertung des Konstruktionsprozesses • Bewertung des Fertigungsprozesses • Selbst- und Fremdreflexion des Lernprozesses • Anknüpfen an relevante Fachkonzepte	Die Lehrperson ist in der Lage, auf Basis der Konstruktionsunterlagen, des Prototyps sowie begleitenden Prozess-Beobachtungen den Lern- und Leistungsstand individuell zu beurteilen.

4.6.3 Differenzierte Gestaltung und Varianten von Konstruktionsaufgaben

Die Konstruktionsaufgabe stellt grundsätzlich bereits höhere Anforderungen an die Lernenden als die Fertigungsaufgabe (Stuber 2019, 61). Während auch bei der Fertigungsaufgabe planerische, antizipierende Tätigkeiten gefördert werden, sind diese bei der Konstruktionsaufgabe in besonderem Maße gefordert. Der dargestellte Phasenverlauf (▶ Tab. 4.9 in ▶ Kap. 4.6.2) kann daher als idealtypisch verstanden werden und muss im Hinblick auf die jeweils adressierten Schülerinnen und Schüler modifiziert oder verkürzt werden, um die Komplexität der Methode zu reduzieren. Über die als enge, halboffene oder offene Formulierung der Aufgabenstellung sowie funktionale, konstruktive, formale oder methodische Vorgaben können verschiedene Schwierigkeitsniveaus realisiert werden (vgl. Stuber 2019, 61).

> **Exkurs**
> **Making-Aufgaben**
> Straub (2017) weist auf eine Diskrepanz zwischen der Bedeutsamkeit der Konstruktionsaufgabe für die praktizierenden Lehrkräfte und einer vermeintlich schwindenden Bedeutung in der technikdidaktischen Diskussion und Publikationen hin. Diese wurde bereits von Schlagenhauf (2012) durch die Analyse der Beitragsveröffentlichungen in der *Zeitschrift für Technik im Unterricht* offengelegt. Demgegenüber steht das zunehmende Angebot von außerschulischen Einrichtungen der »MakerSzene«, die über *Fablabs*, *MakerSpaces* und *Hackerspaces* öffentlich zugängliche Orte für technisches Handeln schaffen (▶ Kap. 3.5.2, Exkurs Lehr-Lernlabore und MakerSpaces).
>
> Ausgehend von dieser Entwicklung werden mittlerweile auch vereinzelt in Schulen entsprechende Fachräume eingerichtet und Bildungsmaterialien publiziert, die über sogenannte »Maker-Aufgaben« das Konzept auf die schulische Bildung übertragen (vgl. z. B. LEGO Group 2018). Das »Sammeln, Ordnen, Entwickeln, Experimentieren, Planen, Herstellen und Optimieren«, welche zu den Bestandteilen des technischen Konstruierens zählen, sind auch in diesen Aufgaben erkennbar und entsprechen nach Stuber dem Designprozess (Stuber 2019, 61). Die Definition von »Making« ist damit gleichzusetzen mit dem Konstruieren: »Making umfasst Aktivitäten, bei denen jede/r selbst aktiv wird und ein Produkt, ggf. auch digital, entwickelt, adaptiert, gestaltet und produziert und dabei (auch) digitale Technologien zum Einsatz kommen« (Schön & Ebner 2017, 257).

4.6 Konstruktionsaufgabe

Während bei der Konstruktionsaufgabe das »selbstständige Einzellernen« (Hüttner 2009, 182; vgl. Stuber 2019, 61) im Vordergrund steht, wird diese Sozialform bei Ansätzen der Maker Education variiert, hier werden auch Partner- und Gruppenarbeiten vorgesehen und insbesondere der soziale Austausch im Design Prozess als zentrales Kennzeichen herausgestellt. Die interdisziplinäre Zusammenarbeit gilt als selbstverständlich. Als weitere Besonderheit beim Making, in Abgrenzung zur Konstruktionsaufgabe, ist die Einbettung von Nachhaltigkeitsdimensionen durch die Berücksichtigung insbesondere von ökologischen und sozialen Aspekten beim Problemlöseprozess, der sich in dem Ziel widerspiegelt, »die eigene Welt neu zu erfinden, genauer: besser zu machen« (Schön & Ebner 2017, 258). Diese Aspekte der Technikbewertung können auch bei der Konstruktionsaufgabe zur Anwendung kommen, wobei entsprechend des technischen Handelns des Konstruierens stets auch die ökonomische Dimension einbezogen werden sollte.

Der Einsatz (auch) digitaler Technologien wird in der MakerSzene besonders hervorgehoben, da sich diese Kultur gleichzeitig mit der Verbreitung dieser Technologien entwickelt hat (ebd., 257) und zu einem zentralen Bildungsanliegen (vgl. KMK 2016) geworden ist. Aus fachdidaktischer Sicht ist diese Einbettung jedoch nicht neu, wie sich an dem Beispiel »Entwickeln von Steuerungsprogrammen« zeigen lässt, das von Henseler & Höpken (1996, 67) bereits 1996 explizit als digitales Produkt als Ergebnis der Konstruktionsaufgabe benannt wurde mit dem Verweis, dass diese Methode nicht auf Stoff- und Energiesysteme beschränkt ist. Aufgrund dieser starken Überschneidungen können Maker-Aufgaben als spezifisch ausgerichtete Variante der Konstruktionsaufgaben betrachtet werden.

Insgesamt lässt sich feststellen, dass die »MakingSzene« und das »Design Thinking« durch ihre öffentlichkeitswirksame Außendarstellung, ihren Zulauf sowie ihre Akteure wertvolle Impulse liefern können, um die technische Bildung innerhalb und außerhalb der allgemeinbildenden Schule zu fördern. Trotz der konzeptionellen Ähnlichkeiten und damit nachliegenden Synergien steht eine systematische Verknüpfung mit technikdidaktischen Ansätzen noch aus und die MakerSzene entwickelt sich (noch) weitestgehend losgelöst von der Technikdidaktik. Auch der Einbezug von Schülerinnen und Schülern im SGE wurde bislang nicht thematisiert.

4 Methoden des WAT-Unterrichts

Konstruieren mithilfe von Baukästen

Eine Umsetzungsmöglichkeit der Konstruktionsaufgabe beinhaltet die Einbindung von Baukästen für die Montage von prototypischen Modellen (▶ Kap. 3.6). Der Einsatz von Baukästen in diesem Zusammenhang wird von Stuber et al. (vgl. 2019, 61) als *Montageaufgabe* bezeichnet, da die Lösung durch den Aufbau, also die Montage, von Strukturen und Baukastenelementen erarbeitet wird. Das hierüber mögliche Erschließen von Konstruktions- und Funktionszusammenhängen wird jedoch in der Betitelung nicht deutlich, weswegen eine Trennung zwischen der Methodenbezeichnung Konstruktionsaufgabe und dem Medium Baukästen präziser ist: »Konstruieren mithilfe von Baukästen«.

Durch den hohen Aufforderungscharakter von Baukästen besteht einerseits die Gefahr, dass die geistig antizipierenden Schritte, die für eine Konstruktionsaufgabe kennzeichnend sind, verkürzt oder gar weggelassen werden. Andererseits entfallen viele Herausforderungen bei der Herstellung von Teilen und Verbindungen, sodass sich die Lernenden eingehender mit dem Problemlösungsprozess auseinandersetzen können (vgl. Henseler & Höpken 1996, 67). Die eingeschränkten Lösungsmöglichkeiten, die aus der Begrenztheit des Baukastensystems resultieren, ermöglichen eine Differenzierung für Lernende mit einem niedrigeren Kompetenzniveau.

Baukästen werden nicht nur für eine fachspezifische technische Bildung eingesetzt, sondern auch als Spielzeug vertrieben und somit in informellen Lernsituationen genutzt. Im SGE ist die Arbeit mit Baukästen häufig weniger stark fachlich ausgerichtet, sondern entspricht vielfach dem nachfolgend dargestellten Verständnis von Konstruieren.

Konstruieren im sonderpädagogischen Schwerpunkt Geistige Entwicklung

Pitch & Thümmel (2015a, 115–140) beschreiben ausführlich, wie über Bauen, Basteln und Konstruieren schülereigene Handlungsfähigkeit aufgebaut werden kann (ebd., 139).

- Sie definieren Bauen als zunächst zufällige Tätigkeit mit geeigneten Materialien, bei der das Kind während des Hantierens eine Vorstellung vom Endprodukt entwickelt.
- Basteln wird als Zwischenstufe zwischen dem Bauen und Konstruieren gefasst. Beim Basteln werden im Gegensatz zum Bauen die genutzten Materialien verändert. Dadurch wird der Umgang mit unterschiedlichen Materialien und Werkzeugen gefördert sowie bei der Durchführung in einer Gruppe die soziale Entwicklung bestärkt (ebd., 122).

4.6 Konstruktionsaufgabe

- Beim Konstruieren wird von einer bereits vorhandenen Produktvorstellung ausgegangen. Dabei kann ein vorab gefasster oder ein vorgegebener Plan leitgebend sein (ebd., 125).

Hierüber wird deutlich, dass sich dieses Begriffsverständnis des Konstruierens nicht vollständig mit der Perspektive der technischen Bildung deckt, bei der das »Bauen nach Plan« und das »Nachbauen von Objekten«, das bei Kuhl (2011) für die Förderung der Konstruktionsmethode genutzt wird, eher der Fertigungsmethode anstatt der Konstruktionsaufgabe zuzuordnen ist. Die von Kuhl (2011) definierte Konstruktionsfähigkeit als Fähigkeit, »unterschiedliche einzelne Teile, unter Beachtung der materialspezifischen Verbindungen und der Raum-Lage-Beziehungen, zu einem Zielobjekt zusammen zu setzen« (ebd., 49), weicht daher von den mit der Konstruktionsaufgabe intendierten Kompetenzen ab.

Im SGE wird darüber hinaus der Begriff »Konstruktionsspiel« verwendet. Durch die Orientierung des Begriffs an der »spielerischen Welterschließung« von Kindern und die fehlenden Bezüge zur Konstruktionsaufgabe ist von der Nutzung dieses Begriffs im Rahmen der technischen Bildung abzuraten. Es gilt die durchzuführenden, antizipierenden Schritte bewusst auszuwählen, um die Kompetenzentwicklung der Lernenden systematisch zu fördern.

5 Verzeichnisse

Abkürzungsverzeichnis

BWP bzw. BWK: Berufswegeplanung bzw. Berufswegekonferenz
CNC: Computerized Numerical Control
DeGÖB: Deutsche Gesellschaft für Ökonomische Bildung
DGTB: Deutsche Gesellschaft für Technische Bildung
DGUV: Deutsche Gesetzliche Unfallversicherung e. V.
Hamet: Handwerklich-motorischer Eignungstest
IFD: Integrationsfachdienst
IT: Informationstechnologie
KI: Kompetenzinventar
KMK: Kultusministerkonferenz
MAPS: Making Action Plans
MINT: Mathematik, Informatik, Naturwissenschaft und Technik.
PATH: Planning Alternatives Tomorrows with Hope
RiSU: Richtlinie zur Sicherheit im Unterricht
SGE: Sonderpädagogischer Schwerpunkt Geistige Entwicklung

TEACCH: Treatment and Education of Autistic and related Communication handicapped Children
TTAP TEACCH: Transition Assessment Profile
UK: Unterstützte Kommunikation
WAT: Wirtschaft-Arbeit-Technik
WfbM: Werkstatt für behinderte Menschen

Literaturverzeichnis

Adamina, M. & Stuber, T. (2019): Beurteilung. In: Stuber, T. (Hrsg.): Technik und Design (82–87). Bern: hep verlag
Alber, M. (2007): Alles gleich, alles anders? Ergebnisse eines Forschungsprojekts zum Einsatz des hamet 2. Berufliche Rehabilitation 4 (21), 210–222.
Allbauer, M. & Loerwald, D. (2019): Wirtschaft lernen im Labor. Das OX-Lab an der Universität Oldenburg. Unterricht Wirtschaft+Politik 2, 6–40.
Arndt, H. (2013): Methodik des Wirtschaftsunterrichts. Opladen: Verlag Barbara Budrich.
Arndt, H. (2017): Medien des Wirtschaftsunterrichts. Opladen, Berlin, Toronto: Verlag Barbara Budrich.
Arndt, H. (2020): Ökonomische Bildung. Erlangen: FAU University Press.
Baar, R. & Schönknecht, G. (2018): Außerschulische Lernorte: didaktische und methodische Grundlagen. Weinheim, Basel: Beltz.
Basendowski, S. & Leibeck, S. (2019): Die Arbeitswelt für Menschen mit Beeinträchtigungen im Spiegel des Wandels – wider unterkomplexe Annäherungen an Beschäftigungssysteme im Zuge der Digitalisierung. In: Lindmeier, C. et al. (Hrsg.): Inklusive Berufsorientierung und berufliche Bildung – aktuelle Entwicklungen im deutschsprachigen Raum (39–53). Weinheim: Beltz Juventa.
Bastian, J. (2016): Binnendifferenzierung. Von einer »untauglichen Idee« zur Maxime der Schul- und Unterrichtsentwicklung. Pädagogik 9 (16), 6–9.
Baumgardt, I. (2012): Berufliche Orientierungen von Grundschulkindern. GDSU-Journal 2, 51–55.
Beauftragte der Bundesregierung für die Belange von Menschen mit Behinderungen (2017): Die UN-Behindertenrechtskonvention. Übereinkommen über die Rechte von Menschen mit Behinderungen.
Becker, S., Hartmann, H, Lange, M., Schaumlöffel, H. & Schulz, R.-K. (2018): Unfallverhütung und Gesundheitsschutz im Arbeitslehreunterricht. Informationen und Hinweise. Kassel.
Beinke, L. (2005): Didaktik der Arbeitslehre. Lübeck, Marburg, Tönning: Der Andere Verlag.
Beinke, L. (2020): Das Betriebspraktikum als Instrument der Berufsorientierung. In: Brüggemann, T. & Rahn, S. (Hrsg.): Berufsorientierung. Ein Lehr- und Arbeitsbuch (427–434). Münster, New York: Waxmann.

Bienhaus, W. (2008): Technikdidaktik – der mehrperspektivische Ansatz. München.
Bienhaus, W. (2018): Das Fachraumsystem des allgemeinbildenden Technikunterrichts. Hinweise zur Planung – Anlage – Einrichtung – Ausrüstung. Konstanz: Dr.-Ing. Paul Christiani GmbH & Co. KG.
Bienhaus, W., Bothe, T. & Marx, A. (o. J.): Technikfachräume. Zugriff online unter: https://dgtb.de/unterrichtspraxis/technikfachraeume-start/
Bienhaus, W. & Radermacher, M. (2009): Guter Technikunterricht. Ein Anforderungsprofil aus fachdidaktischer und schulpraktischer Sicht. In: Bienhaus, W. (Hrsg.): Handlungskompetenz in der technisierten Welt (100–122). Villingen-Schwenningen: Neckar
Bleher, W. (2008): Konstruktionsaufgabe als Methode im Technikunterricht. Befunde einer empirischen Studie an Hauptschulen. Unterricht Arbeit + Technik 37 (10), 59–61.
Boban, I. (2007): In der Schule und über die Schule hinaus – von Zukunfsträumen zu konkreten Schritten. In: Hinz, A. (Hrsg.): Schwere Mehrfachbehinderung und Integration (173–180). Marburg: Lebenshilfe-Verl.
Boban, I. (2012): Bürgerzentrierte Zukunftsplanung in Unterstützerkreisen. Inklusiver Schlüssel zu Partizipation und Empowerment pur. In: Hinz, A., Körner, I. & Niehoff, U. (Hrsg.): Von der Integration zur Inklusion. Grundlagen – Perspektiven – Praxis (230–247). Marburg: Lebenshilfe Verlag.
Boensch, M. (1995): Lehrgang oder Lernpfad? Zur Konstruktion von Lernwegen. Pädagogische Welt 6 (49), 252–255.
Bohl, T. & Jürgens, E. (2009): Prüfen und Bewerten im Offenen Unterricht. Weinheim: Beltz Verlagsgruppe.
Bonfig, A. (2019): Lebensweltorientierung in den Didaktiken der Sozialwissenschaften und der Sonderpädagogik – zwischen Lebenshilfe und Gesellschaftsperspektive. zdg – zeitschrift für didaktik der gesellschaftswissenschaften 2 (10), 124–130.
Bonfig, A. & Penning, I. (2020): Ökonomische Bildung für Alle: Fachliche Herausforderungen und fachdidaktische Implikationen. k:ON - Kölner Online Journal für Lehrer*innenbildung, 2 (2), 295–313. https://doi.org/10.18716/ojs/kON/2020.2.15
Bonfig, A. & Plietker, A. (2020): Perspektiven aus Theorie und Praxis auf sozialwissenschaftliche Fachdidaktik im Kontext inklusiver Bildung. zdg – zeitschrift für didaktik der gesellschaftswissenschaften 2, 91–115.
Bosse, I. (2019): Schulische Teilhabe durch Medien und assistive Technologien. In: Quenzel, G. & Hurrelmann, K. (Hrsg.): Handbuch Bildungsarmut (827–852). Wiesbaden: Springer VS.
Bosse, I., Schluchter, J.-R. & Zorn, I. (2019): Handbuch Inklusion und Medienbildung. Weinheim, Basel: Beltz Juventa.
Breitenbach, E. (2020): Diagnostik. Eine Einführung. Wiesbaden: Springer Fachmedien Wiesbaden.
Bröcher, J. (1997): Lebenswelt und Didaktik. Unterricht mit verhaltensauffälligen Jugendlichen auf der Basis ihrer (alltags-)ästhetischen Produktionen. Heidelberg: Winter Programm Ed. Schindele.
Brüggemann, T. & Rahn, S. (2020): Berufsorientierung. Ein Lehr- und Arbeitsbuch. Münster, New York: Waxmann.
Bundesarbeitsgemeinschaft Berufswahlpass: Berufswahlpass. Zugriff online unter: https://berufswahlpass.de/

Literaturverzeichnis

Bundesarbeitsgemeinschaft Inklusionsfirmen e. V. (bag if) (2018): Inklusion am Arbeitsmarkt. Was sind Inklusionsunternehmen. Zugriff online unter: https://bag-if.de/wassind-inklusionsunternehmen/

Bundesarbeitsgemeinschaft Werkstätten für behinderte Menschen e. V. (BAG WfbM) (2018): Die Entgelt- und Einkommenssituation von Werkstattbeschäftigten.

Bundschuh, K. (2021): Grundlagen der Förderplanung. In: Schäfer, H., et al. (Hrsg.): Handbuch Inklusive Diagnostik (269–286). Weinheim, Basel: Beltz.

Bundschuh, K. & Schäfer, H. (2019): Diagnostik II: Förderplanung. In: Schäfer, H. (Hrsg.): Handbuch Förderschwerpunkt geistige Entwicklung (153–166). Weinheim: Julius Beltz.

Bünning, F. (2016): Konzepte und Effekte außerschulischer Lernorte in der technischen Bildung. Bielefeld: wbv.

Butz, B. (2008): Grundlegende Qualitätsmerkmale einer ganzheitlichen Berufsorientierung. In: Famulla, G.-E. (Hrsg.): Berufsorientierung als Prozess – Persönlichkeit fördern, Schule entwickeln, Übergang sichern (42–62). Baltmannsweiler: Schneider-Verl. Hohengehren.

de Haan, G., Grundmann, D. & Plesse, M. (2009): Nachhaltige Schülerfirmen. Eine Explorationsstudie. Berlin.

Dedering, H. (2000): Einführung in das Lernfeld Arbeitslehre. München, Wien: Oldenbourg Wissenschaftsverlag.

Dedering, H. (2004): Arbeitsorientierte Bildung. Studien zu einem neuen Reformprojekt. Baltmannsweiler: Schneider-Verl. Hohengehren.

Deutsche Gesellschaft für Ökonomische Bildung (DeGÖB) (2004): Kompetenzen der ökonomischen Bildung für allgemein bildende Schulen und Bildungsstandards für den mittleren Schulabschluss.

Deutsche Gesellschaft für Ökonomische Bildung (DeGÖB) (2006): Kompetenzen der ökonomischen Bildung für allgemein bildende Schulen und Bildungsstandards für den Grundschulabschluss.

Deutsche Gesellschaft für Ökonomische Bildung (DeGÖB) (2009): Kompetenzen der ökonomischen Bildung für allgemein bildende Schulen und Bildungsstandards für den Abschluss der gymnasialen Oberstufe.

Deutsche Gesellschaft für Technische Bildung (DGTB) (2018): Anliegen und Grundzüge Allgemeiner Technischer Bildung. Grundsatzpapier Nr. 1. Berlin.

Deutsche Gesetzliche Unfallversicherung e. V. (DGUV) (2006): Holz. Ein Handbuch für Lehrkräfte.

Deutsche Gesetzliche Unfallversicherung e. V. (DGUV) (2019): Branche Schule. DGUV Regel, 102–601.

Deutsche Gesetzliche Unfallversicherung (DGUV) (2017): Die Werkraumordnung. mit Lisa und Felix. Berlin.

Deutsche Gesetzliche Unfallversicherung (DGUV) (2020): Sichere Schule. Zugriff online unter: https://www.sichere-schule.de/technik

DGUV Deutsche Gesetzliche Unfallversicherung (März 2015): Barrierefreie Arbeitsgestaltung. Teil 1: Grundlagen.

Diakonie Stetten e. V.: Hamet. Berufliche Kompetenzen – effektiv erkennen und gezielt fördern. Kernen-Stetten. Zugriff online unter: https://hamet.diakonie-stetten.de/diagnostik-mit-hamet.html

Diakonie Stetten e. V. (2019): Potentialanalyse mit hamet bop. Waiblingen.

Didacta Verband e. V. (o. J.): Außerschulisches Lernen. Qualitätskriterien für das außerschulische Lernen.
Doose, S. (2016): Arbeit. In: Hedderich, I. et al. (Hrsg.): Handbuch Inklusion und Sonderpädagogik (448–453). Bad Heilbrunn: Verlag Julius Klinkhardt.
Doose, S. (2018): Da sein – gefragt sein – beitragen. In: Lamers, W. (Hrsg.): Teilhabe von Menschen mit schwerer und mehrfacher Behinderung an Alltag, Arbeit, Kultur (277–300). Oberhausen: Athena.
Doose, S. (2019): I want my dream. Persönliche Zukunftsplanung. 2. Auflage. Neu-Ulm: Verein zur Förderung der sozialpolitischen Arbeit.
Doose, S. (2019): Persönliche Zukunftsplanung. Ein gutes passendes Leben in Verbundenheit gestalten. Teilhabe 4, 176–180.
Doose, S. (2020): »I want my dream!«. Persönliche Zukunftsplanung weiter gedacht: neue Perspektiven und Methoden einer personenorientierten Planung mit Menschen mit und ohne Beeinträchtigungen. Neu-Ulm: AG SPAK Arbeitsgemeinschaft sozialpolitischer Arbeitskreise.
Doose, S. (2021a): MAPS – Die Schatzkarte. Handreichung – MAPS. Zugriff online unter: https://www.persoenliche-zukunftsplanung.eu/materialien/maps.html
Doose, S. (2021b): PATH. Zugriff online unter: https://www.inklusion-als-menschenrecht.de/gegenwart/materialien/persoenliche-zukunftsplanung-inklusion-als-menschenrecht/zukunftsplanung-path/
Driesel-Lange, K. (2020): Kompetenzfeststellungsverfahren als Instrument der Berufsorientierung. In: Brüggemann, T. & Rahn, S. (Hrsg.): Berufsorientierung. Ein Lehr- und Arbeitsbuch (386–397). Münster, New York: Waxmann.
Duismann, G. H. (1981): Arbeitslehre für zukünftige Hilfsarbeiter, Arbeitslose, Asoziale und Kriminelle? Voraussetzungen für den Arbeitslehreunterricht an der Lernbehindertenschule (Sonderschule). In: GATWU (Hrsg.): Arbeit, Technik, Wirtschaft (291 ff.). Bad Salzdetfurth.
Duismann, G. H. (1992): Technik in Schulen für Geistigbehinderte. Lernen konkret 2 (11), 2–8.
Duismann, G. H. (2002): Arbeitsrelevante Basiskompetenzen. Ein neues Konzept zur Qualitätssicherung. Unterricht Arbeit + Technik 15 (4), 54–57.
Duismann, G. H., Fast, L., Meier, B. & Meschenmoser, H. (2005): Bildungsstandards für Arbeitslehre, Technik, Wirtschaft und Hauswirtschaft. Die fachdidaktische Diskussion um systematische Qualitätssicherung hat gerade erst begonnen. Unterricht Arbeit + Technik 27 (7), 59–64.
Ebert, H. & Eck, R. (2017): Berufsvorbereitung und Inklusion. In: Fischer, E. & Ratz, C. (Hrsg.): Inklusion – Chancen und Herausforderungen für Menschen mit geistiger Behinderung (263–283). Weinheim, Basel: Beltz Juventa.
Euler, M. (2015): Bildungstheoretische Implikationen moderner Berufsorientierung. Zeitschrift für Berufs- und Wirtschaftspädagogik 1, 100–114.
Euler, M., Schüttler, T. & Hausamann, D. (2015): Schülerlabore: Lernen durch Forschen und Entwickeln. In: Kircher, E., Girwidz, R. & Häußler, P. (Hrsg.): Physikdidaktik (759–782). Berlin: Springer Spektrum.
Fast, L. (2001): Lernerfolg bewerten. Qualitätsentwicklung. Unterricht Arbeit + Technik 9 (3).

Fast, L. (2008): Zur Genese von Baukästen im Technikunterricht. Neue Akzente für Technische Bildung. Karlsruher pädagogische Beiträge 68, 50–53.
Fast, L. (2009): Bewertung von Leistungen im Technikunterricht. In: Theuerkauf, W. E. & Meschenmoser, H. (Hrsg.): Qualität technischer Bildung (133–146). Berlin: Machmit-Verlag.
Fast, L. (2020): Leistungsbewertung im Technikunterricht. Ein Plädoyer für Schülerbeteiligung: Schneider Hohengehren.
Fast, L. & Klein, H. (1998): Notengebung – Beispiel Technikunterricht. Bad Heilbrunn: Verlag Julius Klinkhardt.
Feuser, G. (1989): Allgemeine integrative Pädagogik und entwicklungslogische Didaktik. BEHINDERTENPÄDAGOGIK 1 (28), 4–48.
Feuser, G. (2005): Behinderte Kinder und Jugendliche. Zwischen Integration und Aussonderung. Darmstadt: Wiss. Buchges.
Finke, A. (2019): Handreichung zum Portfolio Mein Ordner Leben und Arbeit (OLA) – ein Lern- und Arbeitsmittel für Schülerinnen und Schüler mit dem Förderschwerpunkt geistige Entwicklung. Handreichung für Pädagoginnen und Pädagogen. Dresden.
Fischer, A. & Zurstrassen, B. (2014): Sozioökonomische Bildung. Bonn: Bundeszentrale für Politische Bildung.
Fischer, E. (2008): Bildung im Förderschwerpunkt geistige Entwicklung. Entwurf einer subjekt- und bedarfsorientierten Didaktik. Bad Heilbrunn: Klinkhardt.
Fischer, E., Kießling, C. & Molnár-Gebert, T. (2016): »Weil ich will halt einfach mein eigenes Ding machen«. Menschen mit geistiger Behinderung auf dem allgemeinen Arbeitsmarkt. Oberhausen: Athena.
Fischer, E. & Kranert, H.-W. (2021): Arbeit und Diagnostik – Wege und Erfordernisse im Übergang Schule-Beruf (ÜSB). In: Schäfer, H. et al. (Hrsg.): Handbuch Inklusive Diagnostik (445–461). Weinheim, Basel: Beltz.
Fischer, E. & Molnár-Gebert, T. (2017): »... in die Werkstatt will ich nicht – da pass ich einfach nicht rein ...« Menschen mit geistiger Behinderung auf dem allgemeinen Arbeitsmarkt? In: Fischer, E. & Ratz, C. (Hrsg.): Inklusion – Chancen und Herausforderungen für Menschen mit geistiger Behinderung (284–303). Weinheim, Basel: Beltz Juventa.
Fischer, E. & Pfriem, P. (2011): Arbeitslehre und der Übergang zum Beruf. In: Ratz, C. (Hrsg.): Unterricht im Förderschwerpunkt geistige Entwicklung (329–354). Oberhausen: Athena.
Flury, M. & Kobler, S. (2019): Hauswirtschaft. In: Schäfer, H. (Hrsg.): Handbuch Förderschwerpunkt geistige Entwicklung (575–583). Weinheim: Julius Beltz.
Fornefeld, B. (2004): Einführung in die Geistigbehindertenpädagogik. München: Ernst Reinhardt Verlag.
Frank, B., Sansour, T. & Zentel, P. (2015): Schülerfirmen im Förderschwerpunkt geistige Entwicklung. In: Pädagogische Impulse 1 (49), 9–24.
Freie und Hansestadt Hamburg & Behörde für Schule und Berufsbildung (BSB) (2017): Bildungsplan Förderschwerpunkt Geistige Entwicklung.
Friese, M., Benner, I. & Galyschew, A.: Fachtagung Arbeitslehre, Wandel von Arbeit, Leben und Beruf. Aufgaben und Perspektiven der Arbeitslehre (2013).
Gamache, P. & Knab, J. (2008): School-Based Enterprise Development. Planning, Implementing, and Evaluating. Florida: Department of Education.

Geißel, B. (2018): Technikbezogenes Lernen in der Sekundarstufe 1. In: Zinn, B., Tenberg, R. & Pittich, D. (Hrsg.): Technikdidaktik (215–230). Stuttgart: Franz Steiner Verlag.

Gemeinnützige Deutsche Kinder- und Jugendstiftung GmbH (DKJS) (2019): Firmensitz 9b. In zehn Schritten zur Schülerfirma. Berlin.

Gesellschaft für Didaktik des Sachunterrichts (2013): Perspektivrahmen Sachunterricht. Bad Heilbrunn: Verlag Julius Klinkhardt.

Geyssel, A.-L. & Ploog, M. (Oktober 2017): Technische Bildung für Kinder im Kita- udn Grundschulalter - ein mehrperspektivischer Ansatz für die Praxis. GDSU-Journal 7.

GKV-Spitzenverband (2021): Hilfsmittelverzeichnis. Berlin. Zugriff online unter: –https://hilfsmittel.gkv-spitzenverband.de/home

Goreth, S. (2020): Problem- und Handlungsorientierung im Fachbereich Technisches Werken - Handlung ja, Problem nein? In: Eghtessad, A. et al. (Hrsg.): Forschendes Lernen (158–166). Bad Heilbrunn: Verlag Julius Klinkhardt.

Gramlinger, F. & Tramm, T. (2006): Editorial zur Ausgabe 10: Lernfirmen. Berufs- und Wirtschaftspädagogik – online 10, 1–7.

Graube, G. et al. (2015): Wissenschaftliche Untersuchungen zur Arbeit der Stiftung »Haus der kleinen Forscher«.

Greving, H. & Scheibner, U. (2021): Werkstätten für behinderte Menschen. Stuttgart: Verlag W. Kohlhammer.

Groll, M., Pfeiffer, G. & Tress, J. (2006): Förderdiagnostik mit hamet 2. Jugend, Beruf, Gesellschaft 3 (57), 189–196.

Grötzschel, S. (2020): Technikunterricht in Deutschland. TU – Technik im Unterricht 1 (175), 11–13.

Gudjons, H. (1997): Handlungsorientierter Unterricht – Begriffskürzel mit Theoriedefizit? Pädagogik 1, 6–10.

Haage, A. & Bühler, C. (2019): Barrierefreiheit. In: Bosse, I., Schluchter, J.-R. & Zorn, I. (Hrsg.): Handbuch Inklusion und Medienbildung (207–215). Weinheim, Basel: Beltz Juventa.

Hansmann, R., Götz, C., Bek, N. & Güthner, J. (Feb. 2019): Ein Leitfaden für fischertechnik-AGs an Grundschulen.

Hauenschild, K. & Wulfmeyer, M. (2006): Ökonomische Kompetenzen in der Primarstufe. In: Hinz, R. & Schumacher, B. (Hrsg.): Auf den Anfang kommt es an. Kompetenzen entwickeln – Kompetenzen stärken (77–85). Wiesbaden: VS Verl. für Sozialwissenschaften.

Häußler, A. (2016): Der TEACCH® Ansatz zur Förderung von Menschen mit Autismus. Einführung in Theorie und Praxis. Dortmund: verlag modernes lernen.

Häußler, A., Sparvieri, J. & Tuckermann, A. (2020): Praxis TEACCH: informelle Förderdiagnostik. Ansätze für eine Förderung entdecken.

Heimlich, U. & Kiel, E. (2020): Studienbuch Inklusion: Julius Klinkhardt.

Henseler, K. & Höpken, G. (1996): Methodik des Technikunterrichts. Bad Heilbrunn: Klinkhardt.

Herzig, B. & Martin, A. (2019): Unterrichten im Kontext von Digitalisierung und Medien. In: Kiel, E. et al. (Hrsg.): Handbuch Unterrichten an allgemeinbildenden Schulen. 1. Auflage (71–80). Bad Heilbrunn: Klinkhardt.

Höft, S. & Schuler, H. (2015): Personalmarketing und Personalauswahl. In: Schuler, H. & Moser, K. (Hrsg.): Lehrbuch Organisationspsychologie (57–121). Bern: Verlag Hans Huber.

Hoge, R. (2016): Auswertung und Dokumentation der Umfrage zur Situation des Fächerspektrums »Arbeitslehre, AWT, HWT, WAT« u. a. in der Bundesrepublik Deutschland. Berlin.
Hüttner, A. (2009): Technik unterrichten. Methoden und Unterrichtsverfahren im Technikunterricht. Haan-Gruiten: Verl. Europa-Lehrmittel Nourney Vollmer.
Hüttner, A. (2019): Strukturen interdisziplinären Lehrens und Lernens aus technikdidaktischer Perspektive. In: Koch, A. F., Kruse, S. & Labudde, P. (Hrsg.): Zur Bedeutung der Technischen Bildung in Fächerverbünden (77–91). Wiesbaden: Spektrum Akademischer Verlag.
IDEA – Individuals with Disabilities Education Act (IDEA) (o. J.): Section 1401. Definitions. Zugriff online unter: https://sites.ed.gov/idea/statute-chapter-33/subchapter-i/1401
Institut für Qualitätsentwicklung (IQ) & Hessisches Kultusministerium (HKM) (2011): Arbeitslehre. Leitfaden.
International Technology Education Association (ITEA) (2003): Advancing Excellence in Technological Literacy: Student Assessmet, Professional Development and Pogram Standards.
IW JUNIOR (13.05.2020): Umsatzsteuerpflicht für Schülerfirmen – Auswirkungen für Junior.
Jank, W. & Meyer, H. (2014): Didaktische Modelle. Berlin: Cornelsen.
Jenzen, U. (1996): Arbeitsorientierte Allgemeinbildung in der Bundesrepublik Deutschland – Lehrplanentwicklung in Bremen. In: Brauer-Schröder, M. & Sellin, H. (Hrsg.): Technik, Ökonomie und Haushalt im Unterricht (216–234). Baltmannsweiler: Schneider-Verl. Hohengehren.
Jung, E. (2010): Kompetenzerwerb. Grundlagen, Didaktik, Überprüfbarkeit. München: Oldenbourg.
Jung, E. (2019): Förderung der Berufswahlkompetenz im Wirtschaftsunterricht. In: Schröder, R. (Hrsg.): Berufliche Orientierung in der Schule (51–71). Wiesbaden: Springer Fachmedien Wiesbaden; Imprint: Springer VS.
Jung, E. (2020): Didaktische Konzepte und methodische Zugänge der Berufs- und Studienorientierung für die Sekundarstufen I und II. In: Brüggemann, T. & Rahn, S. (Hrsg.): Berufsorientierung. Ein Lehr- und Arbeitsbuch (460–472). Münster, New York: Waxmann.
Jürgens, E. & Lissmann, U. (2015): Pädagogische Diagnostik. Grundlagen und Methoden der Leistungsbeurteilung in der Schule. Weinheim, Basel: Beltz.
K2-Verlag (o. J.): Perbo Plus-Perzeptionsbohrmaschine. Produktinformation.
Kahsnitz, D. (2008): Sozioökonomische Bildung. In: Hedtke, R. & Weber, B. (Hrsg.): Wörterbuch ökonomische Bildung (299–301). Schwalbach/Ts.: Wochenschau Verlag.
Kaiser, F.-J. & Kaminski, H. (2012): Methodik des Ökonomieunterrichts. Grundlagen eines handlungsorientierten Lernkonzepts mit Beispielen. Bad Heilbrunn: Klinkhardt.
Kaminski, H. & Loerwald, D. (2015): Unterrichtsmaterialien für die ökonomische Bildung. Aktuelle Entwicklungen und Qualitätsanforderungen.
Kirchner, V. (2015): Wirtschaftsunterricht aus der Sicht von Lehrpersonen.
Kirchner, V. & Penning, I. (2020): Forschendes Lernen in der technischen und ökonomischen Bildung. In: Eghtessad, A. et al. (Hrsg.): Forschendes Lernen (44–56). Bad Heilbrunn: Verlag Julius Klinkhardt.

Klauß, T. (2019): Leitidee Selbstbestimmung. In: Schäfer, H. (Hrsg.): Handbuch Förderschwerpunkt geistige Entwicklung (45–59). Weinheim: Julius Beltz.

Klauß, T. (2000): Überwindung defizitärer Sichtweisen und Ermöglichung von Selbstbestimmung durch handlungsorientierten Unterricht für Schüler mit einer geistigen Behinderung. In: Klauß, T.; Baginski, S. (Hrsg.): Aktuelle Themen der schulischen Förderung. Heidelberg: Winter, 105-150.

Knab, S. & Wachtel, G. (2015): Wirtschaft-Arbeit-Technik - Lernen im inklusiven Fachunterricht. In: Riegert, J. & Musenberg, O. (Hrsg.): Inklusiver Fachunterricht in der Sekundarstufe. Stuttgart: Verlag W. Kohlhammer.

Koch, A. F., Kruse, S. & Labudde, P. (2019): Zur Bedeutung der Technischen Bildung in Fächerverbünden. Wiesbaden: Spektrum Akademischer Verlag.

Koch, B. (2015): Berufsorientierung in einer inklusiven Schule. bwp@ Berufs- und Wirtschaftspädagogik – online 27, 18. (http://www.bwpat.de/ausgabe27/koch_bwpat27.pdf)

Koch, B. (2017): Teilhabechancen von Jugendlichen durch inklusive Berufsorientierung. In: Burow, O.-A. & Gallenkamp, C. (Hrsg.): Bildung 2030 – sieben Trends, die die Schule revolutionieren (116–127). Weinheim, Basel: Beltz.

Kommunalverband für Jugend und Soziales Baden-Württemberg (KVJS) (01.06.2020): Kompetenzinventar im Prozess der Berufswegeplanung. Teilhabe am Arbeitsleben für junge Menschen mit einer Behinderung am allgemeinen Arbeitsmarkt. Karlsruhe.

König, H., Hilbert, B., Mittelstädt, E. & Wiepcke, C. (2013): Die Schülerfirma. Schwalbach am Taunus: Wochenschau Verlag.

Kragl, K. & Sörgel, H. (2015): Berufswegekonferenzen am Förderzentrum mit dem Förderschwerpunkt geistige Entwicklung. Lernen konkret 1, 21–23.

Krzatala, K. & Retzmann, T. (2013): Kompetenzdiagnostik in der Berufsorientierung. Eine Bestandsaufnahme der Potenzialanalyse als Diagnose- und Förderinstrument in der Sekundarstufe I. Essener Beiträge zur Ökonomischen und Beruflichen Bildung 4. Zugriff online unter: https://www.wida.wiwi.uni-due.de/fileadmin/fileupload/BWL-WIDA/Diskussionspapiere/EBOEBB_2013-04_Potenzialanalyse.pdf

Krzatala, K. & Retzmann, T. (2014): Kompetenzdiagnostik in der Berufsorientierung. Eine Bestandsaufnahme der Potenzialanalyse als Diagnose- und Förderinstrument in der Sekundarstufe I. In: Retzmann, T. (Hrsg.): Ökonomische Allgemeinbildung in der Sekundarstufe I und Primarstufe. Konzepte, Analysen, Studien und empirische Befunde (128–143). Schwalbach am Taunus: Wochenschau Verlag.

Kuhl, J. (2011): Konstruktionsfähigkeit von Kindern und Jugendlichen mit geistiger Behinderung. Konstrukt, Diagnostik, Förderung. Gießen: Universitätsbibliothek.

Kuhl, J. & Ennemoser, M. (2013): Effekte eines Trainings der Konstruktionsfähigkeit bei Kindern und Jugendlichen mit geistiger Behinderung. Empirische Sonderpädagogik 4, 279–299.

Kuipers, H. (1984): Technikunterricht mit Geistigbehinderten: ein Beitrag zur Didaktik der Technik unter heilpädagogischem Aspekt. Düsseldorf: Franzbecker Bad Salzdetfurth.

Kultusministerkonferenz (KMK) (2017): Empfehlung zur Beruflichen Orientierung an Schulen (online unter https://www.kmk.org/fileadmin/Dateien/veroeffentlichungen_beschluesse/2017/2017_12_07-Empfehlung-Berufliche-Orientierung-an-Schulen.pdf)

Kultusministerkonferenz (KMK) (2019): Richtlinie zur Sicherheit im Unterricht (RiSU).

Kultusministerkonferenz (KMK) (2016): Bildung in der digitalen Welt. Strategie der Kultusministerkonferenz.

Kultusministerkonferenz (KMK) (2021): Empfehlungen zur schulischen Bildung, Beratung und Unterstützung von Kindern und Jugendlichen im sonderpädagogischen Schwerpunkt Geistige Entwicklung.

Kunert, C., Nalbach, H.-O. & Grust, N. (2020): Potenzialanalyse. Wegbereiter für eine erfolgreiche Berufsorientierung.

Lahoda, K. (2018): Arbeitsalltag in Werkstätten für behinderte Menschen. Zur Bedeutung von Arbeit, sozialen Interaktionen und rechtlichen Rahmenbedingungen. Münster: Waxmann.

Landesinstitut für Schulentwicklung (LS) (2016): Inklusive Bildung und Ausbildung an beruflichen Schulen. Rahmenbedingungen und Unterstützungssysteme. Stuttgart.

Laur, L. (2021): Inklusive Berufliche Orientierung. Ein barrierefreies Konzept zur Beruflichen Orientierung für Schüler*innen mit Beeinträchtigungen in inklusiven Klassen der Sekundarstufe I. Wiesbaden: Springer Fachmedien Wiesbaden.

Laur, L. & Wiepcke, C. (2020): Inklusive Berufliche Orientierung an allgemeinbildenden Schulen - Qualitative Studie zu den Gelingensbedingungen einer inklusiven Beruflichen Orientierung. Zeitschrift für ökonomische Bildung Sondernummer, Jahresband DeGÖB 2018, 187–206.

LEGO Group (2018): LEDO MINDSTORMS Education EV3. MAKER-Aufgaben für weiterführende Schulen. Zugriff online unter https://education.lego.com/_/downloads/LME-EV3_MAKER_1.0_de-DE.pdf

Lehmann, R. & Hoffmann, E. (2009): BELLA. Münster, New York, NY, München, Berlin: Waxmann.

Lindmeier, C., Fasching, H., Lindmeier, B. & Sponholz, D. (2019): Inklusive Berufsorientierung und berufliche Bildung – aktuelle Entwicklungen im deutschsprachigen Raum. Weinheim: Beltz Juventa.

Loerwald, D. (2008): Multiperspektivität im Wirtschaftsunterricht. In: Loerwald, D., Wiesweg, M. & Zoerner, A. (Hrsg.): Ökonomik und Gesellschaft. Festschrift für Gerd-Jan Krol (232–250). Wiesbaden: VS Verl. für Sozialwissenschaften.

Loerwald, D. (2011a): Das Schülerbetriebspraktikum - Betriebe als außerschulische Lernorte. In: Retzmann, T. (Hrsg.): Methodentraining für den Ökonomieunterricht II (125–140). Schwalbach/Ts.: Wochenschau Verlag.

Loerwald, D. (2011b): Praxiskontakte Wirtschaft. In: Retzmann, T. (Hrsg.): Methodentraining für den Ökonomieunterricht (81–100). Schwalbach/Ts: Wochenschau Verlag.

Mammes, I. & Graube, G. (2017): Forschen und Entwickeln mit Kindern. Ein phänomenorientierter Zugang zur Technik. Grundschulunterricht. Sachunterricht 1 (64), 4–7.

Marzini, M. & Sansour, T. (2019): Teilhabe an Arbeit für Menschen mit schwerer Behinderung. Teilhabe 4 (58), 166–170.

Meier, B. (2013): Wirtschaft und Technik unterrichten lernen. Didaktik für den Fachbereich Arbeit, Wirtschaft, Technik. München: Oldenbourg.

Meier, B. & Meschenmoser, H. (2009): Qualitätssicherung in Schülerfirmen. Indikatorengestütztes Qualitätsraster zum Lehren und Lernen in einem arbeitsorientierten Lernarrangement. Unterricht Arbeit + Technik 41 (11), 54–57.

Mertes, J. P. (1984): Arbeitslehre in der Schule für Geistigbehinderte. Heidelberg: Schindele.

Meschenmoser, H. (2006): »Es kommt darauf an, was man draus macht!« Problemlösefähigkeit als technische Basiskompetenz. Arbeiten + lernen. Technik 29 (8), 54–61.

Meschenmoser, H. (2009): Rahmen- und Gelingensbedingungen der Schülerfirmenarbeit. In: Lehmann, R. & Hoffmann, E. (Hrsg.): BELLA (175–196). Münster, New York, NY, München, Berlin: Waxmann.

Mesibov, G. B., Thomas, J. B., Chapman, S. M. & Schopler, E. (2017): TTAP – TEACCH Transition Assessment Profile. Förderdiagnostisches Kompetenzprofil für Jugendliche und Erwachsene auf dem Weg in die Selbstständigkeit = ACQ. Dortmund: verlag modernes lernen.

Ministerium für Bildung, Wissenschaft und Kultur des Landes Schleswig-Holstein (MBWK) (2018): Fachanforderung Technik. Allgemein bildende Schulen. Kiel.

Ministerium für Kultus & Jugend und Sport Baden-Württemberg (KM BW) (2009): Schule für Geistigbehinderte. Bildungsplan 2009. Stuttgart.

Ministerium für Kultus, Jugend und Sport Baden-Württemberg (KM BW) (o. J.): Muster-Fachraumordnung für naturwissenschaftliche Fachräume. Rechtliche Grundlage.

Ministerium für Kultus, Jugend und Sport Baden-Württemberg (KM BW) & Arbeitsgruppe für Sicherheit (o. J.): Tätigkeitsbezogene Gefährdungsbeurteilung und Dokumentation nach § 6 GefStoffV. Zugriff online unter: http://gefahrstoffe-schulebw.de/,Lde/Startseite/Gefahrstoffmanagement/Informationen+zur+taetigkeitsbezogenen+Gefaehrdungsbeurteilung

Möller, K., Eikmeyer, B., Tenberge, C., Wilke, T. & Zolg, M. (2015): Holz erleben – Technik verstehen. Seelze: Klett Kallmeyer.

Molnár, T., Kießling, C. & Fischer, E. (2019): Übergänge II: Schule - Beruf (ÜSB). In: Schäfer, H. (Hrsg.): Handbuch Förderschwerpunkt geistige Entwicklung (175–186). Weinheim: Julius Beltz.

Mühl, H. (1981): Handlungsbezogener Unterricht mit Geistigbehinderten. Bonn-Bad Godesberg: Dürr.

Mühl, H. (1993): Handlungsbezogener Unterricht in der Schule für Geistigbehinderte. Vierteljahresschrift für Heilpädagogik und ihre Nachbargebiete 4 (62), 409–421.

Mühl, H. (2004a): Geistige Behinderung. In: (Bundesagentur für Arbeit) (Hrsg.): Teilhabe durch berufliche Rehabilitation.

Mühl, H. (2004b): Handlungsbezogener Unterricht. In: Fischer, E. (Hrsg.): Welt verstehen – Wirklichkeit konstruieren. Unterricht bei Kindern und Jugendlichen mit geistiger Behinderung (53–74). Dortmund: Borgmann.

Müller, C., Finkbohner, S. & Emrich, C. (2020): Qualitäts-Kriterien für Persönliche Zukunftsplanung.

Musenberg, O. (2019): Fachdidaktik und Fachunterricht aus der Perspektive des Förderschwerpunkts geistige Entwicklung. In: Schäfer, H. (Hrsg.): Handbuch Förderschwerpunkt geistige Entwicklung (450–460). Weinheim: Julius Beltz.

Nalbach, H.-O. & Kunert, C. (2018): Talente entdecken. Handlungsleitlinien zur Durchführung von Potenzialanalysen für die Berufsorientierung. Bonn.

Niedersächsisches Kultusministerium (2019): Kerncurriculum für den Förderschwerpunkt geistige Entwicklung. Sekundarbereich I. Hannover.

O'Brien, J., Pearpoint, J. & Kahn, L. (2010): The PATH & MAPS handbook. Person-centered ways to build community. Toronto: Inclusion Press.

Paradies, L., Wester, F. & Greving, J. (2017): Leistungsmessung und -bewertung. Berlin: Cornelsen.

Penning, I. (2015): Schülerfirmen als Simulationsmodell. In: Arndt, H. (Hrsg.): Kognitive Aktivierung in der Ökonomischen Bildung (228–241). Schwalbach, Taunus: Wochenschau.

Penning, I. (2018): Schülerfirmen aus Sicht von Lehrenden. Eine qualitative Studie zu einem Lernarrangement der ökonomischen Bildung. Wiesbaden: Springer Fachmedien Wiesbaden.

Penning, I. & Wachtel, G. (2019): Wirtschaft – Arbeit – Technik. In: Schäfer, H. (Hrsg.): Handbuch Förderschwerpunkt geistige Entwicklung (584–587). Weinheim: Julius Beltz.

Perović, B. (2013): Vorrichtungen im Werkzeugmaschinenbau. Grundlagen, Berechnung und Konstruktion. Berlin: Springer Vieweg.

Piorkowsky, M. (2009): Lebensweltorientierte Wirtschaftsdidaktik im Vergleich. Lebenssituationen-Qualifikationen-Konzept und Alltags- und Lebensökonomie-Konzept. In: Günther, S. (Hrsg.): Forschungsfelder der Wirtschaftsdidaktik (49–64). Schwalbach: Wochenschau Verlag.

Piorkowsky, M.-B. (2011): Alltags- und Lebensökonomie: Erweiterte mikroökonomische Grundlagen für finanzwirtschaftliche und sozioökonomisch- ökologische Basiskompetenzen. Göttingen: V&R unipress GmbH.

Pitsch, H.-J. (2003a): Zur Methodik der Förderung der Handlungsfähigkeit Geistigbehinderter. 3. Auflage. Oberhausen: Athena.

Pitsch, H.-J. (2003b): Zur Theorie und Didaktik des Handelns Geistigbehinderter. 1. Aufl. Oberhausen: Athena.

Pitsch, H.-J. & Thümmel, I. (2015a): Methodenkompendium für den Förderschwerpunkt geistige Entwicklung. Band 1: Basale, perzeptive, manipulative, gegenständliche und spielerische Tätigkeit. Oberhausen: Athena.

Pitsch, H.-J. & Thümmel, I. (2015b): Methodenkompendium für den Förderschwerpunkt geistige Entwicklung. Band 2: Lernen in der Schule. Oberhausen: Athena.

Pitsch, H.-J. & Thümmel, I. (2017): Methodenkompendium für den Förderschwerpunkt geistige Entwicklung. Band 3: Lernen in der Sekundarstufe II. Oberhausen: Athena.

Pollmann, K. (2002): Beispiele neuer Wege in die Beratung für benachteiligte Jugendliche. Berufsbildung 69 (55), 38–40.

Popp, K. & Methner, A. (2021): Entwicklung und Umsetzung von Förderplänen im inklusiven Setting. In: Schäfer, H., et al. (Hrsg.): Handbuch Inklusive Diagnostik. Weinheim, Basel: Beltz, 301-313.

Pretis, M. (2021): Ziele finden – Teilhabe ermöglichen. Förderplanung im Kontext der ICF. In: Schäfer, H., et al. (Hrsg.): Handbuch Inklusive Diagnostik (343–353). Weinheim, Basel: Beltz.

Rählmann, H. (2013): Perbo-Perzeptionsbohrmaschine Plus. Zugriff online unter: https://www.biber-therapiegeraete.de/praxisausstattung-therapiebedarf/auswahl-werken/

Rählmann, H. (2020): BIBER-Tretlaubsäge. Funktionsweise. Zugriff online unter: https://www.biber-therapiegeraete.de/biber-tretlaubsage/funktionsweise/

Rählmann, H. (2022): Fahrradlaubsäge. Zugriff online unter: https://www.biber-therapiegeraete.de/biber-tretlaubsage/fahrradlaubsage/

Ratz, C. (2011): Unterricht im Förderschwerpunkt geistige Entwicklung. Oberhausen: Athena.

Rauhut, J.-U., Born-Frontsberg, D. & Buß, G. (2012): Das Schülerbetriebspraktikum im Land Brandenburg. Beitrag zu einer gelungenen Berufs- und Studienorientierung. Ludwigfelde-Struveshof.

Remmele, B. (2016): Ökonomische Kompetenzen und geistige Behinderung. Erwachsenenbildung und Behinderung 2, 14–22.

Retzmann, T. (2011): Methodentraining für den Ökonomieunterricht. Schwalbach/Ts: Wochenschau Verlag.

Retzmann, T. (2011): Methodentraining für den Ökonomieunterricht II. Schwalbach/Ts.: Wochenschau Verlag.

Retzmann, T., Seeber, G., Remmele, B. & Jongebloed, H.-C. (2010): Entwicklung abschlussbezogener Bildungsstandards für die ökonomische Bildung an allen Formen der allgemein bildenden Schulen. Abschlussbericht an den Gemeinschaftsausschuss der deutschen gewerblichen Wirtschaft. Essen/Lahr/Kiel.

Röben, P. (2018): Technische Bildung am außerschulischen Lernort DLR-Schülerlabor. In: Gautschi, P., et al. (Hrsg.): Aneignungspraktiken an ausserschulischen Lernorten (241–248). Wien, Zürich: Lit.

Ropohl, G. (2009): Allgemeine Technologie. Eine Systemtheorie der Technik. Karlsruhe: Univ.-Bibl; Univ.-Verl. Karlsruhe.

Sachs, B. & Fies, H. (1977): Baukästen im Technikunterricht. Grundlagen und Beispiele. Ravensburg: Otto Maier Verlag.

Sanderson, H. & Goodwin, G. (2010): Personenzentriertes Denken. Deutsche Erstausgabe. Zugriff online unter: https://www.persoenliche-zukunftsplanung.eu/fileadmin/Webdata/Materialien/minibuch_personenzentriertes-denken.pdf.

Sansour, T., Gleichauf, F., Preiss, S., Winter, D. & Höll, J. (2014): Haben Sie eine Schülerfirma? Eine Erhebung zu Schülerfirmen in Baden-Württemberg. Lernen konkret 1, 9–12.

Sansour, T. & Terfloth, K. (2015): Fit für den Job – mit System. Kompetenzraster zur Arbeitswelt- und Berufsorientierung im FgE. Lernen konkret 1, 24–31.

Schäfer, H. & Rittmeyer, C. (2021): Handbuch Inklusive Diagnostik. Weinheim, Basel: Beltz.

Schäfer, H. (2014a) (Hrsg.): Raus in die Welt – außerschulische Lernorte im Förderschwerpunkt geistige Entwicklung. Lernen konkret Heft 3. Braunschweig: Westermann.

Schäfer, H. (2014b): Außerschulische Lernorte im Förderschwerpunkt geistige Entwicklung. Grundlagen, Möglichkeiten und Chancen bedarfsgerechter Bildung. In: lernen konkret 3 (33) 4–7.

Schaubrenner, P. (2018a): Optimierung des Fachraumes Technik im Zusammenhang mit inklusiven Unterrichtssettings. Teil 1: Eingrenzung möglicher Problemkreise. TU – Technik im Unterricht 168, 11–19.

Schaubrenner, P. (2018b): Optimierung des Fachraumes Technik im Zusammenhang mit inklusiven Unterrichtssettings. Teil 2: Eingrenzung möglicher Problemkreise. TU – Technik im Unterricht 169, 5–12.

Schaubrenner, P. (2018c): Räume für technische Bildung – Einflüsse inklusiver Lernsettings auf die Fachraumgestaltung. Erste Ergebnisse aus einer Studie in Schleswig-Holstein zum Umgang mit heterogenen Techniklerngruppen. In: Binder, M. & Wiesmüller, C. (Hrsg.): Lernorte Technischer Bildung (39–54). Karlsruhe, Offenbach am Main: Deutsche Gesellschaft für Technische Bildung e.V; BE.ER-Konzept.

Schaubrenner, P. (2021): Bewältigung inklusiver Unterrichtssettings – Bedarfsorientierte und individualisierte Fortbildung von Techniklehrkräften: epubli.
Schiller, G. (2001): Didaktik der Ökonomie. Donauwörth: Auer.
Schlagenhauf, W. (2020): Allgemeinbildung Technik Für Dummies. Newark: John Wiley & Sons, Incorporated.
Schlüter, H. (2004): Empfehlungen zur Sicherheit im Technikunterricht. GUV-SI 8955SH.
Schmayl, W. (2019): Didaktik allgemeinbildenden Technikunterrichts. 1. Aufl. Baltmannsweiler: Schneider-Verlag Hohengehren.
Schön, S. & Ebner, M. (März 2017): Die Maker-Bewegung macht Schule: Hintergründe, Beispiele sowie erste Erfahrungen. In: Erpenbeck, J. & Sauter, W. (Hrsg.): Handbuch Kompetenzentwicklung im Netz (257–270). Stuttgart: Schäffer-Poeschel Verlag.
Schröder, R. (2016): Schülerfirmen: eine Methode zwischen universalpädagogischem Heilsversprechen und fachdidaktischer Überforderung. In: Greimel-Fuhrmann, B., Fortmüller, R. & Aff, J. (Hrsg.): Facetten der Entrepreneurship Education (95–104). Wien: Manz.
Schröder, R. (2018): Inklusion in der schulischen Berufsorientierung: Synergien und Herausforderungen. Zeitschrift für Heilpädagogik 69, 108–120.
Schröder, R. (2019a): Berufliche Orientierung als fachdidaktische Aufgabe der ökonomischen Bildung: Eine etablierte Aufgabe vor neuen Herausforderungen. In: Schröder, R. (Hrsg.): Berufliche Orientierung in der Schule (29–50). Wiesbaden: Springer Fachmedien Wiesbaden; Imprint: Springer VS.
Schröder, R. (2019b): Berufliche Orientierung in der Schule. Wiesbaden: Springer Fachmedien Wiesbaden; Imprint: Springer VS.
Schröder, R. (2021): Berufliche Orientierung als bedeutsames Teilziel der ökonomischen Bildung. Pädagogische Rundschau 1 (75. Jahrgang / 2021), 71–88.
Schröder, R. & Fletemeyer, T. (2019): Berufliche Orientierung im allgemeinbildenden Schulwesen vor dem Hintergrund bildungstheoretischer und schulpädagogischer Aspekte. In: Schröder, R. (Hrsg.): Berufliche Orientierung in der Schule (9–27). Wiesbaden: Springer Fachmedien Wiesbaden; Imprint: Springer VS.
Schudy, J. (2002): Berufsorientierung in der Schule. Bad Heilbrunn/Obb.: Verlag Julius Klinkhardt.
Schulte-Peschel, D. & Tödter, R. (1999): Einladung zum Lernen. Geistig behinderte Schüler entwickeln Handlungsfähigkeit in einem offenen Unterrichtskonzept. Dortmund: Verl. Modernes Lernen.
Schultz, D. & Kranz, J. (16.08.2013): Fachbrief Nr. 3 Wirtschaft - Arbeit - Technik WAT. Hinweise zur Neufassung der Richtlinien zur Sicherheit im Unterricht (RiSU).
Schulz, L., Krstoski, I., Lüneberger, M. & Wichmann, D. (Hg.) (2022): Diklusive Lernwelten. Zeitgemäßes Lernen für alle Schüler:innen. 1. Auflage, Version 1.5. Dornstadt: Visual Ink Publishing UG. Zugriff online unter: https://visual-books.com/download/2784/
Seeber, G. et al. (2012): Bildungsstandards der ökonomischen Allgemeinbildung. Kompetenzmodell – Aufgaben – Handlungsempfehlungen. Schwalbach/Ts.: Wochenschau Verlag.
Seifert, H. (2001): Bewertung im Produktionsprozess. Unterricht Arbeit + Technik 9 (3), 52–54.

Sekretariat der Ständigen Konferenz der Kultusminister der Länder in der Bundesrepublik Deutschland (KMK) (2017): Empfehlung zur Beruflichen Orientierung an Schulen. Beschluss der Kultusministerkonferenz vom 07.12.2017.

Senatsverwaltung für Bildung, Wissenschaft und Forschung Berlin (SenBildWiss Berlin) & Landesinstitut für Schule und Medien Berlin-Brandenburg (LISUM) (2011): Rahmenlehrplan. Eingangsstufe bis Oberstufe bzw. Jahrgangsstufe 1 bis Jahrgangsstufe 10. für Schülerinnen und Schüler mit dem sonderpädagogischen Förderschwerpunkt »Geistige Entwicklung«. Berlin, Potsdam.

Senatsverwaltung für Bildung, Wissenschaft und Forschung Berlin (SenBildWiss Berlin) & Ministerium für Bildung, Jugend und Sport des Landes Brandenburg (MBJS) (2013): Rahmenlehrplan für Schülerinnen und Schüler mit dem sonderpädagogischen Förderschwerpunkt »Geistige Entwicklung«, die die Abschlussstufe/ den zweijährigen berufsqualifizierenden Lehrgang besuchen bzw. für Schülerinnen und Schüler mit dem sonderpädagogischen Förderschwerpunkt »Geistige Entwicklung« in der Werkstufe.

Senatsverwaltung für Bildung, Wissenschaft und Forschung Berlin (SenBildWiss Berlin) (2011): Curriculare Vorgaben für die gymnasiale Oberstufe. Ergänzungskurs Studium und Beruf. Berlin.

Somazzi, M., Jensen, H. & Weber, K. (2012): Handlungskompetenz im technischen und textilen Gestalten. Beschreiben, Aufbauen, Einschätzen: Ein Kompetenzraster für die Unterrichtspraxis. Bern: Schulverl. plus.

Sozialgesetzbuch (SGB) Fünftes Buch (V) – Gesetzliche Krankenversicherung – (Artikel 1 des Gesetzes v. 20. Dezember 1988, BGBl. I S. 2477).

Sponholz, D. (2019): Praxis der inklusiven Berufsorientierung in der Sekundarstufe I. In: Lindmeier, C. et al. (Hrsg.): Inklusive Berufsorientierung und berufliche Bildung – aktuelle Entwicklungen im deutschsprachigen Raum (237–248). Weinheim: Beltz Juventa.

Staatsinstitut für Schulqualität und Bildungsforschung (ISB) (2019): Lehrplan für den Förderschwerpunkt geistige Entwicklung. LehrplanPLUS Förderschule. München.

Steinmann, B. (1997): Das Konzept Qualifizierung von Lebenssituationen im Rahmen ökonomischer Bildung heute. In: Kruber, K.-P. & Breier, K.-H. (Hrsg.): Konzeptionelle Ansätze ökonomischer Bildung (1–22). Bergisch Gladbach: Hobein.

Steinmann, B. (2008): Lebenssituationsorientierte ökonomische Bildung. In: Hedtke, R. & Weber, B. (Hrsg.): Wörterbuch ökonomische Bildung (209–212). Schwalbach/Ts.: Wochenschau Verlag.

Stemmann, J. & Lang, M. (2014): Theoretische Konzeption einer allgemeinen technischen Problemlösefähigkeit und Möglichkeiten ihrer Diagnose

Stöppler, R. & Schuck, H. (2011): Berufliche Bildung bei Menschen mit geistiger Behinderung. Auf dem Weg zur beruflichen Integration/Inklusion!? Perspektiven des Übergangs Förderschule geistige Entwicklung in den Beruf. In: *Berufsbildung* 65 (129), 18–20.

Straub, F. (2017): Die Bedeutsamkeit der Konstruktionsaufgabe im Technikunterricht. Zeitschrift für Technik im Unterricht 165 (42), 10–17.

Stuber, T. (2019): Technik und Design. Handbuch für Lehrpersonen : Spiel, Mechanik, Energie : 2. und 3. Zyklus., 2. Auflage, Bern : hep der Bildungsverlag.

Sühlsen, T. (2009): Grenzen der Messbarkeit. das Messproblem im Berufswahlprozess, dargestellt mit einer Untersuchung einer Assessment-Potenzialanalyse. Kiel.

Terfloth, K. & Bauersfeld, S. (2015): Schüler mit geistiger Behinderung unterrichten. Didaktik für Förder- und Regelschule. München: UTB; Reinhardt.
Terfloth, K. & Cesak, H. (2016): Schüler mit geistiger Behinderung im inklusiven Unterricht. Praxistipps für Lehrkräfte. München, Basel: Ernst Reinhardt Verlag.
Theuerkauf, W. E. (2013): Prozessorientierte Technische Bildung. Ein transdisziplinäres Konzept. Frankfurt a.M: Peter Lang GmbH Internationaler Verlag der Wissenschaften.
Troll, C. & Engelhardt, M. (2012): Werken in Bildern. Holz. Donauwörth: Auer.
Ulmer, J. (2019): Schulen als MakerSpace. Ein neues Konzept für co-kreatives Lernen. bildungSPEZIAL 1, 31–35.
Unfallkasse Nord & Institut für Qualitätsentwicklung an Schulen (IQSH) (April 2013): Technikunterricht – mit Sicherheit. Rechtsgrundlagen zur Prävention.
Verein Deutscher Ingenieure e. V. (VDI) (2004): Bildungsstandards im Fach Technik für den mittleren Schulabschluss. Düsseldorf.
Verein Deutscher Ingenieure e. V. (VDI) (März 2021): Gemeinsamer Referenzrahmen Technik (GeRRT). Technikkompetenzen beschreiben und bewerten.
Weber, B. (2007): Die curriculare Situation der ökonomischen Bildung. Unterricht Wirtschaft 29 (8), 57–61.
Weber, B. (2008): Prinzipien, didaktische. In: Hedtke, R.; Weber, B. (Hrsg.): Wörterbuch ökonomische Bildung (263–265). Schwalbach/Ts.: Wochenschau Verlag.
Weber, B. (2011): Schülerfirmen als Gegenstand und Methode ökonomischer Bildung. In: Retzmann, T. (Hrsg.): Methodentraining für den Ökonomieunterricht (185–204). Schwalbach/Ts: Wochenschau Verlag.
Weitzig, S. (2018): Ökonomische Bildung im Kontext Sozialer Arbeit. am Beispiel der Menschen mit geistiger Behinderung im ambulant betreuten Wohnen nach § 53 SGB XII. Hamburg: Verlag Dr. Kovač.
Weitzig, S. & Wiepcke, C. (2017): Ansprüche an eine Ökonomische Bildung von Menschen mit geistiger Behinderung – konzeptionelle Überlegungen und empirische Exploration. In: Arndt, H. (Hrsg.): Perspektiven der Ökonomischen Bildung (220–233). Schwalbach/Ts.: Wochenschau Verlag.
Wensierski, H.-J. von & Sigeneger, J.-S. (2015): Technische Bildung. Ein Pädagogisches Konzept Für Die Schulische und Außerschulische Kinder- und Jugendbildung. Leverkusen-Opladen: Barbara Budrich-Esser.
Weyers, A. (2019): Methoden III: Außerschulische Lernorte. In: Schäfer, H. (Hrsg.): Handbuch Förderschwerpunkt geistige Entwicklung 137–142). Weinheim: Julius Beltz.
Wiepcke, C. (2018a): Inklusion und ökonomische Bildung. Entwicklung eines Designs unter Berücksichtigung von Lebens- und Alltagssituationen von Personen mit Teilhabeerschwernissen. Zeitschrift für ökonomische Bildung 7, 1–25.
Wiepcke, C. (2018b): Ökonomische Bildung in Museen. In: Arndt, H. (Hrsg.): Intentionen und Kontexte ökonomischer Bildung (884–969). Berlin: Wochenschau Verlag.
Wiepcke, C. & Heydt, C. von der: Tatort Wirtschaftsmuseum. Anleitungen und Kopiervorlagen: Sparkassenverlag Ravensburg. wigy e. V.: Praxiskontakte. Qualitätskriterien. Institut für Ökonomische Bildung gemeinnützige GmbH (IÖB). Zugriff online unter: https://www.wigy.de/5-praxiskontakte.html

Willenberg, T. (2002): Der handlungsorientierte Ansatz im mehrperspektivischen Technikunterricht am Beispiel des Baus von Go-Karts. Teil 3: Prozessorientierte Leistungsbewertung. Zeitschrift für Technik im Unterricht 104 (27), 29–35.

Wittkop, K., Brokamp, S. & Brinkrolf, A. (2012): StArk – Strukturierte Arbeitskisten. Förderung berufsrelevanter Kompetenzen bei Jugendlichen mit schwerster Behinderung. Buxtehude: Persen.

Wulfmeyer, M. (2005): Ökonomie mit Kindern – ein Konzept zum handlungsorientierten Lernen in der Grundschule. Zugriff online unter: www.widerstreit-sachunterricht.de 4, 1–8.

Zentel, P. & Sansour, T. (2014): Fit für die Schülerfirma. Einführung ins Thema. In: Lernen konkret 1 (33), 4–7.

Zinn, B. (2018): Technikdidaktik in der Allgemeinbildung. In: Zinn, B., Tenberg, R. & Pittich, D. (Hrsg.): Technikdidaktik (63–69). Stuttgart: Franz Steiner Verlag.

Sachwortregister

A

Arbeit 2, 3, 8, 9, 15–23, 25, 26, 35, 41, 42, 45, 47, 50, 51, 55, 56, 59, 63, 75, 77, 89, 90, 98, 99, 101–103, 105, 108, 116, 120, 123, 132, 149, 154, 156, 158, 161, 163, 166, 175, 184, 187, 190, 192–194, 196–199, 202, 204
Arbeitslehre 9, 16, 18–24, 47, 57, 62–64, 120, 190–195, 198
Arbeitsmarkt 16, 41–44, 44, 50, 123, 191, 193, 194, 196
Assistive Technologien 110, 111

B

Baukästen 129, 133–138, 141, 178, 184, 193, 201
Bausätze 137
Bauteiletafel 118
Berufliche Orientierung 16, 19, 20, 22, 40, 41, 46–58, 51, 57, 109, 145, 148, 173, 195, 197, 201
Berufsvorbereitung 48, 50, 193
Berufswahlkompetenz 152
Berufswegekonferenz 161, 162, 186
Beschäftigungsangebote 42, 44
Betriebspraktikum 121, 139, 141, 151, 152, 155, 190
Bohrmaschinenführerschein 166

C

curriculare Verankerung 16, 19, 21, 161

D

Darstellungen 131, 132, 160
DGUV 90, 97–100, 104, 186, 192
Diagnostik 71, 74, 78, 81, 82, 191, 193, 196, 197, 200, 201
didaktische Prinzipien 55–57
»didaktische Reihe« 118
Differenzierung 55, 132, 174, 184
digitale Bildungsanliegen 86

E

Elementarisierung 109

Sachwortregister

Ernährungs- und Verbraucherbildung 20
Experimentierkästen 133, 134

F

FabLabs 127
Fachräume 8, 55, 83, 84, 86, 88, 89, 96, 97, 99, 100, 104, 107, 109, 172, 182, 198
Fachraumordnung 102, 103, 198
Fachraumsystem 83–85, 106, 138, 190
Feinarbeitsraum 83–85, 106, 138, 190
Fertigungsaufgabe 64, 114, 118, 139, 140, 171–173, 175, 182
Fluchtweg 100, 105
Förderplanung 71, 79, 191, 200

G

Gefährdungsbeurteilung 92, 95, 96, 198
Geschäftsfähigkeit 24
Gruppengröße 96, 97, 155

H

Halbzeugsysteme 137, 138
handlungsbezogener Unterricht 59
Handlungskompetenzen 8, 15, 22, 59, 60, 107, 120, 166
Handlungsorientierter Unterricht) 58
Handlungsorientierung 20, 56–60, 62, 77, 107, 194
haushaltsbezogene Bildung 20
Herstellungsaufgabe 171
Hilfs- und Schutzvorrichtungen 114
Hilfsmittel 65, 107, 110

K

Kompetenzen 21, 24–26, 28–31, 37–40, 46, 48, 51–53, 58, 71, 74, 75, 77, 89, 115, 145, 148, 149, 152, 158, 159, 163, 167, 174, 178, 185, 191, 192, 195, 200, 204

Kompetenzorientierung 57
Konstruieren 35, 39, 85, 133, 176, 178, 184, 185
Konstruktionsaufgabe 66, 135, 139–141, 171, 176–182, 184, 185, 190, 203

L

Lehrgang 48, 118, 139, 163, 164, 166–170, 174, 190, 202
Leistungsbewertung 69–72, 74, 193, 204
Lern- und Leistungskontrolle 166, 170

M

Maker-Aufgaben 136, 182
MakerSpaces 85, 127, 182
Maschinen 62, 85, 88–90, 92, 94, 95, 98–100, 104, 105, 110, 127, 129, 166, 172, 175
Maschinenraum 84
Maschinen-Schein 98
Medien 17, 37, 86, 129–133, 178, 189, 191, 195, 202
mehrperspektivischen Technikunterricht 36, 204
Methoden 17, 40, 56, 62, 64, 70, 75, 76, 121, 129, 139–142, 156, 157, 160, 170, 176, 192, 195, 196, 204
Montagetätigkeiten 141, 175
Multiperspektivität 57, 58, 67, 68, 198

N

Notengebung 69, 193

O

ökonomische Bildung 19, 23, 25, 26, 30, 58, 121, 126, 130, 196, 197, 200, 203, 204
Ordnungssystem 86
Originale 132

203

P

Persönliche Zukunftsplanung 139, 156, 162, 192, 199
Perzeptionsbohrmaschine 196, 200
Praxiskontakte 80, 120–123, 128, 198, 204
Problemorientierung 58, 64–66, 178

Q

Qualitätskriterien 51, 52, 68, 125, 168, 172, 192, 204

R

Raumtypen 85

S

Sammlungs-/Vorbereitungsraum 84, 85
Schülerfirmen 28, 121, 139–146, 148–150, 191, 194, 195, 198, 199, 201, 204
Sicherheitserziehung und -bildung 102
Sicherheitsmaßnahmen 55, 94, 99–102
Sicherheitsunterweisungen 98
Sicherheitsvorschriften 166, 167, 172–174
Stützstrukturen 25, 117

T

TEACCH 79, 120, 187, 195, 198

technische Artefakte 32, 36, 62
Technische Bildung 32, 37, 192–194, 200, 201, 203, 204
Theorie-Praxis-Verschränkung 58, 62, 63
Tretlaubsäge 92, 93, 200

U

Unterrichtsmaterialien 133, 196
Unterstützungsformen 107, 109

V

Visualisierungen 107, 109, 118, 119, 132, 159
Vorbereitungsraum 84
Vorrichtungen 92, 107–110, 112–117, 137, 173, 199

W

Werkbank 117
Werkstatt für behinderte Menschen 34, 42, 155, 187
Werkzeugunterbringung 86, 87
Wissenschaftsorientierung 57, 58

Z

Zukunftsplanung 75, 156, 157, 159–162, 190